Stefan Daniel Krempl

Deutschland ist asozial

Impressum

Am Hang 27, 98693 Ilmenau
Tel.: 03677 / 46628-0, Fax: 03677 / 46628-80
www.RhinoVerlag.de

1. Auflage 2021

Titelgestaltung: Verlag ***grünes herz***®, Sibylle Senftleben

Satz: Verlag ***grünes herz***®, Nicole Güntek

Druck: Florjančič tisk d.o.o., Maribor

ISBN: 978-3-95560-889-7

Stefan Daniel Krempl

DEUTSCHLAND IST ASOZIAL

Wie wir von der Politik systematisch benachteiligt werden – Mechanismen der sozialen Ungleichheit

RHINOVERLAG

Symbole und Markierungen

Erläuterung — Definitionen, Hintergrundinformationen, Beispiele finden Sie in den Erläuterungen in der Marginalspalte.

Kommentar — Autorenkommentare.

Manchmal fragt der gesunde Menschenverstand: Warum? Warum ist es nicht anders, obwohl es vermeintlich so einfach wäre?
In diesem Buch werden Sie häufig auf solche Fragen treffen.

Das Ausrufezeichen bietet Ihnen einen Lösungsansatz für die behandelten Probleme oder macht auf einen besonderen Umstand aufmerksam.

An dieser Stelle finden Sie Beispiele, die Fakten der Problemstellung erklären und unterstreichen.

Nice to know!
Manchmal gibt es Informationen, die sind einfach nur gut zu wissen. Die Glühlampe markiert Ihnen interessante Stellen im Text

Emoticons. Manchmal sagt ein Bild bzw. ein Blick mehr als tausend Worte. Hin und wieder werden Sie daher einen solchen Blick finden.

Inhaltsverzeichnis

Einführung

Die soziale Ungleichheit in Deutschland kommt nicht aus dem Nichts – sie ist gemacht, und zwar von den Volksvertretern, die das Volk nicht „ver“treten, sondern eher „zer“treten.

Es gibt nicht einen einzelnen großen Umverteilungsmechanismus von arm zu reich, sondern viele verschiedene politische Maßnahmen, die zusammen genommen genau diesen Effekt begünstigen, sogar darauf abzielen. Einige davon werde ich in diesem Buch beschreiben und Alternativen aufzeigen.

Im Anschluss werde ich darauf eingehen, wie es der Elite in Deutschland gelingt, die Demokratie so zu manipulieren, dass die meisten Menschen von der Ungerechtigkeit wenig merken und die gegenwärtige Politik weiterhin unterstützen. Aber auch Menschen, denen bewusst ist, dass sie von der Politik benachteiligt werden, blenden dies oft aus. Denn niemand sieht sich gerne als Verlierer. Es gehört also ein gewisses Maß an Selbstsicherheit dazu, dieses Buch zu lesen, weil man gegebenenfalls erkennt, dass man selbst als gebildeter Mensch mit mittlerem Einkommen in vielen Lebensbereichen benachteiligt wird.

Abschließend stelle ich einen Lösungsvorschlag zur Diskussion, der die Probleme des gegenwärtigen Systems lösen könnte, indem die Demokratie gestärkt und weniger anfällig für Manipulation gemacht wird.

Begleiten Sie mich auf meinen Ausführungen und Sie werden feststellen, dass Ihre Welt am Ende dieses Buches eine andere ist… oder endlich die ist, die sie in Wirklichkeit schon immer war.

Wie wir um unseren Lohn betrogen werden

Wer wenig verdient, dem nimmt der Staat prozentual viel mehr weg als Gutverdienern. Das zeigt sich darin, dass Geringverdiener anteilig mehr Sozialversicherungsbeiträge und in vielen Fällen auch höhere Steuern zahlen müssen.

Sozialversicherungsbeiträge

Beitragsbemessungsgrenze bei Sozialversicherungsbeiträgen – das klingt zuerst mal so, als ob Geringverdiener erst ab einem bestimmten Einkommen Sozialabgaben auf ihren Verdienst entrichten müssten bzw. einen geringeren Prozentsatz abführen müssten. Aber das Buch heißt ja „Deutschland ist asozial", also würde so eine soziale Politik nicht zum Titel und unserem Land passen. In der Realität ist es in Deutschland auch genau andersherum: Wer ein hohes Einkommen hat, muss prozentual weniger Sozialversicherungsbeiträge entrichten. Ab einem Jahreseinkommen von 82.800 Euro (alte Bundesländer) muss für alles was darüber hinaus verdient wird, kein Beitrag mehr für die Renten- und Arbeitslosenversicherung entrichtet werden. Bei der gesetzlichen Krankenversicherung wird das Gehalt über 56.250 Euro pro Jahr nicht mehr mit Krankenversicherungsbeiträgen belastet.

Im Endeffekt muss ein Spitzenverdiener einen geringeren Prozentsatz seines Einkommens für Sozialabgaben abführen als ein Geringverdiener. Es wäre schon unsozial, wenn jeder, ungeachtet der Einkünfte, den gleichen Prozentsatz des Einkommens für Sozialversicherungen abführen muss – richtig asozial ist jedoch, dass diejenigen mit einem hohen Einkommen einen geringeren Prozentsatz zahlen.

Wieso wird die Beitragsbemessungsgrenze für Besserverdiener nicht abgeschafft und stattdessen eine Beitragsbemessungsgrenze für Geringverdiener eingeführt? Diese müssten dann keine Sozialabgaben abführen, was ihnen mehr Nettoeinkommen und damit weniger Abhängigkeit von sozialen Transferleistungen ermöglichen würde. Darüber hinaus würde somit auch die Schwarzarbeit zurückgedrängt werden. Denkbar wäre auch, Sozialversicherungsbeiträge über die progressive Einkommenssteuer zu erheben, damit Personen mit höheren Einkünften auch mehr Sozialbeiträge entrichten.

Steuerungleichheit bei Privatpersonen

A ist Arbeitnehmer. Er erwirtschaftet für seinen Arbeitgeber Leistungen im Gegenwert von rund 100.000 Euro im Jahr. Die Aufwendungen von A's Arbeitgeber (für seinen Lohn sowie die Lohnnebenkosten) betragen pro Jahr für ihn rund 50.000 Euro. B ist faul. Sie arbeitet nicht, aber hat geerbt und sich dafür ein Mehrfamilienhaus gekauft. Das war günstig, weil es schon alt und nicht modernisiert ist. Sie vermietet die Wohnungen und lässt mit den Mieteinnahmen, die über dem Steuerfreibetrag liegen, jedes Jahr Modernisierungsmaßnahmen durchführen, die sie von der Steuer abziehen kann. Somit zahlt B auf ihre Mieteinnahmen nicht nur keine Sozialabgaben, sondern auch keine Steuern. Nach 10 Jahren ist das komplette Haus top renoviert und damit viel mehr wert. Jetzt verkauft B es und macht einen Gewinn von 500.000 Euro – darauf muss sie weder Sozialabgaben noch Steuern zahlen – und das alles ganz legal.

Kommen wir zurück zu A. Von den 50.000 Euro pro Jahr, die sein Arbeitgeber für ihn aufwendet, bleiben A nach Abzug aller Steuern und Sozialabgaben gerade einmal rund 26.000 Euro übrig (Nettolohn.de, 2020). Nach 10 Jahren geleisteter Arbeit im Gegenwert von einer Million Euro, für die A's Arbeitgeber 500.000 Euro für A ausgegeben hat, hat A nur 260.000 Euro bekommen – davon musste er natürlich Kosten tragen, z. B. für die Fahrten zur Arbeitsstätte oder fürs Essen in der Mittagspause, die er aufgrund seiner Berufstätigkeit hat. Von den 500.000 Euro Gewinn durch die Immobilienveräußerung von B bleiben ihr hingegen die kompletten 500.000 Euro.

Das Beispiel ist übrigens nicht unrealistisch, denn eine Investition in Immobilien hat in den letzten 10 Jahren z. B. in Berlin einen Wertzuwachs von 152 % erbracht (also 15 % jährlich, während es auf dem Sparbuch 0 % Zinsen gab). In München war die Wertsteigerung übrigens noch größer (Müller, 2019). Berlin und München sind keine absolute Ausnahme, denn auch in einigen Städten die als B-Lage klassifiziert werden, wie z. B. Nürnberg, haben sich die Immobilienpreise in den letzten 15 Jahren verdoppelt (Fuchsbauer, 2019).

Aber nicht nur im Immobilienbereich zeigt sich, wie ungerecht die deutsche Einkommenssteuer ist.

Angestellte A ist begabt und fleißig. Ihr Arbeitgeber lässt sich ihre Arbeit deshalb 100.000 Euro pro Jahr kosten. B spekuliert gerne an der Börse und erwirtschaftet damit 100.000 Euro pro Jahr. Beide sind alleinstehend und kinderlos und haben demnach beide die Steuerklasse 1. Nun bleiben A von den 100.000 Euro aber lediglich 47.000 Euro Nettogehalt übrig (Nettolohn.de, 2020). B muss auf seine Spekulationsgewinne und Dividenden aber maximal 25 % Steuern (plus einen geringen Solidaritätszuschlag und bei Kirchenmitgliedschaft evtl. Kirchensteuer) aber keine Sozialabgaben bezahlen. Damit bleiben B am Ende des Jahres 73.836 Euro – und wenn B keine weiteren Einkünfte hat und der Sparerpauschalbetrag nicht anderweitig genutzt wurde, sogar noch viel mehr.

Denn 25 % ist die maximale Steuer für Börsengewinne bzw. Dividenden. Erstmal kann der Sparerpauschalbetrag und dann der Steuerfreibetrag der Einkommenssteuer abgezogen werden, danach kann eine viel niedrigere Einkommenssteuer angesetzt werden. Erst wenn der Betrag die Einkommenssteuerschwelle von 25 % übersteigt, wird die maximale Steuer von 25 % für diese Einkommensart fällig.

Für Personen mit besonders hohen Einkünften kommen noch ganz andere legale Steuervermeidungsmethoden dazu, z. B. kann jemand seinen Wohnsitz in ein Steuerparadies verlegen – ob die Person wirklich mehr als 180 Tage im Jahr dort ist, kann nicht überprüft werden. Fakt ist, die Steuerpflichtigkeit ist an das Land gekoppelt, in dem jemand gemeldet ist. In Monaco z. B. gibt es in den meisten Fällen überhaupt keine Einkommenssteuer (Monte-Carlo.mc, n. d.).

Anders als Deutschland lassen sich aber die USA z. B. von Steuervermeidern nicht auf der Nase herumtanzen – denn jeder mit einer US-Staatsbürgerschaft muss an die US-Behörden Steuern bezahlen, egal wo er auf der Welt lebt und wo er sein Geld verdient. Eine Verlegung des Wohnsitzes zum Steuern sparen ist also sinnlos. Wer die US-amerikanische Staatsbürgerschaft abgeben will, bezahlt sogar eine hohe Austrittssteuer (Exit-Tax). Das ergibt Sinn, denn eine Staatsbürgerschaft gibt Rechte, z. B. Hilfe durch eine Botschaft im Ausland. Wenn jemand in einem Land die Schule besucht und eine Ausbildung gemacht hat, später aber im Ausland Geld verdient, würde das Heimatland mit dieser Person Geld verlieren. Deshalb ist die Steuerpflichtigkeit bzw. eine Austrittssteuer für Bürger eines Landes gerechtfertigt, egal wo sie leben und arbeiten.

Im Falle der Einkommenssteuer wird Einkommen aus Arbeit stärker besteuert als

Einkünfte aus Spekulationen oder Gewinnen usw. Wieso werden nicht alle Einkünfte gleichermaßen mit Sozialabgaben und dem persönlichen Steuersatz belastet? Und wieso können Personen, die in Deutschland Geld verdienen, in einem Steuerparadies steuerpflichtig sein?

Steuerfreibeträge für Kinder nur relevant für Besserverdiener

Für jedes Kind gibt es einen Steuerfreibetrag, d. h. die Einkommensteuer sinkt mit der Anzahl der Kinder. Aber was ist mit Familien, deren Einkommen so gering ist, dass sie sowieso kaum Steuern zahlen? Die haben dann nicht viel von diesem Steuerfreibetrag.

Wieso gibt es keine Freibeträge für Sozialabgaben? Diese werden ab dem ersten verdienten Cent eines sozialabgabenpflichtigen Einkommens abgezogen. Dass Familien bei den Sozialabgaben entlastet werden, z. B. durch einen Freibetrag für Kinder, wäre nicht nur sozial, sondern auch gerecht, da Kinder die künftigen Beitragszahler sind und deren Erziehung somit auch ein Dienst an der Allgemeinheit ist.

Erbschaftssteuer

Wer reich ist, hat scheinbar viel geleistet – oder hatte einfach Glück. Denn nicht Lotto, sondern Erbschaft macht die meisten Millionäre. Es überrascht nicht, dass zwei Drittel der Millionäre in Deutschland laut einer Umfrage durch Erbschaft bzw. Schenkung zu ihrem Vermögen kamen (Zeit, 2016).

Nehmen wir mal wieder A und B. A kommt aus einer kinderreichen Familie der Mittelschicht. Da die Eltern viel Geld für Miete bezahlen mussten, um Platz für ihre Kinder zu haben, besitzen sie nur wenige Ersparnisse – die nach deren Ableben auch noch durch die Anzahl der Kinder geteilt werden, sodass jedes einzelne Kind kaum etwas erbt.

B kommt aus einer reichen Familie und hat zudem keine Geschwister – sie erbt 200.000 Euro von den Großeltern von Seiten der Mutter, nochmals 200.000 Euro von den Großeltern väterlicherseits und 400.000 Euro von den Eltern. Davor gab es schon im Abstand von 10 Jahren mehrere Schenkungen von je 400.000 Euro von den Eltern und auch einige Schenkungen in Höhe von je 200.000 Euro von den Großeltern. B ist also ohne jegliche Arbeit zu einem Millionenvermögen gekommen, ohne dafür auch nur einen Cent an Steuern oder Sozialabgaben bezahlt zu haben – und das alles ganz legal, denn sowohl die Schenkungen wie auch die Erbschaften blieben immer unter den Freibetragsgrenzen.

Das Beispiel mag sehr theoretisch klingen, aber wenn man sich die Zahlen in der Praxis ansieht, ist so eine Strategie der Vermögensübertragung bei Wohlhabenden durchaus üblich. Denn obwohl im Jahr 2018 rund 31.000.000.000 Euro (31 Milliarden)

in Deutschland vererbt wurden, fiel durchschnittlich nur ein Steuersatz von 5 % darauf an. Personen, die mehr als 100.000.000 Euro geerbt hatten, mussten sogar nur einen durchschnittlichen Steuersatz von 0,2 % darauf entrichten (Spiegel.de, 2019).

Ohne Erbschaft wird es schwierig mit dem Reichtum, denn auch wenn A vom ersten Tag ihres Lebens jeden Tag zehn Euro zurücklegt, um irgendwann auch Millionärin zu sein, müsste sie 274 Jahre alt werden, um das zu schaffen – aber auch nur, wenn die Inflationsrate bei 0 % liegt. Dass Reichtum in der Familie bleibt, zeigt sich am deutlichsten darin, dass Familien, die im Mittelalter vor 600 Jahren zu den Reichsten zählten, heutzutage immer noch zu den reichsten Dynastien gehören (Stocker, 2016).

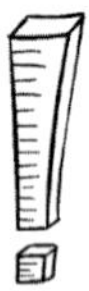

Ohne Umverteilung durch z. B. eine nennenswerte Erbschafts- und Schenkungssteuer, die nicht einfach umgangen werden kann, wird sich die soziale Ungleichheit mehr und mehr verschärfen. Das ist nicht nur sozial ungerecht, sondern nach jeglicher moralischen Vorstellung ungerecht, denn Personen werden belohnt, die nichts dafür leisten mussten. Darüber hinaus führt es dazu, dass nicht die Leistungsträger, sondern deren Erben ohne jegliche erbrachte Leistung zu den Wohlhabendsten gehören. Wer Geld hat, kann dies auch einsetzen, um Einfluss auszuüben. Jemanden, der seinen Reichtum selbst erwirtschaftet hat, würde ich persönlich eine gewisse Intelligenz un-

terstellen – dies muss bei deren Nachkommen aber nicht der Fall sein. Also besteht die Gefahr, dass Menschen mit wenig Intelligenz großen politischen Einfluss haben. Einige davon werden sogar zu Präsidenten.

Kosten für Pflegeheime

Die steuerfreie Übertragung von Vermögen führt nicht nur zu Steuerausfällen sondern in vielen Fällen auch zu hohen Kosten für die Steuerzahler:

Die Eltern von A gehen in ein Pflegeheim. Sie zahlen dafür monatlich genau den durchschnittlichen Eigenbeitrag für ein Pflegeheim in Nordrhein-Westfalen von 2.357 Euro – pro Person, und ohne den Anteil, den die Pflegeversicherung übernimmt. Dass die Unterbringung in Pflegeheimen so teuer ist, liegt übrigens nicht nur an den Personalaufwand für die Pflege, denn auch die Heimbetreiber bzw. die Vermieter des Pflegeheimes verdienen kräftig mit. Schließlich sind Investitionen in Immobilien, die als Pflegeheime genutzt werden, lukrativer als Investitionen in Hotels, Büros oder andere Gewerbeobjekte (Schwaldt, 2015).

Monatlich verlieren also beide 4.714 Euro ihrer Ersparnisse. Da sie sich auch mal etwas kaufen oder ausgehen wollen, brauchen sie natürlich noch mehr Geld. Das Vermögen der Eltern von A, inklusive deren Wohnhaus, wird also sukzessive aufgebraucht bis nur noch ein Grundfreibetrag von 5.000 Euro pro Person übrig ist. Wenn schon ihr ganzes Vermögen für das Heim draufgeht – haben die Eltern von A es dann wenigstens gut dort? Ein Viertel bis ein Drittel des Pflegepersonals in NRW gab in einer Studie von 2004 an, dass sie selbst bereits Täter bzw. Zeuge einer Misshandlung von Heimbewohnern durch Pflegekräfte wurden (Garms-Hormolova et al., 2004). Auch ansonsten ist Vernachlässigung in Pflegeheimen alltäglich, wie die zahlreichen Skandale der letzten Jahre zeigen.

Die Eltern von B gehen in das gleiche Pflegeheim und bekommen die gleichen Leistungen. Sie haben ihr Vermögen aber schon frühzeitig an B übertragen. Die Kosten für das Pflegeheim werden komplett vom Staat übernommen. B verdient mit 95.000 Euro Jahreseinkommen zwar sehr gut, aber muss sich trotzdem nicht an den Heimkosten ihrer Eltern beteiligen, weil dies erst ab einem Einkommen von über 100.000 Euro vorgeschrieben ist. Auch wenn die Eltern von B noch weitere Kinder mit ebenso hohen Einkünften hätten, würde trotzdem das Sozialamt die Kosten komplett übernehmen (NDR, 2020).

Niemand weiß, ob oder für wie lange er oder sie in ein Pflegeheim muss. Da wäre es doch angebracht, die staatliche Pflegeversicherung so auszubauen, dass die gesamten Heimkosten übernommen werden können. Angesichts der hohen Profitmargen von Vermietern von Pflegeheimen und zahlreichen Skandalen in privatwirtschaftlichen Pflegeheimen wären staatliche Pflegeeinrichtungen eine günstigere und bessere Alternative.

Mehrwertsteuer

Wer wenig Einkommen hat, verbraucht das meiste davon. Deshalb haben die unteren Einkommensschichten auch prozentual gerechnet eine viel höhere Konsumquote als Menschen mit höheren Einkünften.

Es ist oft schwer verständlich, wieso einige Produkte und Dienstleistungen mit 7 oder 19 % und manche gar nicht besteuert werden. Die meisten Lebensmittel wie Äpfel werden nur mit 7 % besteuert, Apfelsaft aber mit 19 %. Windeln unterliegen dem vollen Mehrwertsteuersatz von 19 %, Schnittblumen dagegen müssen nur mit 7 % besteuert werden (WiWo, n. d.). Dass Familien eher Windeln als Schnittblumen kaufen, scheint die Politik nicht zu interessieren.

Die Mehrwertsteuer bedeutet auch, dass Menschen doppelt besteuert werden – zuerst über die Einkommenssteuer, wenn sie ihr Entgelt erwirtschaften, und danach, wenn sie es ausgeben, über die Konsumsteuern.

Auch beim Thema Wohnen benachteiligt die Mehrwertsteuer Privatleute und bevorzugt Investoren:

A hat sich ein altes Haus gekauft. Dieses muss renoviert werden. Bis das Haus in einen guten Zustand versetzt ist, sind Renovierungsmaßnahmen im Wert von 100.000 Euro nötig. Unternehmer B kauft ein identisches Haus, auch hier sind Renovierungsaufwendungen im Gegenwert von 100.000 Euro notwendig. Nun kommt die steuerliche Ungerechtigkeit ins Spiel, denn Privatperson A zahlt für die Arbeiten im Gegenwert von 100.000 Euro ganze 119.000 Euro – man kann es ahnen, die 19 % Unterschied kommen von der Mehrwertsteuer, die B letztlich nicht zahlen muss, weil er diese im Nachhinein vom Finanzamt zurückerstattet bekommt.

Die Mehrwertsteuer führt auch zur skurrilen Situation, dass es für Unternehmen oft günstiger ist nicht mehr benötigte Ware (wie z. B. Rücksendungen von Kunden, alte Computer) zu entsorgen, anstatt diese zu spenden. Da auch eine Spende als Umsatz gilt, muss der Unternehmer dafür nämlich die Umsatzsteuer von 19 % für den Zeitwert der gespendeten Güter ans Finanzamt abführen. Das Unternehmen muss also dafür bezahlen, wenn es Güter aus dem Betriebsvermögen spendet (Steuerklassen.com, n. d.). Wer bisher an der Richtigkeit des Buchtitels gezweifelt hat, wird spätestens jetzt vom asozialen Charakter der deutschen Politik überzeugt sein.

Bezüglich der Mehrwertsteuer stellt sich die Frage, ob es sinnvoll ist, Konsum relativ hoch zu besteuern, da dieser dadurch gemindert wird, was wiederum der Wirtschaft schadet und Privatleute benachteiligt. Eine Abschaffung der Mehrwertsteuer für einige Produkte und Dienstleistungen würde die Kaufkraft gerade der Bürger mit weniger Einkommen erhöhen., Sie wäre zudem förderlich für den Binnenkonsum und damit für die wirtschaftliche Entwicklung.

Ökosteuer / CO_2-Abgabe / EEG-Umlage

Der Grundgedanke der Ökosteuer sowie der CO_2-Abgabe oder der Erneuerbare-Energien-Gesetz-(EEG)-Umlage ist gut – wer die Umwelt belastet, soll auch dafür zahlen. Aber wie sieht es in der Praxis aus? Die Abgaben erhöhen die Heizkosten. Und wer hat hohe Heizkosten? Familien mit geringem Einkommen, die in einem schlecht isolierten, alten Haus leben und alle Räume beheizen müssen, weil ihre Kinder nicht frieren sollen. Besserverdiener in einem gut gedämmten Neubau, evtl. noch mit Wärmepumpe, Solaranlage, usw. spüren die Mehrkosten beim Heizen durch die Steuern und Abgaben hingegen kaum.

Teurer wird durch die Ökosteuer und andere Abgaben auch Strom – bei diesem machen Steuern und Abgaben über die Hälfte der Kosten aus (Verivox, 2020). Unter anderem deshalb ist der Strompreis für Privathaushalte und Unternehmen, die keine Ermäßigung bekommen, in Deutschland weltweit am teuersten und über dreimal so teuer wie in einigen anderen EU-Ländern (Statista, 2020). Auch hier werden Familien der unteren Einkommensklassen benachteiligt. Wer eine große Familie hat, muss viel kochen, waschen, staubsaugen ... Und wer Pech hat, hat auch noch einen Elektroboiler oder Elektrodurchlauferhitzer zum Duschen und Baden, der rund fünfmal so hohe Kosten für Warmwasser verursacht, wie eine moderne Zentralheizungsanlage für Warmwasser. Wenn der Boiler dazu noch älter und verkalkt ist, können die Kosten nochmal um ein Vielfaches ansteigen. Bei einer Mietwohnung kann sich der Mieter nicht einfach für eine Umrüstung entscheiden, denn dazu ist der Vermieter nicht verpflichtet. Auch können es sich Geringverdiener oft nicht leisten, neue und energiesparende Geräte wie Waschmaschine, Kühlschrank usw. anzuschaffen.

Dass es der Regierung nicht um den Umweltschutz geht, zeigt sich in folgender Perversion: Die EEG-Umlage soll erneuerbare Energien fördern – aber verteuert diese in einigen Fällen sogar. Denn wer auf seinem Haus eine Photovoltaikanlage betreibt, muss unter Umständen für den selbst erzeugten und selbst genutzten Strom auch noch an den Staat bezahlen, nämlich in Form der EEG-Umlage (Wirth, 2021).

Umweltschutz ist gut – aber muss dieser unbedingt von den Schwächsten der Gesellschaft bezahlt werden? Wieso streicht man die Abgaben, Umlagen und Steuern bei den Energiekosten der Privathaushalte nicht einfach und nimmt das Geld stattdessen z. B. über Luxussteuern für die Anschaffung besonders stark motorisierter Autos, privater Swimmingpools oder privater Saunen ein?

Rundfunkbeitrag

Ist es sozial gerecht, wenn jeder den gleichen Betrag bezahlt? Bei der Einkommenssteuer ist der demokratische Konsens, dass starke Schultern eine höhere (Steuer) last tragen sollen. Beim Rundfunkbeitrag scheint dieses Prinzip vergessen worden zu sein. Dieser könnte einfach als Prozentsatz von der Einkommenssteuer erhoben werden. Warum schafft es der Staat einerseits, die Kirchensteuer im Verhältnis zum Einkommen für Religionsgemeinschaften einzuziehen, aber nicht, dies auch mit dem Rundfunkbeitrag zu tun? Wieso sollte die Unabhängigkeit der öffentlich-rechtlichen Medien gefährdet sein, wenn die Beiträge progressiv sind und über die Finanzämter kassiert werden? Wurden die Kirchen abhängig vom Staat, nur weil dieser die Kirchensteuer eintreibt?

Steuerungleichheit Großunternehmen vs. Kleinunternehmer

Steuerlich werden kleine und mittelständische Unternehmen benachteiligt, was an einem Beispiel deutlich wird:

A betreibt ein kleines Café. Internationaler Großkonzern B tut das gleiche. Und während Kleinunternehmerin A für ihr Einkommen Steuern zahlen muss, braucht Großkonzern B dies nicht oder kaum zu tun – ganz legal. Die Gewinne, die Konzern B in den einzelnen Filialen erwirtschaftet, werden nämlich in ein Steuerparadies überwiesen. Das geschieht natürlich nicht einfach so. Der Konzern im Steuerparadies verlangt einfach den ganzen erwirtschafteten Gewinn als Lizenzgebühr, damit die Straßencaféketté B den Namen B verwenden darf. B ist im Steuerparadies steuerpflichtig, wo es natürlich keine/kaum Steuern gibt. Jeder durchschaut, dass es sich dabei um Steuervermeidung handelt – aber die Politik schaut weg.

Solche Mechanismen werden von vielen namhaften Großkonzernen genutzt – fast keines der umsatzstarken Unternehmen zahlt somit eine angemessene Steuer, so wie es kleine und mittelständische Unternehmen tun müssen – und das ist auch noch legal. In der EU entgehen den einzelnen Staaten jedes Jahr dadurch je 50.000.000.000 bis 70.000.000.000 (50 bis 70 Milliarden) Euro an Steuereinnahmen, weil z. B. Großkonzerne wie Apple im Steuerparadies Irland nur 0,005 % Steuern, also 50 Euro Steuern pro 1.000.000 Euro Gewinn, abführen müssen. Allein aus Deutschland fließen pro Jahr rund 55.000.000.000 (55 Milliarden) Euro in Steuerparadiese (Schimmeck, 2018).

Die Kleinunternehmerin zahlt also Steuern, während der Großkonzern dies nicht muss – wie soll die Kleinunternehmerin in so einem Marktumfeld konkurrenzfähige Preise anbieten? Langfristig werden mehr und mehr kleine Unternehmen schließen und Großkonzerne werden sukzessive einen noch größeren Marktanteil bekommen. Die

Ungleichheit beim Steuerrecht verschärft somit die soziale Ungleichheit noch weiter. Wieso gibt es Parteien, die den neoliberalen Kapitalismus in höchsten Tönen loben, weil sich durch die Konkurrenzsituation die besten am Markt durchsetzen, aber setzen sich nicht dafür ein, dass es einen fairen Wettbewerb zwischen Konkurrenzunternehmen geben kann?

Wieso gibt es keine Sanktionen gegen Steuerparadiese, die faktisch einen Wirtschaftskrieg gegen die restlichen Staaten der Welt führen? Wieso muss ein Unternehmen seine Gewinne nicht einfach in dem Land versteuern, in dem der Umsatz erwirtschaftet wurde?

Ungleicher Wettbewerb zwischen Großkonzernen und kleinen Unternehmen

Die Ungleichheit zwischen Großkonzernen und kleinen sowie mittelständischen Unternehmen zeigt sich in der Macht den Preis zu diktieren. Es gibt auf der Welt zwar viele Automarken, aber da viele demselben Hersteller angehören und diese auch teilweise untereinander kooperieren, gibt es nur eine Hand voll großer Autoproduzenten. Ein Automobilzulieferer muss seine Produkte, wie z. B. Autositze, aber an die Automobilindustrie verkaufen – und das wissen auch die Autoproduzenten. Was machen diese also? Sie drücken den Preis, denn wenn der Zulieferer keinen Abnehmer bekommt, geht er bankrott, da er die Fixkosten der Produktionsstätte auch tragen muss, wenn nichts produziert wird. Andererseits gibt es viele Produzenten von Autositzen. Es ist also nicht so, dass die Automobilindustrie ein Problem hätte, wenn ein einzelner Zulieferer nicht zum geforderten Preis verkauft. In der Wertschöpfungskette steht der Automobilkonzern also über dem Zulieferer, was zur Folge hat, dass der Automobilkonzern eine höhere Gewinnmarge erreichen kann als sein Zulieferbetrieb. Niedrige Gewinnmarge klingt nicht so negativ – immerhin wird noch Gewinn gemacht – aber auch das ist nicht immer der Fall, denn in vielen Fällen müssen die Automobilzulieferer Aufträge annehmen, obwohl der Ertrag nicht einmal reicht, um die Kosten zu decken (Schwarz-Kocher et al., 2019). Der Automobilsektor ist nur ein Beispiel von vielen. Landwirte z. B. müssen ihre Erzeugnisse häufig unter ihren Produktionskosten verkaufen, weil Groß- und Einzelhandelsketten nur sehr wenig dafür bezahlen und es viele Anbieter am Markt gibt.

Die meisten Unternehmen können also kaum hohe Gewinne erwirtschaften, weil sofort ein Konkurrent ihren Preis unterbieten würde, wenn ihre Gewinnmarge zu hoch kalkuliert wäre. Das ist auch der Grund, wieso Arbeitnehmer so hohem Druck ausgesetzt sind, denn wenn ein Unternehmer seinen Arbeitern mehr bezahlt und ihnen weniger Arbeitsdruck macht, wäre das Unternehmen schnell bankrott, weil ein Konkurrent, der seine Arbeiter schlecht bezahlt und hohen Arbeitsdruck aussetzt, günstiger produzieren könnte.

Andere Aspekte des Unternehmertums, wie das Kündigungsschutzgesetz, sorgen ebenso dafür, dass Kleinunternehmen das Nachsehen haben, denn wenn einer von einigen wenigen Mitarbeitern nicht gut arbeitet, kann der Kleinunternehmer schnell insolvent gehen – Großunternehmen haben nicht nur bessere juristische Mittel, sondern können es auch finanziell besser verkraften, wenn ein gewisser Prozentsatz der Mitarbeiter nicht optimal arbeitet und aufgrund des Kündigungsschutzes nicht gleich freigesetzt werden kann. Bei privaten Vermietern ist es ähnlich: Während große Vermietergesellschaften ihre Fachjuristen beschäftigen und den Mietausfall einiger Mieter locker wegstecken, kann es den privaten Immobilienbesitzer schnell finanziell das Genick brechen, wenn ein Mieter nicht zahlt und eine teure Räumungsklage geführt werden muss.

Ausgenommen Kleinstunternehmen!

Neben den ungleichen Bedingungen von kleinen und großen Unternehmen gibt es noch die Haie im Meer – Unternehmen, die so groß sind, dass sie sich fast alles herausnehmen können, weil sie etwas anbieten, was Konkurrenten kaum anbieten können – wie Onlineauktionshäuser, soziale Onlinenetzwerke, Internetsuchmaschinen, Ölkonzerne oder Unternehmen aus anderen

Bereichen, die eine Marktstellung haben, welche nur schwer von Konkurrenten angefochten werden kann. Das nennt sich in der Volkswirtschaft Monopol bzw. Oligopol. Es ist aber deshalb keineswegs so, dass diese Großunternehmen ihre Mitarbeiter deshalb besser behandeln, wie die vielen Skandale der letzten Jahre, z. B. beim weltgrößten Onlineversandhändler Amazon, zeigen:

Amazon hat in Stellenausschreibungen bereits mehrfach Hassgruppierungen und Terroristen zusammen mit Gewerkschaften und feindseligen politischen Akteuren als Bedrohungen bezeichnet. Nun schickten 37 EU-Abgeordnete dem Amazon-Gründer Jeff Bezos eine Anfrage, ob Amazon beabsichtige, Politiker, Gewerkschafter und Mitarbeiter zu überwachen (Szymanski, 2020).

Dass Amazon nicht viel von fairem Wettbewerb hält, befand auch die EU-Kommission: Diese leutete ein Verfahren gegen Amazon wegen Kartellrechtsverstößen ein. Wieso? Amazon ist nicht nur eine Plattform für Händler, sondern verkauft auch eigene Produkte. Weil Amazon als Plattform die Verkaufszahlen und andere sensible Daten zu den angebotenen Produkten der Händler kennt, wirft die EU-Kommission Amazon vor, diese Daten zu nutzen, um eigene Produktangebote zu optimieren (DLF, 2020).

Auch die Kunden haben nicht gut lachen, denn wer keine oder wenig Konkurrenz hat, braucht keine konkurrenzfähigen Preise anbieten, bzw. muss keine Innovationen auf den Markt bringen, um seine Produkte verkaufen zu können, weshalb z. B. ein Konzept eines wirkungsvolleren Bremssystems für Kraftfahrzeuge seit Jahrzehnten in der Schublade verstaubt.

Auch während der Coronakrise war nicht jeder Unternehmer gleichermaßen betroffen: Das Kurzarbeitergeld bringt Kleinunternehmern ohne Personal nichts. Für einige Unternehmen war es aber ziemlich praktisch. Da es in vielen Branchen mal mehr und mal weniger Aufträge gibt, können Unternehmen ihre Mitarbeiter nicht immer voll auslasten. Das führt dazu, dass Mitarbeiter bezahlt werden müssen, obwohl nicht genug Arbeit für sie vorhanden ist. In der Coronakrise kann das Unternehmen einfach Kurzarbeitergeld beantragen, obwohl ein Teil der Mitarbeiter auch in regulären Zeiten nicht voll ausgelastet gewesen wäre. Dadurch vermindern sich für diese Unternehmen die Mitarbeiterkosten und der Gewinn wächst.

Der Ausweg daraus wäre, wenn die Kartellbehörden ihre Arbeit machen und dafür sorgen würden, dass Unternehmen nicht so groß werden, dass sie eine marktbeherrschende Stellung einnehmen können. Dazu könnten Regeln wie Kündigungsschutz für Arbeitnehmer und Mieter bei großen Arbeitgebern bzw. Großvermietern strikter geregelt werden als bei Kleinunternehmen bzw. Privatvermietern. Außerdem könnte es Subventionen für Unternehmen geben, die sich auf Märkte wagen, in denen ein Großkonzern ein Quasi-Monopol hat. z. B. weiß kaum jemand, dass es nicht nur ein großes Auktionshaus im Internet gibt, sondern auch ein kleineres Konkurrenzunternehmen – aber weil dieses zu unbekannt ist, stellt es keine wirkliche Konkurrenz zum Quasimonopolisten dar. Mit einer Bürgschaft, z. B. der Kreditanstalt für Wiederaufbau (KfW), könnte dieses Unternehmen in Marketing investieren und im deutschsprachigen Bereich die Stellung des marktbeherrschenden Großkonzerns angreifen. Dass es möglich ist Platzhirschen den Rang streitig zu machen zeigt z. B. die Suchmaschine Yandex, die in Russland populärer ist als die des Weltkonzerns Alphabet (Google).

Hinzukommend müsste der Staat die Arbeits- und Entgeltkonditionen genauer festlegen, wie es in Teilen, z. B. durch den gesetzlichen Mindestlohn, bereits geschehen ist. Da Unternehmen aufgrund des Konkurrenzdruckes gezwungen sind den Arbeitnehmern die maximale Leistung bei minimalem Entgelt abzuverlangen, kann nur eine staatliche Intervention Arbeitnehmer vor schlechten Konditionen schützen. Wer jetzt argumentiert, dass das der Position Deutschlands im internationalen Wettbewerb schadet, sollte sich fragen, ob Globalisierung ein Naturgesetz ist und ob Deutschland nicht einfach Waren und Dienstleistungen aus Ländern mit schlechten Arbeitsumständen (wie Kinderarbeit oder unmenschlichen Arbeitsbedingungen) durch Zölle verteuern könnte.

Weshalb wir früher sterben

Wer nicht zur Oberschicht gehört lebt kürzer – einige der Gründe dafür werden in diesem Kapitel erläutert.

Covid19 trifft vor allem die Mittel- und Unterschicht

Menschen niedrigerer sozialer Klassen erkranken in Deutschland überproportional häufig an Covid19 (Wachtler et al., 2020). Die Autoren der Studie benennen vor allem häufig fehlende Möglichkeiten von zuhause zu arbeiten als Gründe und auch die Art der Arbeit macht es oft unmöglich, Kontakte zu vermeiden. Auch trifft Menschen der niedrigeren sozialen Schichten die Pandemie finanziell viel härter als die Oberschicht, da sie häufiger in Bereichen arbeiten die von Pandemieeindämmungsmaßnahmen (Lockdown) betroffen sind (Schnabel, 2020).

Zweiklassengesundheitssystem

Welche Patientin wird wohl besser behandelt? Patientin A, die gesetzlich versichert ist und an der die Ärztin kaum etwas verdient, oder Patientin B, deren private Krankenversicherung mehr als das Doppelte (genau gesagt das 2,3-fache) für die meisten Handlungen der Ärztin bezahlt? Untersuchungen zeigen, dass Privatpatienten mehr Zeit und Aufmerksamkeit bei einer Behandlung bekommen als gesetzlich Versicherte (NDR, 2017) .

Die private Krankenversicherung (PKV) sorgt also nicht nur dafür, dass die dort versicherten Patienten meist bessere Gesundheitsleistungen erhalten – sie kostet oft sogar weniger als die gesetzliche Krankenversicherung (GKV). Neben Beamten und Selbstständigen können sich Angestellte anstatt bei der gesetzlichen bei einer privaten Krankenversicherung versichern – aber erst ab einem Monatsgehalt von 5.212,50 Euro (Schön, 2019). Die PKV gibt es für Angestellte ab rund 200 Euro Monatsbeitrag (Müller, 2020). Genau wie bei der GKV bezahlt der Arbeitgeber meist auch bei der PKV einen Teil der Kosten mit, von der Steuer lassen sich auch die Basisbeiträge beider Krankenversicherungsarten absetzen.

Zum Vergleich: Eine Angestellte, die monatlich 4.500 Euro brutto verdient, muss für die gesetzliche Krankenversicherung durchschnittlich rund 7,85 % ihres Bruttoeinkommens bezahlen, das sind monatlich 353 Euro – wer hingegen über 5.212,50 Euro (egal ob nun 5.300 oder 100.000 Euro) Monatseinkommen hat, kann sich ab rund 200 Euro monatlich privat krankenversichern und bekommt dafür oft auch noch bessere medizinische Leistungen.

Dazu kommt: Der Arbeitgeber muss auch weniger oder in einigen Fällen gar nichts für die private Krankenversicherung der

Mitarbeiterin dazu bezahlen. Jetzt könnte man denken, dass dies der Angestellten ja egal sein kann – aber Besserverdiener handeln ihr Gehalt meist individuell mit dem Arbeitgeber aus. Dabei hat natürlich eine Mitarbeiterin bessere Karten bei Gehaltsverhandlungen, für die der Arbeitgeber weniger oder gar nichts für die Krankenversicherung bezahlen muss.

Aber nicht für alle ist die PKV besser als die GKV. Für Beamte oder Pensionierte in einer niedrigen Besoldungsstufe wäre die gesetzliche Krankenversicherung oft sogar die günstigere Option, weil sich deren Beitrag eben prozentual nach dem Einkommen richtet und Kinder und nicht erwerbsfähige Partner kostenlos mitversichert. Die PKV verlangt pauschale Beiträge und die Familie ist nicht immer mitversichert. Eine freiwillige gesetzliche Krankenversicherung für Beamte wird aber in den meisten Bundesländern fast unmöglich gemacht, denn während bei Angestellten und Arbeitern der Arbeitgeber die Hälfte des GKV-Beitrags bezahlt, müssen Beamte in den meisten Bundesländern dann nicht nur den Arbeitnehmeranteil, sondern auch den Arbeitgeberanteil zur GKV bezahlen – und bei einem doppelt so hohen Beitrag ist die GKV natürlich in fast jedem Fall teurer als die PKV (Woratschka, 2019).

Die Politik hat also ein Gesetz beschlossen, welches dafür sorgt, dass jemand mit einem höheren Einkommen eine Krankenversicherung mit besseren Leistungen abschließen kann, die in vielen Fällen auch noch weniger kostet. Gleichzeitig bezahlen Beamte mit wenig Gehalt und Familie viel höhere Beiträge als bei der GKV.

Der Solidaritätsgedanke hinter dem Gesundheitssystem wird durch das Zweiklassensystem bei der Krankenversicherung ausgehebelt, denn die gesetzliche Krankenkasse muss alle in Deutschland lebenden Menschen aufnehmen, während die privaten Krankenversicherungen meist nur die Menschen aufnehmen, die keine chronischen Krankheiten oder Risikofaktoren haben und von denen keine hohen Kosten zu erwarten sind. Somit kann die PKV natürlich günstigere Beiträge anbieten, den Ärzten mehr für die gleichen Leistungen bezahlen, den Versicherten mehr Leistungen gewähren und dabei trotzdem Gewinne erwirtschaften – auf Kosten der Mittel- und Unterschicht, die meist nicht in die PKV düfen und denen die Besserverdiener als Beitragszahler für die GKV verloren gehen.

Wieso braucht Deutschland ein Zweiklassensystem bei der Gesundheitsvorsorge? Ein staatliches Gesundheitssystem, welches über Steuergelder finanziert wird, würde nicht nur Kosten einsparen, weil viel bürokratischer Aufwand aufgrund von Abrechnungen wegfällt, sondern wäre auch noch sozial gerechter, da die meisten Steuern progressiv erhoben werden. In Ländern wie Australien, Kanada, Dänemark, Finnland,

Norwegen, Island, Spanien, Großbritannien und vielen anderen ist ein staatliches Gesundheitssystem schon lange Realität – nur in Deutschland wird als einziges Land in der EU ein Zweiklassengesundheitssystem unterhalten, welches für hohe Gewinne bei den privaten Krankenkassen sorgt.

Zuzahlungen für Gesundheitsleistungen

Menschen mit einer Behinderung müssen häufig Zuzahlungen leisten, um am gesellschaftlichen Leben teilhaben, den Unterricht folgen oder berufstätig sein zu können.

Z. B. übernehmen gesetzliche Krankenkassen für Hörhilfen im Regelfall lediglich bis zu 784,94 Euro pro Stück und auch davon müssen Versicherte ab 18 Jahren 10 % selbst zuzahlen (Test.de, 2020). Für diesen Betrag bekommt man aber nur Hörgeräte, die dafür geeignet sind, um Einzelgespräche mit einer anderen Person in einer ruhigen Umgebung führen zu können. Telefonieren ist damit auch kaum möglich. Diese als Kassengeräte bezeichneten Modelle sind also kaum für Personen geeignet, die mitten im Leben stehen und auch an Konversationen mit mehreren Personen oder in nicht ganz stillen Umgebungen teilhaben möchten, denn dafür braucht man schon Hörgeräte im unteren vierstelligen Preisbereich. Wenn Hörgeräte auch für die Arbeit benötigt werden, wird die Komfortklasse für rund 2.000

Euro pro Stück empfohlen, um auch in verschieden geräuschintensiven Umgebungen andere Menschen verstehen zu können (welches-hoergeraet.de, n. d.).

Wer kein optimales Hörgerät hat, kann in der Schule dem Unterricht nur schwer folgen, weil es in Klassenzimmern selten leise zugeht, und die meisten Jobs nicht machen, weil weder Vorgesetzte, Kollegen noch Kunden mit den günstigen Kassenhörgeräten zuverlässig verstanden werden können.

Das Bundessozialgericht entschied 2009, dass Krankenkassen Hörgeräte bezahlen müssen, die eine bestmögliche Angleichung an das Hörvermögen Nichtbehinderter ermöglicht. In der Praxis sieht es für Menschen mit Behinderung jedoch oft anders aus (VdK, n. d.). Damit die Krankenkasse die Kosten für ein höherwertiges Hörgerät übernimmt, bedarf es fachärztlicher Atteste, Erklärungen von Hörgeräteakustikern, die genau erläutern, wieso eines der günstigen Geräte nicht ausreicht – erst dann hat ein Antrag bei der Krankenversicherung auf Kostenübernahme überhaupt eine Erfolgschance. Zusätzlich wird geraten, ein Hörtagebuch beizulegen. Aber es wird noch schwieriger: Hörgeräteakustiker legen den Hörbehinderten oft eine Verzichtserklärung zur Unterschrift vor – der Sozialverband VdK rät, diese nicht zu unterschreiben – in der Praxis werden viele behinderte Menschen aus Verunsicherung die Unterschrift leisten. Auch wer die Unterschrift erfolgreich verweigert hat, bekommt oft einen Ablehnungsbescheid von der Krankenkasse – daraufhin muss der Hörbehinderte Widerspruch einlegen und auch dann ist nicht sicher, dass es die Krankenversicherung nicht doch auf einen Gerichtsprozess ankommen lässt – und dies geschieht in der Praxis relativ oft und dauert Jahre (VdK, 2018). Nicht alle Hörbehinderten haben die wirtschaftlichen, zeitlichen und nervlichen Ressourcen für einen längeren Rechtsstreit gegen ihre Krankenversicherung. In der Praxis bekommen deshalb viele nicht die Hörgeräte, die sie brauchen.

Die Krankenkasse spart durch das Kostenlimit bei Hörgeräten also einen relativ kleinen Betrag, der auch nur selten fällig wird, denn Hörgeräte halten im Schnitt 6 Jahre. Das Resultat ist, dass ein hörbehinderter Mensch seine Lehrer, Familienmitglieder oder Freunde unzureichend versteht und für die meisten Jobs nicht einsetzbar ist sowie kaum telefonieren kann. Wer behindert ist, wird also noch zusätzlich behindert und kann aufgrund der unzureichenden Hörhilfe viel seltener einen guten Schulabschluss erreichen oder eine Arbeit finden und wird eher zum Sozialleistungsempfänger werden.

Nicht nur bei Hörgeräten wird gespart, auch bei Physiotherapie, Krankengymnastik oder Logopädie müssen Menschen ab 18 Jahren 10 % der Kosten selbst tragen – bei Zahnersatz zahlt die gesetzliche Krankenversicherung (auch bei Kindern) nur die Hälfte der Kosten (Test.de, 2020), deshalb zahlen die Versicherten in Deutschland für Zahnersatz jedes Jahr 3.000.000.000 Euro (3 Milliarden Euro) aus eigener Tasche. Das hat die Konsequenz, dass jeder zweite Patient schon einmal eine notwendige Zahnersatzbehandlung aus Angst vor der hohen Zuzahlung nicht hat durchführen lassen (Focus.de, 2017).

Auch Zuzahlungen für Medikamente können bei Menschen, die mit ihrem Geld knapp dran sind, dafür sorgen, dass diese erst später oder gar nicht erworben werden – was fatale gesundheitliche Folgen haben kann.

Hohe Kosten für Medikamente

Wieso sind Medikamente so teuer? Tatsächlich haben Apotheken hohe Profitmargen. Ein selbstständiger Apotheker verdient im Durchschnitt 118.000 Euro pro Jahr. (Schlautmann & Thelen, 2016). Zum Vergleich: Ein Hausarzt kommt durchschnittlich auf rund 75.000 Euro Jahresgehalt (Gehalt.de, n. d.). Das sind aber Peanuts im Vergleich zu dem, was die pharmazeutische Industrie an Arzneimitteln verdient. Die größten Pharmaunternehmen haben zwischen den Jahren 2000 und 2018 rund 8,6 Billionen US-Dollar verdient und gehören damit zu den profitabelsten Unternehmen überhaupt (McCall, 2020).

Der Gewinn (8.600.000.000.000 Dollar!) ist wirklich so hoch und nicht auf den typischen Übersetzungsfehler aus dem Englischen zurückzuführen und wurde auch nicht mit dem Umsatz verwechselt.

Aber wieso ist der Gewinn so enorm? Pharmakonzerne haben auf die meisten Medikamente ein Patent und damit ein Monopol, was sie dazu befähigt, astronomische Preise zu verlangen – und das wird auch getan.

Eine einzige Dosis des Medikaments Zolgensma von Novartis, welches todkranken Babys mit spinaler Muskelatrophie (SMA) das Leben retten kann, kostet 2.100.000 US-Dollar (Schmutz, 2019). Weil die Krankenversicherungen in der EU das Medikament noch nicht zahlen, müssen die Eltern am besten im Lotto gewinnen – oder bei der Verlosung des Pharmaproduzenten Novartis, der 100 Behandlungseinheiten des Medikaments verlost. Babys, die nicht gewinnen, haben Pech ...

Auch die von den Vereinten Nationen empfohlenen Impfungen sind seit 2001 um 2.700 % im Preis gestiegen. Was ein Grund dafür sein könnte, dass in vielen armen Ländern die Mehrheit der Kinder nicht geimpft ist (Elder, 2013).

Außerdem manipulieren Pharmakonzerne durch strategisches Patentieren das Patentsystem so, dass nicht nur Monopole aufgebaut werden, sondern Konkurrenzunternehmen auch weniger Informationen über Forschungsergebnisse bekommen (Gubby, 2019). Das kann durch sogenannte Sperrpatente erfolgen, d. h. ein Hersteller sichert sich ein Patent, nutzt es aber nicht, sondern sorgt damit nur dafür, dass die Konkurrenten diese Methode nicht anwenden können, um Medikamente zu entwickeln. Dazu kommt ein anderes Problem, welches mit dem Patentsystem zusammenhängt: Pharmakonzerne erforschen nur Medikamente, die sich auch patentieren lassen.

Wenn z. B. ein pflanzlicher Wirkstoff in einer Studie eine gute Wirksamkeit bei bestimmten Krankheiten zeigt, hat das Pharmaunternehmen nicht viel davon, da man einen in der Natur vorkommenden Wirkstoff z. B. aus einer Pflanze, nicht patentieren kann. Wenn der Pharmakonzern also eine Studie durchführt, welche die Wirksamkeit des pflanzlichen Wirkstoffes X bei Krankheit Y beweist, wird die Nachfrage nach diesem Wirkstoff steigen – aber wegen der fehlenden Patentierbarkeit können alle Unternehmen diesen Wirkstoff verwenden und anbieten. D. h. der Pharmakonzern hätte die Kosten für die Studie zahlen müssen, aber keine Vorteile davon. Wenn der Pharmakonzern bisher ein anderes Medikament gegen Krankheit Y verkauft hat und das nun niemand mehr nachfragt, weil der pflanzliche Wirkstoff X viel besser hilft, hätte sich das Pharmaunternehmen sogar selbst geschadet.

Der Nebeneffekt davon ist, dass sich Käufer z. B. einiger pflanzlicher Arzneimittel nie sicher sein können, ob das Medikament auch wirkt, da nur selten klinische Studien dazu durchgeführt werden – denn wenn niemand das Medikament patentieren kann, bezahlt auch niemand eine Studie über die Wirksamkeit.

So ein Patentsystem führt also dazu, dass es überhaupt keine Forschung seitens der pharmazeutischen Industrie über den Nutzen pflanzlicher Wirkstoffe gibt, die nicht patentiert werden können. Das Ergebnis einer Studie, die dieses Patentsystem für Medikamente als Gefahr für den gesellschaftlichen Wohlstand identifiziert (Gubby, 2019), überrascht angesichts der massiven Auswirkungen auf die Menschheit nicht.

Unabhängig vom Patentsystem gibt es aber auch andere Faktoren, die moralisch problematisch sind, denn ein Pharmaunternehmen ist in erster Linie ein Unternehmen mit Gewinnerzielungsabsicht. Dass Menschen geheilt werden, ist nur ein Nebenaspekt – der für das Pharmaunternehmen wirtschaftlich gesehen nicht einmal positiv ist, denn wer lange krank bleibt, kauft häufiger Medikamente als jemand, der wieder genesen ist. Praktische Konsequenz davon ist, dass zuerst der mögliche Gewinn kalkuliert wird, bevor überhaupt mit der Entwicklung eines Medikamentes begonnen wird. Wenn z. B. nur wenige Menschen von einer Krankheit betroffen sind, wird das Pharmaunternehmen erst gar nicht anfangen zu forschen. Genauso verhält es sich, wenn die meisten betroffenen Patienten wenige finanzielle Mittel besitzen, also wird kaum an Arzneimitteln geforscht, welche Krankheiten bekämpfen, die hauptsächlich in ärmeren Ländern ein Problem sind.

Beispiele, die aufzeigen, dass es nicht sinnvoll ist, die Gesundheitsversorgung in Händen der Privatwirtschaft zu haben gibt es viele, z. B. das Impfstoffdesaster während der Coronapandemie.

Biontech hat 375.000.000 Euro vom deutschen Steuerzahler erhalten, um einen Impfstoff gegen Covid19 zu entwickeln, was insgesamt schätzungsweise 500.000.000 Euro kostete. Schon davor erhielt Biontech bereits rund 50.000.000 Euro an öffentlichen Fördergeldern (Perspektive Online, 2021).

Es ist also nicht komplett abwegig zu behaupten, dass der deutsche Steuerzahler den Löwenanteil an den Entwicklungskosten für den ersten in der EU und USA zugelassenen Covid-Impfstoff bezahlt hat.

Zuerst veranschlagten Biontech/Pfizer 54,08 Euro für eine Impfstoffdosis. Man hat sich anschließend mit der EU auf 15,50 Euro pro Dosis geeinigt (Perspektive Online, 2021). Dass es auch für 15,50 Euro geht, zeigt deutlich, dass sich das Unternehmen mit der hohen geforderten Summe eine goldene Nase verdienen wollte. In anderen Ländern hat es auch höhere Preise durchsetzen können. Das hatte zur Folge, dass andere Länder mehr bzw. früher Impfstoff beliefert bekamen und viel früher die Bevölkerung impfen konnten.

In Deutschland wurden bisher nur 5,9 Prozent der Menschen geimpft (Stand: 19.02.2021). Zum Vergleich: In Israel wurden 82,4 % der Israelis geimpft, auf den Seychellen und in den Vereinigten Arabischen Emiraten mit 62,4 bzw. 55,3 % auch schon über die Hälfte der Bewohner. Andere EU-Länder wie Malta haben auch schon eine doppelt so hohe Coronaimpfquote wie Deutschland. Sogar vergleichsweise arme Länder wie Serbien, Chile, die Türkei, Litauen, Rumänien, Polen, Slowenien, Marokko oder Griechenland haben es geschafft, dass anteilig mehr Menschen als in Deutschland gegen Covid geimpft sind (Haas & Mayer, 2021).

Aufgrund des „Gesetzes zum Schutz der Bevölkerung bei einer epidemischen Lage von nationaler Tragweite" wäre es rechtlich möglich gewesen Biontech zur Abgabe von Lizenzen zu verpflichten, so dass auch andere Hersteller den Impfstoff herstellen hätten können (Reible, 2021). Doch die Bundesregierung stellt die wirtschaftlichen Interessen eines Pharmakonzerns scheinbar über die Interessen der Menschen.

Dazu kommt, dass US-Präsident Biden ein Exportverbot für Covid-Impfstoffe von seinem Vorgänger Trump übernommen hat, deshalb wird von den in den USA produzierten Impfstoffen keine einzige Dosis ausgeführt. Sogar das Nachbarland Kanada (sowie die meisten anderen Staaten der Welt) bekommen deshalb den Impfstoff aus der EU. In Großbritannien sieht es ebenso aus: Der dort produzierte Impfstoff wird nicht exportiert. Unter anderem deshalb ist Großbritannien mit den Impfungen viel weiter als Deutschland. Dass die deutsche Politik scheinbar zuerst an alle anderen und dann erst an die eigene Bevölkerung denkt, könnte man nobel nennen – oder auch dumm. Man kann aber auch darüber spekulieren, dass Deutschland damit politische Interessen verfolgt. Als Russland in der Coronakrise Ärzte und Materialien nach Italien sendete, um die dortige Bevölkerung zu unterstützen, war es keine abwegige Vermutung eine geostrategische Intention dahinter zu sehen. Das gleiche gilt jetzt für Deutschland – leider auf dem Rücken der eigenen Bevölkerung.

Ob einige Politiker im Hinterkopf haben, dass eine späte Impfung und damit viele (ältere) Coronatote für eine Entlastung der Rentenversicherung und der Pflegeversicherung sorgen, sei dahingestellt.

Jeder Mensch kann krank werden und auf Medikamente angewiesen sein – wieso wird es dann nicht als gemeinsame Aufgabe der zivilisierten Welt angesehen, Medikamente zu entwickeln und bereitzustellen? Pharmakonzerne profitieren von Wissenschaftlern, die meist an staatlich finanzierten Hochschulen ausgebildet wurden. Sie greifen auf Grundlagenforschung der Universitäten zurück, die vom Steuerzahler finanziert werden – wieso lässt die Politik es zu, dass die Menschen in Deutschland und anderswo horrende Preise für ihre Gesundheit zahlen müssen und der pharmazeutischen Industrie damit enorme Gewinne bescheren? Wäre es nicht klüger, wenn Staaten, z. B. über internationale Organisationen wie den Vereinten Nationen (UN) oder der Weltgesundheitsorganisation (WHO) zusammen an neuen Medikamenten forschen und diese zum Selbstkostenpreis allen Kranken zur Verfügung stellen? Dabei würden auch Kosten gespart, denn wenn anstelle mehrerer Pharmaunternehmen nur ein Wissenschaftsteam der UN an einem Medikament forscht, muss nicht jedes Forscherteam jeden einzelnen wissenschaftlichen Versuch separat durchführen. Auch könnte man die Zulassungsverfahren für die verschiedenen Märkte vereinheitlichen und damit weitere Kosten einsparen. Bisher wurden solche Kooperation, die allen Menschen helfen würden, noch nicht von der Politik angestoßen. Ob die Coronapandemie zu einem Umdenken führen wird?

Tabaksteuer und Tabakwerbung

Jeder zweite Raucher stirbt an den Folgen des Rauchens (Doll et al. 1994). Tabaksucht hängt stark mit der sozialen Klasse zusammen. Je ärmer und ungebildeter jemand ist, desto höher ist das Risiko, dass er oder sie raucht – mit den entsprechenden Folgen, auch für Kinder, welche an den Schädigungen durch die Sucht ihrer Eltern leiden müssen. Schwangere Frauen aus der sozialen Unterschicht rauchen etwa doppelt so häufig (40 %) während ihrer Schwangerschaft wie Schwangere aus der Mittelschicht (17 %). Alleinstehende schwangere Frauen aus einer niedrigen sozialen Klasse rauchen sogar dreimal häufiger (60 %) (Helmert et al., 1998). Aber was hat die Politik damit zu tun? Ein Zusammenhang zwischen Tabakwerbung und dem Tabakkonsum von Kindern und Jugendlichen ist wissenschaftlich erwiesen. Tabakwerbung richtet sich auch

an Kinder und Jugendliche. Dazu verharmlost Tabakwerbung die Schädlichkeit des Rauchens (Deutsches Krebsforschungszentrum, 2001). Kinder und Jugendliche aus niedrigen sozialen Schichten werden häufiger von Tabakwerbung angesprochen und fangen somit eher mit dem Rauchen an. Auch spielt der soziale Hintergrund indirekt eine Rolle. Weil an Gymnasien weniger geraucht wird als an Mittelschulen, ist die Neigung eines Jugendlichen mit dem Rauchen zu beginnen an Mittelschulen höher. Dazu kommt noch der Freundeskreis, der einen erheblichen Einfluss auf das Rauchverhalten von Jugendlichen hat (Hahnewinkel, 2019). Ein Jugendlicher, der in einem sozial schwachen Stadtteil lebt, kennt fast automatisch mehr gleichaltrige Raucher.

Wieso verbietet die Bundesregierung Tabakwerbung dann nicht? Juristisch gesehen wäre dies möglich und die Mehrheit der Bevölkerung wäre für ein Tabakwerbeverbot (Deutsches Krebsforschungszentrum, 2001). Deutschland ist auch das einzige Land der EU, in dem Tabakwerbung erlaubt ist (Hahnewinkel, 2019). Es wurde zwar ein Gesetz beschlossen, welches Tabakwerbung schrittweise einschränkt, jedoch ist dies als halbherzig zu werten, da Tabakwerbung z. B. an Außenflächen von Geschäften, die Tabak verkaufen, erlaubt bleibt. Da es in Deutschland über 100 000 Verkaufsstellen für Tabakprodukte bzw. Raucherwaren gibt, kann man also nicht wirklich von einem Tabakwerbeverbot sprechen. Ebenso dürfen Zigarettenmarken weiterhin Sponsoring betreiben und damit indirekt Werbung machen. Die Übergangsfristen für das Tabakwerbeverbot sind auch sehr großzügig ausgelegt (Aerzteblatt.de, 2020). Auch wenn Tabakwerbung gänzlich verboten werden würde, könnte man die Zahl der Raucher damit nur um rund 8 % reduzieren (Saffer, 2000). Da aber nach den Plänen der Bundesregierung nur einige Arten von Tabakwerbung eingeschränkt werden, werden sich die Marketingmaßnahmen der Zigarettenhersteller einfach auf die erlaubten Werbemöglichkeiten wie Sponsoring verlagern.

Tabakproduzenten bekommen aber noch ein Geschenk: Die Erhöhung der Tabaksteuer geschieht stufenweise. Damit erzeugt man den Hummereffekt: Der Hummer springt nicht aus dem Topf mit Wasser, weil es nicht plötzlich kochend heiß ist, sondern immer wärmer und wärmer wird. Wenn die Tabaksteuer das Rauchen plötzlich stark verteuern würde, würden mehr Raucher aufhören – dies geschieht aber nicht, solange die Verteuerung graduell geschieht. Verwunderlich ist es deshalb auch nicht, dass sich die Tabaklobby für eine stufenweise Anhebung der Tabaksteuer eingesetzt hat, damit sich die Kunden daran gewöhnen können, weil sonst viele Raucher aufhören würden. Finanzminister Olaf Scholz ging natürlich darauf ein und erhöhte die Ta-

baksteuer in fünf jährlichen Stufen statt auf einmal (Reiermann, 2019).

Man hat den Eindruck, dass die Politik sich nicht gegen die Tabaklobby stellen will oder dass es sie nicht interessiert, weil größtenteils die Kinder und Jugendlichen der unteren sozialen Klassen Opfer der Tabakproduzenten werden.

Gesunde Lebensmittel teurer

Wieso ernähren sich Menschen mit weniger Geld oft viel ungesünder? Unter anderem liegt es an den hohen Preisen für gesunde Lebensmittel. Um den täglichen Kalorienbedarf damit zu decken, muss fast dreimal so viel bezahlt werden – und die Preisunterschiede zwischen gesunden und ungesunden Lebensmitteln wachsen stetig: Verglichen mit ungesunden Lebensmitteln wurden die gesunden Alternativen zwischen den Jahren 2002 und 2012 um rund 150 % teurer, beim Obst und Gemüse war der Preisanstieg am höchsten (Reiblein, 2014). Seit längerem wird gefordert, ungesunde Lebensmittel weniger und dafür gesunde Lebensmittel stärker zu subventionieren. Über die EU-Agrarsubventionen werden nämlich alle Lebensmittel stark subventioniert, mit rund 60.000.000.000 Euro (60 Milliarden Euro) jährlich (Gebrekidan, 2019) – ungeachtet ob diese gesund oder ungesund sind.

Wenn die Subventionen davon abhingen, ob aus den landwirtschaftlichen Produkten später gesunde oder eher ungesunde Lebensmittel würden, käme das nicht nur der Gesundheit der Menschen zugute, sondern würde auch die Krankenversicherungssysteme entlasten.

Schlechte Arbeitsbedingungen

Jeder zweite Arbeitnehmer in Deutschland arbeitet unter hohem Zeitdruck und für jeden Vierten ist das Arbeitspensum nicht in der angegebenen Zeit zu schaffen. Jeder dritte Arbeitnehmer bekommt von den Vorgesetzten keine oder nur geringe Wertschätzung (DGB, 2019). Die Digitalisierung führt nicht zur Entlastung der Arbeitnehmer, sondern die Mehrheit klagt über eine steigende Arbeitsintensität aufgrund des Einsatzes technischer „Hilfsmittel" (DGB, 2016). Rund 10 % der Beschäftigten haben einen befristeten Vertrag, das macht es natürlich fast unmöglich z. B. einen Baukredit zu bekommen oder eine Familie zu gründen, weil unsicher ist, ob und wo man in Zukunft arbeiten wird.

Auch Zeitarbeit ist für viele ein Problem, denn sie bietet für den Arbeitnehmer wenig Planungssicherheit. Auch die Bezahlung ist zumeist schlechter als bei festangestellten Kollegen – bei oft gleicher Arbeit.

Befristete Arbeitsverträge sind nicht nur ein Problem junger Berufseinsteiger, denn die Hälfte der befristet Beschäftigten ist älter als 30 (DGB, 2018). Nicht nur die seelische, sondern auch die körperliche Gesundheit leidet in vielen Jobs: Jeder zweite Arbeitnehmer arbeitet häufig in belasten-

den Körperhaltungen und fast jeder Dritte muss körperlich schwere Arbeit leisten, z. B. in der Pflege, wo Patienten gehoben werden müssen. Verwunderlich ist deshalb nicht, dass sich 78 % der Pflegekräfte nicht vorstellen können, ihre Arbeit bis zur Rente machen zu können (DGB, 2019).

<u>Öffentlicher Dienst:</u> z. B. Ämter, Schulen, Polizei, Krankenhäuser

Auch der öffentliche Dienst ist keine Insel der Glücksseeligen: Es gibt ein hohes Maß an Unzufriedenheit mit den Arbeitsbedingungen und überdurchschnittlich viele krankheitsbedingte Fehltage. Die Hauptgründe für die hohe Unzufriedenheit sind eine gestiegene Arbeitsintensität bei zu wenig Personal, Restrukturierungsmaßnahmen, eine zu geringe Beteiligung der Beschäftigten bei Veränderungen und zu wenig Entlastungsmöglichkeiten (Brandl & Stelzl, 2013).

Wer nicht die Möglichkeit hat weniger zu arbeiten oder eine weniger belastende Arbeitsstelle zu finden, schädigt dadurch häufig die körperliche und geistige Gesundheit – und das zeigt sich in der Zunahme von vor allem psychischen Erkrankungen: Laut einer Erhebung der Allgemeinen Ortskrankenkasse (AOK) stieg die Zahl der Fehltage aufgrund von psychischen Erkrankungen innerhalb von 9 Jahren um 64 % an. 11,4 Prozent der Versicherten litten innerhalb eines Jahres an mindestens einer psychischen Erkrankung (AOK, 2019).

Wenn man bedenkt, dass es bisher einen wirtschaftlichen Aufschwung gab, aber es der hart arbeitenden Bevölkerung trotzdem zunehmend schlechter geht, stellt sich doch die Frage, wieso die Menschen in Deutschland nicht an diesem Aufschwung partizipieren, indem die Arbeitsbedingungen verbessert werden würden.

Rentenversicherung ignoriert Lebenserwartung

Inwieweit es mit den oben beschriebenen Faktoren zusammenhängt, ist wissenschaftlich nicht belegbar, aber Fakt ist, dass es enorme Unterschiede in der Lebenserwartung zwischen wohlhabenden und weniger wohlhabenden Menschen innerhalb Deutschlands gibt.

Die Unterschiede in der Lebenserwartung zwischen Menschen aus der höchsten und niedrigsten sozialen Klasse betragen bei Frauen 8,5 Jahre. Männer aus der niedrigsten sozialen Klasse leben sogar 10,8 Jahre kürzer als Männer mit dem höchsten sozioökonomischen Status (RKI, 2014). Die gesetzliche Rentenversicherung verlangt aber von allen Rentenversicherten den gleichen Prozentsatz vom Einkommen. Die eingezahlten Beiträge sind später auch die Basis für die Berechnung der Rentenhöhe. Daraus lässt sich ableiten, dass Menschen aus niedrigen sozialen Klassen anteilig die gleichen Beiträge zahlen, aber aufgrund der kürzeren Lebenserwartung weniger aus der Rentenkasse erhalten – und das ist oft sehr wenig, denn 80 % aller Beschäftigten gehen davon aus, dass ihnen die Rente später nicht oder kaum reichen wird (DGB, 2017). Schlimmer noch: Wer nicht studiert hat, fängt schon in einem jüngeren Alter mit dem Arbeiten an und zahlt somit länger in die Rentenversicherung und andere Sozialversicherungen ein. Somit subventionieren die Geringverdiener die Rente der Besserverdiener, also genau das Gegenteil eines sozialen Rentensystems. „Asozial" ist die treffendste Bezeichnung für diese Rentenpolitik, denn während private Versicherer die statistische Wahrscheinlichkeit für eine Inanspruchnahme der Versicherungsleistung (also die Lebenserwartung) in ihre Prämie mit einfließen lassen, unterlässt dies der Staat zu Ungunsten der Niedrigverdiener.

Warum für uns alles teurer ist als für Reiche

Wenn man zur Mittel- oder Unterschicht gehört, bleibt dies voraussichtlich lebenslang so, weil Vieles teurer ist als für die Oberschicht.

Teure Kinderbetreuung

Wenn in einer Familie mit geringem Einkommen Kinder geboren werden, stellt sich oft die Frage, ob die Frau wieder arbeiten gehen sollte und ob sich das überhaupt lohnt. Dass Frauen (Männer sind es in der Praxis kaum) nach der Babypause wieder ins Berufsleben zurückkehren, ist gesellschaftlich gesehen sinnvoll, da ihre Qualifikation der Wirtschaft verloren gehen würde, wenn sie ausschließlich als Hausfrauen tätig wären. Aber was macht die Politik? In vielen Fällen sorgt sie dafür, dass es für Frauen unrentabel ist, wieder ins Berufsleben zurück zu kehren, da u. a. die Gebühren für Kindertagesstätten so hoch sind, dass diese den Löwenanteil des zusätzlichen Nettoeinkommens wieder verschlingen. Wie hoch die Kosten genau sind, hängt von vielen Faktoren ab. Dazu hat jede Kommune andere Berechnungsgrundlagen. In Nürnberg z. B. kostet der Monatsbeitrag für ein Kind rund 270 Euro, in anderen Städten ist es noch teurer, wie

z. B. in Mannheim, wo die städtische Kita über 300 Euro von den Eltern verlangt (Schütt & Meul, n.d.). Private Kinderbetreuungseinrichtungen kosten noch mehr – und diese sind oft nötig, denn es gibt zu wenig öffentliche Kindergärten. Diese privaten Kitas kosten pro Kind aber teilweise über 1.000 Euro im Monat, was den Anreiz wieder zu arbeiten natürlich weiter schmälert. In einigen Städten ist die Kinderbetreuung kostenlos, wie z. B. in Düsseldorf und teilweise in München – aber man muss eben ein sehr hohes Einkommen haben, um sich die dortigen Mieten leisten oder sogar eine Immobilie erwerben zu können, also profitieren vor allem Wohlhabende von den kostenlosen Kinderbetreuungsplätzen. Wenn man noch die Pendelkosten, für die Arbeit angeschaffte Kleidung, Restaurantbesuche in der Mittagspause, die Bring- und Abholkosten für die Kinder und die höhere Einkommenssteuer (verstärkt durch das Ehegattensplitting) berücksichtigt, bleibt bei Durchschnittsverdienern mit Kindern kaum ein nennenswerter Nettostundenlohn übrig.

Warum wird Kinderbetreuung nicht kostenlos angeboten, damit Frauen der Wiedereinstieg in den Beruf erleichtert wird und gerade Kinder aus niedrigen sozialen Klassen oder mit einer anderen Muttersprache schon vor der Einschulung optimal gefördert werden?

Diskriminierung von Armen durch die Privatwirtschaft

Arm sein muss man sich leisten können, denn Vieles ist für arme Menschen viel teurer als für Besserverdiener.

Es fängt bei alltäglichen Dingen wie Versicherungen an – hier bieten viele Versicherer großzügige Rabatte, wenn mehrere Versicherungen bei ihnen abgeschlossen werden. Aber wer braucht viele Versicherungen? Genau, jemand der viel besitzt, z. B. eine Kfz-Kaskoversicherung, Wohngebäudeversicherung, Rechtsschutzversicherung, private Altersvorsorge, Lebensversicherung, Brandschutzversicherung usw. Wer dagegen weniger besitzt, braucht weniger Versicherungen, bzw. sind einige Versicherungen überflüssig, weil z. B. der Hausrat kaum etwas wert ist, das Auto alt ist und keinen Kaskoversicherungsschutz braucht, eine private Altersvorsorge nicht erschwinglich bzw. nicht sinnvoll ist, weil diese dann auf die Grundsicherung angerechnet werden würde, usw. Also geben Versicherer kaum Rabatte und die Versicherungen, die benötigt werden, sind teurer.

Auch geben Versicherungen hohe Rabatte, wenn der Versicherungsnehmer einen hohen Selbstbehalt vereinbart – für jemanden mit genug finanziellen Reserven ist so etwas kein Problem, aber eben nicht geeignet für jemanden, der kaum finanziellen Spielraum hat.

Und es kommt auch vor, dass Versicherungen gar nicht bezahlen, z. B. bei einem Gastwirt, der eine Versicherung gegen eine infektionsbedingte Betriebsschließung abgeschlossen hatte. Nun muss er auch noch die Gerichtskosten tragen, nachdem er den Prozess verlor, weil Covid-19 nicht im Versicherungsvertrag genannt wurde – eben weil diese Infektionskrankheit zur Zeit des Vertragsabschlusses noch nicht existierte (SWR, 2021). Großkonzerne hingegen haben ihre Fachjuristen, die Versicherungsverträge bereits vor dem Abschluss prüfen, damit nicht jahrzehntelang Beiträge für eine Versicherung bezahlt werden, die dann im Schadensfall evtl. doch nicht leistet.

Auch die Finanzbranche zeigt sich nicht gerade sozial, z. B. werben Kreditkartenanbieter mit gratis Serviceleistungen – aber eben nur für gut betuchte Kunden. Ein Girokonto ohne Kontoführungsgebühr gibt es (außer bei Direktbanken) in den meisten Fällen nur bei höheren monatlichen Geldeingängen. Menschen mit niedrigem Einkommen müssen daher oft Girokonten von Banken nutzen, welche Gebühren erheben, die teilweise sehr hoch ausfallen (Biallo, 2020).

Das Zinsniveau ist allgemein niedrig – allerdings nur für Kreditnehmer mit hoher Bonität, Geringverdiener zahlen meist viel höhere Zinsen für einen Kredit oder für die Überziehung des Girokontos. Auch wer eine hohe Bonität hat, aber im falschen Stadtteil wohnt, hat oft Schwierigkeiten einen günstigen Kredit zu bekommen, denn Algorithmen entscheiden häufig unter anderem aufgrund der Postleitzahl über die Kreditwürdigkeit einer Person (Becker, 2015). Es ist teilweise sogar schwierig einen Mobilfunkvertrag abzuschließen, wenn man im „falschen" Stadtteil lebt (Verbraucherzentrale, 2019).

Allerdings gibt es auch Unternehmen, die Personen mit geringen Einkünften bessere Konditionen anbieten als Besserverdienern – aber meist müssen diese Personen dann Studenten sein, denn Unternehmer wissen, dass die meisten Studenten von heute die Besserverdiener von morgen sind. Rabatt für Geringverdiener gibt es bei nicht öffentlichen Trägern dagegen sehr selten.

Arm sein ist nicht nur teuer – es sorgt auch dafür, dass das Einkommen niedrig bleibt: Bei Stellenbewerbungen ist nicht jeder gleich, denn auch hier gilt schon die Postleitzahl als Indikator für die soziale Schicht des Bewerbers – und einige Personalmanager sortieren Bewerber aus sozial schwächeren Stadtteilen gerne aus (Altmeier & Fetz, 2014).

Es ist nicht die Schuld der Politik, wenn Menschen mit geringerem sozialem Status durch die private Wirtschaft diskriminiert werden – jedoch hat die Politik Gesetze verabschiedet, die andere Minderheiten vor Diskriminierung als Kunde, Arbeitnehmer und in anderen Lebensbereichen schützen,

Diskriminierung aufgrund der sozialen Klasse

nur bei **Klassismus** gibt es keinen Schutz. Wieso gelten diese Antidiskriminierungsgesetze nicht für Menschen mit niedrigem Einkommen oder anderen Merkmalen eines niedrigen sozioökonomischen Status?

Bürokratische Hürden für Sozialleistungen

Wer keinen hohen Bildungsgrad erreicht hat und deshalb Geringverdiener oder Sozialleistungsbezieher ist, hat oft Probleme mit bürokratischen Hürden, die es den Berechtigten erschweren ihre Rechte durchzusetzen. Oft sind die Rechte z. B. von Sozialleistungsbeziehern im Juristenjargon verfasst, die nötigen Formulare ebenso. Die komplexe Bürokratie sorgt somit einerseits für ein Informationsdefizit bei vielen Betroffenen, andererseits erschwert es für die Berechtigten die Durchsetzung ihrer Rechte. Deshalb ist es auch kein Wunder, dass rund zwei Drittel der Berechtigten kein Wohngeld beantragen, obwohl rund 1,5 Millionen Menschen in Deutschland ein Recht darauf hätten (Urbach, 2019).

In vielen Fällen weiß der Staat aufgrund der Einkommensdaten sehr genau, wer evtl. ein Recht auf Sozialleistungen hätte. Wieso werden diese Menschen nicht von den entsprechenden Ämtern darüber informiert, dass es sinnvoll wäre, die Berechtigung zu überprüfen? Hofft der Staat, dass viele Menschen ihre Rechte nicht kennen und deshalb Hilfen nicht beantragen, damit sich die Staatskasse Geld spart?

Komplexes Einkommenssteuerrecht

Ein weiteres Beispiel ist das komplexe Steuerrecht. Teilweise ist es auch einfach völlig unlogisch, denn wenn sich ein Kleinanleger z. B. mal an die Börse wagt, kann er nicht einfach die Verluste von den Gewinnen abziehen, denn Aktiengewinne lassen sich nicht mit z. B. Devisenverlusten oder Verlusten bei Aktienfonds verrechnen, sondern nur mit anderen Aktienverlusten. Während Besserverdiener ihre Steuerlast von einem Steuerberater minimieren lassen, ist das für Bezieher niedriger Einkommen oft nicht rentabel bzw. besteht oft ein Wissensdefizit über legale steuerliche Gestaltungsmöglichkeiten, wodurch die Abgabe einer Steuererklärung in vielen Fällen ganz vermieden wird. Im Durchschnitt bekommt jemand, der eine Steuererklärung abgibt, über 1.000 Euro zurück (Test.de, 2019) – für Menschen mit niedrigem Einkommen ein hoher Betrag.

Ein guter Schritt wäre es, kostenlose Steuerberatung für Menschen mit niedrigen und mittleren Einkommen anzubieten oder auch die Einkommenssteuergesetzgebung simpler zu gestalten.

Bürokratie für Kleinunternehmer

Nicht nur Privatpersonen haben Probleme mit der Bürokratie, auch kleine Selbstständige leiden darunter. Jedes Unternehmen hat damit zu kämpfen – aber dieser Kampf ist nicht für alle Unternehmen gleich schwierig. Einige Unternehmen profitieren sogar von der Bürokratie – klingt seltsam, aber ist eigentlich ganz logisch:

Eine Kleinunternehmerin muss ein Multitalent sein, sie muss sich nicht nur in ihrem Fachgebiet, sondern auch mit den rechtlichen Rahmenbedingungen auskennen. Egal ob Steuerrecht, Datenschutzverordnung, Arbeitsschutzgesetze, Hygienevorschriften, Gesundheitsnachweise, rechtliche Aspekte des Internetauftritts und der Rechnungserstellung, Subventionen usw. – für alles muss entweder ein Dienstleister beauftragt werden oder die Kleinunternehmerin muss sich unbezahlt in ihrer Freizeit damit befassen.

Ein aktuelles Beispiel für die Benachteiligung kleinerer Unternehmen durch überzogene Bürokratie sind die Coronahilfen: Die Antragsstellung und die Förderkonditionen waren oft sehr kompliziert formuliert. In vielen Fällen wurden für die Antragsstellung Steuerberater, Wirtschaftsprüfer oder Steuerfachanwälte vorgeschrieben - die für kleine Unternehmen oft viel zu teuer waren. Dazu wurden die Förderbedingungen und Antragsformulare mehrmals geändert, was das Chaos noch vergrößerte. Für Kriminelle waren die bürokratischen Hürden aber scheinbar kein Problem, denn Betrugsfälle bei den Coronahilfen waren keine Seltenheit (Kröger, 2021).

Es liegt auf der Hand, dass ein größeres Unternehmen für die verschiedenen Aufgaben Spezialisten beauftragen oder sogar einstellen kann, während das für die Kleinunternehmerin meistens unwirtschaftlich wäre. Dadurch werden viele Menschen, die sich gerne selbstständig machen würden, von der Selbstständigkeit abgeschreckt bzw. geben ihre selbstständige Tätigkeit wieder auf, weil die Bürokratie einen nicht unerheblichen zeitlichen und finanziellen Aufwand bedeutet. Das wiederum führt zu weniger Konkurrenz für Großunternehmen durch Kleinunternehmen – und der geringere Wettbewerbsdruck führt zu höheren Preisen für die Kunden, was für höhere Profitmargen bei Großunternehmen sorgt, wodurch deutlich wird, dass diese von der Bürokratie sogar profitieren – zu Lasten von Kleinunternehmern und Kunden.

Wieso werden Kleinunternehmer nicht von einigen bürokratischen Hürden befreit?

Agrarsubventionen und Betriebsgröße

Je größer ein landwirtschaftlicher Betrieb ist, desto mehr EU-Subventionen bekommt er. Landwirtschaftliche Großbetriebe haben also nicht nur die betriebswirtschaftlichen Größenvorteile, sondern bekommen dafür auch noch mehr Steuergelder. Dass immer mehr Kleinbauern ihren landwirtschaftlichen Betrieb aufgeben müssen, ist die logische Konsequenz dieser marktverzerrenden Subventionspraxis. 1950 gab es 1.650.000 Landwirtschaftsbetriebe in Deutschland, 2018 waren es nur noch 267.000 (Krenn, 2019). Ein weiteres Opfer dieser Praxis ist auch die Natur, denn kleine Felder sind umweltfreundlicher als große Monokulturen (Maurin, 2018).

Recht haben und Recht bekommen

Fast jeder kennt den Frust, den man als Privatperson oder Kleinunternehmer hat, wenn man zwar im moralischen wie juristischen Sinne im Recht ist, aber sich ein Großunternehmen Dinge herausnimmt, gegen die man kaum etwas machen kann.

Z. B. gibt es im Versicherungsbereich Unternehmen, die dafür bekannt sind, sich mit den Zahlungen Zeit zu lassen bzw. überhaupt nicht zahlen wollen. Laut Thorsten Rudnik vom Bund der Versicherten kommt manchmal der Verdacht auf, dass hinter Leistungsverweigerungen eine Strategie steckt (Jäger, 2020).

Wer unverschuldet Opfer eines Unglücks im Straßenverkehr wird und nicht weiß, dass die Rechtsanwältin in diesem Fall für ihn meist kostenlos ist, kann wahrscheinlich ein Lied davon singen: Die gegnerische Kfz-Haftpflichtversicherung kürzt die Erstattungen ohne rechtliche Grundlage – das tun nämlich viele Kfz-Versicherungen (Test.de, 2020).

Fachanwalt für Verkehrsrecht Marcus Gülpen beschreibt, dass Versicherer die Schadensgutachten des Unfallopfers an externe Unternehmen weitergeben, die diese mit Spezialsoftware auswerten, welche dann Kürzungen an der zu zahlenden Summe vornimmt, die oft ohne jede Rechtsgrundlage sind (Test.de, 2020).

Nicht nur einige Versicherungsunternehmen benehmen sich wie die Axt im Wald, auch einige Telekommunikationsunternehmen nehmen sich viel heraus: Vertragsklauseln sind teilweise unzulässig, ebenso einseitige Vertragsänderungen, aggressive und teilweise unlautere Vertriebsmethoden (wie Drückerkolonnen, Direktmarketing, Spam-Anrufe...) (Wikipedia, n.d.).

Auch viele andere Unternehmen nutzen es aus, dass es sich die meisten Konsumenten nicht leisten können oder wollen, ihre Recht durchzusetzen – und falls es doch mal einer tut, verliert das Unternehmen nur einen Zivilprozess und kann bei all den anderen Kunden so weiter agieren wie bisher. Dass Recht auf etwas haben und es auch bekommen zwei Paar Schuhe sind, zeigt auch ein anderer Fall – wieder von mir – aber wahr-

Aber auch wer juristischen Beistand in Anspruch nimmt, bekommt nicht immer was ihm zusteht:
Als ich unverschuldet Opfer eines Verkehrsunfalls wurde, bezahlte die gegnerische Kfz-Haftpflichtversicherung keinerlei Schmerzensgeld. Der Betrag, der mir überwiesen wurde, war geringer als meine selbst getragenen Kosten für Arzt- und Medikamentenrechnungen. Mein Anwalt riet mir von einem Prozess ab, da ich vierstellige Kosten für ein medizinisches Gutachten zu tragen hätte und der Prozessausgang ungewiss sei.

scheinlich können die meisten Menschen von ähnlichen Geschichten berichten:

Ich hatte über ein deutsches Reiseportal einen Flug bei einer Airline aus einem anderen EU-Land gebucht. Dieser wurde seitens der Airline aufgrund der Coronapandemie storniert. Das Recht ist ganz klar auf meiner Seite, in dem Fall habe ich innerhalb von 7 Tagen das Recht, meine gezahlten Beträge komplett zurück zu bekommen. Das Portal bietet nur einen Gutschein (der natürlich wertlos ist, wenn die Airline Insolvenz anmeldet) oder die Option, dass man das Geld zurücküberwiesen bekommen kann, abzüglich 30 Euro und dann auch nur, wenn die Airline das Geld freigegeben hat, was laut Angabe des Portals Monate dauern kann. Auf mein Schreiben und meine Fristsetzung gab es keine Reaktion. Zum Glück habe ich eine Rechtsschutzversicherung. Aber selbst für die Profis dieser international tätigen Rechtsschutzversicherung wäre es scheinbar sehr aufwendig gewesen, die 330 Euro zurück zu holen, also haben sie entschieden, dass es für sie günstiger kommt, wenn sie mir die 330 Euro aus eigener Tasche bezahlen und das Kapitel damit abschließen.

Ich kann zufrieden sein – aber es gibt zu denken, wenn wir ein Rechtssystem haben, dass es so umständlich macht, unser Recht durchzusetzen. Was macht jemand, der keine Rechtsschutzversicherung hat, der juristisch nicht bewandert ist und kein Geld hat, um sein Recht einzuklagen?

Seine Rechte durchzusetzen ist wirklich teuer. Die meisten Rechtsanwälte haben Stundensätze von 150 bis 300 Euro, Wirtschaftsrechtsanwälte teilweise 500 Euro (Zerahn, 2010). Die anwaltliche Erstberatung ist für Verbraucher auf 190 Euro gedeckelt – was aber für einige trotzdem ein Schock sein dürfte, da der Rechtsanwalt nicht auf die kostenpflichtige Natur des Gesprächs hinweisen muss (Binder, 2018).

Wenn man alles zusammenzählt sind die Kosten für einen Prozess oft enorm. Bei einem Streitwert von nur 10 Euro kommen im Durchschnitt 518 Euro Prozesskosten zusammen. Bei 1.500 Euro Streitwert kostet der Gang zum Gericht im Durchschnitt 2.268 Euro, bei 20.000 Euro Streitwert kommt man auf 21.549 Euro (ARAG.de, n.d.).

Prozesskostenhilfe bekommt nur, wer sehr wenig Einkommen und kaum Vermögen hat – aber auch diese schützt in vielen Fällen nicht vor enormen Kosten, denn wenn der Prozess verloren wird, müssen die Anwaltskosten des Gegners gezahlt werden – und das deckt die Prozesskostenhilfe nicht ab (Anwalt.de, 2020). Wenn man bedenkt, dass z. B. Pfusch am Bau bei rund jedem zweiten Neubauprojekt vorkommt, der durchschnittliche Streitwert bei 42.000 Euro liegt und die meisten Rechtsschutzversicherungen genau diese Streitigkeiten nicht in der Police haben, kann man sich denken, dass sich viele Menschen vom Rechtssystem im Stich gelassen fühlen. Es gibt zwar Verbraucherzentralen, aber die helfen in vielen Fällen eben nicht und falls doch, dann auch nicht immer kostenlos.

Wieso setzt sich die Politik nicht dafür ein, dass ein Unternehmen, welches einen Zivilprozess verliert, die gleichen Praktiken in Zukunft nicht weiterhin durchführen darf? Wieso sind die Strafen, die ein Unternehmen zahlen muss, wenn es unerlaubte Praktiken anwendet, in Deutschland so gering? Wieso gibt es, wie z. B. in den Niederlanden, in Deutschland keine kostenlose öffentliche Rechtsberatung für alle Bürger und Kleinunternehmerinnen?

Kurzlebigkeit von Konsumgütern

Wie lange hält eine Waschmaschine? 20 oder nur 2 Jahre? Das hängt von der Marke ab, denn einige Hersteller geben als Nutzungsdauer 20 Jahre an, andere nur 8 Jahre oder verweigern sogar komplett die Auskunft darüber. Einige halten auch nur 5 Jahre Ersatzteile für ihre Waschmaschinen vor (Test.de, 2018). Das sagt meines Erachtens einiges darüber aus, was der Hersteller von Nachhaltigkeit und Kundenservice hält. 28 % der Verbraucher haben in einer Studie angegeben, dass ihre neue Waschmaschine innerhalb der ersten 5 Jahre kaputt gegangen ist (Waschmaschinen-Test.eu, 2016). Klar, die Waschmaschinen der Marke mit der mehrfach so langen angegebenen Haltbarkeit kosten mehr, aber kein vielfaches der kurzlebigen Pedanten. D. h. wer sich nur eine günstige Waschmaschine leisten kann, muss sich öfters eine neue kaufen und zahlt somit über die Jahrzehnte gerechnet viel mehr.

Wieso Gebrauchsgegenstände kaputt gehen, hat unterschiedliche Ursachen, aber bei einigen Produkten fällt auf, dass immer das gleiche Bauteil kaputt geht. Eigentlich müsste der Hersteller darauf reagieren und das Teil langlebiger konstruieren – aber was hat der Hersteller davon? Er schadet sich in vielen Fällen selbst, denn wenn seine Produkte lange halten, kauft der Kunde diese nur einmal. Wenn das Produkt aber kürzer durchhält, braucht der Konsument natürlich öfters mal Ersatz. Diesen Gedanken hatten z. B. einige Hersteller von Glühlampen. Ihre Glühbirnen hielten sehr lange, so dass nur selten eine neue Glühlampe gekauft werden musste. Deshalb beschlossen die Hersteller, dass sie ihre Produkte kurzlebiger machen, so dass diese schneller kaputt gehen und die Kunden öfter neue Glühlampen kaufen müssen. Das war das sogenannte Phoebuskartell – der erste bekannte Fall von geplanter Obsoleszenz. Ein Hersteller von Seidenstrumpfhosen wendete das gleiche Prinzip an: Er sorgte dafür, dass die Strumpfhosen schneller rissen (Schridde & Kreiß, 2013).

Es ist fast unmöglich nachzuweisen, ob es geplant ist, wenn ein Produkt kurz nach der Garantiezeit kaputt geht. Beispiele, bei denen es vermutet werden kann, gibt es genug. Z. B. gab es eine Sammelklage gegen Apple, weil beim iPod ein Akku verbaut war, der nur eine sehr kurze Lebensdauer hatte und nicht ausgetauscht werden konnte. Der Prozess endete mit einem Vergleich. (Schridde & Kreiß, 2013).

Auch können in vielen Fällen Teile nur sehr schlecht ausgetauscht werden, wie z. B. bei vielen Mobiltelefonen, bei denen der Akku nur sehr umständlich ausgewechselt werden kann. Die Folgen für die Umwelt und die zusätzlichen Kosten für die Nutzer solcher Wegwerfprodukte sind kaum abschätzbar.

In der EU wurden z. B. Einwegtrinkhalme aus Plastik, Glühlampen ab einer gewissen Leistung und diverse andere Produkte aus Umweltschutzgründen verboten. Wieso verbietet man nicht Produkte, die unter großem energetischem Aufwand hergestellt werden, aber eine viel kürzere Lebenszeit haben, als sie haben könnten? Materialprüfanstalten wie z. B. der Technische Überwachungsverein oder die Landesgewerbeanstalt können in ihren Prüfzentren die Nutzung von Produkten simulieren und erkennen, welche Bauteile am frühesten kaputt gehen. Der Hersteller könnte dann dazu verpflichtet werden, diese Bauteile durch haltbarere zu ersetzen, sodass das Produkt länger halten kann und Produkte mit geplanter Obsoleszenz gar nicht auf den Markt kommen können. Außerdem sollten Produkte geändert werden, bei denen der Austausch von Verschleißteilen durch die Bauweise fast unmöglich gemacht wird und die deshalb nur eine kurze

Lebenszeit haben, weil die Reparatur häufig unwirtschaftlich ist.

Viele Maßnahmen für mehr Umweltschutz machen es für die Verbraucher teurer – Produkte haltbarer und damit nachhaltiger zu machen wäre gut für Umwelt und Verbraucher, aber scheinbar fokussiert sich die Politik lieber auf Verbote und Verteuerungen, anstatt auf nachhaltige Konsumprodukte.

Wen die Politik beschenkt

Wenn man erkennt, wie wir abgezockt werden, könnte man den Eindruck haben, dass unser Staat niemandem etwas schenkt – aber einige Personen oder Institutionen bekommen gerne mal das ein oder andere Geschenk aus der Staatskasse.

Subventionen für Wohlhabende

Staatliche Förderungen klingen erst einmal gut – aber in vielen Fällen profitieren eher bessergestellte Personen von diesen Subventionen. Ein Beispiel hierfür ist das Baukindergeld. Die Mehrheit der Bevölkerung in Deutschland besitzt kein Wohneigentum. Von den Mietern in Deutschland haben 90 % weniger als 50.000 Euro Ersparnisse (IWD, 2019). Für viele Menschen der mittleren und unteren Einkommensschicht ist der Kauf von Wohneigentum also kaum möglich. Das Baukindergeld von 1.200 Euro pro Jahr und pro Kind kommt deshalb oft nur denen zugute, die es eigentlich gar nicht brauchen.

Ähnlich sieht es bei Subventionen für Photovoltaikanlagen, Renovierungen usw. aus. Auch die Subventionen für Opern, Theater oder Neuwagen mit Elektro- oder Plug-in-Hybridantrieb sind staatliche Transferleistungen, von denen ein großer Teil der

Bevölkerung mangels finanzieller Liquidität nicht profitieren kann.

Menschen mit mittleren und niedrigen Einkommen bezahlen diese Subventionen aber mit ihren Steuergeldern mit. Wer jetzt argumentiert, dass Personen mit wenig Einkommen wenig oder keine Steuern zahlen, irrt, denn jeder Verbraucher bezahlt Konsumsteuern wie die Mehrwertsteuer, Mineralölsteuer und diverse andere Steuern und Abgaben.

Wäre es nicht im Sinne der Mehrheit, wenn Subventionen gestrichen würden, welche nur Menschen mit Geld nutzen können, und dafür Dinge prinzipiell kostenlos würden, von denen viele profitieren wie z. B. Bibliotheken, Volkshochschulkurse, ÖPNV, Kinderbetreuung, Schwimmbäder und Sportvereine?

Kirchen

538.000.000 Euro – so viel bekommen die Kirchen jedes Jahr vom deutschen Staat. Nein, das ist nicht die Höhe der Kirchensteuer, welche das Finanzamt für die Kirchen eintreibt, denn das sind 12.000.000.000 Euro (12 Milliarden Euro). Das ist auch keine Kompensation des Staates für irgendwelche Leistungen der Kirchen wie Denkmalschutz, Kinderbetreuung, soziale Projekte oder dergleichen. Die 538 Millionen werden gezahlt aufgrund von – ja von was eigentlich? Das ist nicht wirklich durchschaubar. Es geht jedenfalls um diverse Verträge zwischen den Kirchen und diversen Aristokraten. Schon vor über 100 Jahren wurde in der Weimarer Verfassung festgelegt, dass die Zahlungen an die Kirchen gestoppt werden sollen, auch im **Grundgesetz** wurde dies verankert – passiert ist seitdem nichts (Kamann, 2019).

Klar, in der Politik braucht alles ein wenig Zeit – aber wäre es nicht angebracht, das beschlossene Gesetz zum Ende der Zahlungen ein wenig schneller umzusetzen?

Profifußball

Jedes Jahr macht der Profifußball in Deutschland einen Umsatz von rund 4.400.000.000 Euro (4,4 Milliarden Euro) – aber die Kosten für die Polizeieinsätze, die gerade bei Hochrisikospielen leicht 400.000 Euro pro Spiel kosten, trägt der Steuerzahler allein (Zeit, 2019). Klar, öffentliche Sicherheit ist eine hoheitliche und damit staatliche Aufgabe – aber wie kann es sein, dass Demonstrationen zum Teil verboten werden, weil diese zu risikoreich sind, aber Hochrisikofußballspiele, bei denen von vornherein klar ist, dass es zu Gewalt und damit zu hohen Kosten für die Polizei kommt, einfach stattfinden dürfen? Wieso müssen Fußballvereine, so wie andere private Organisatoren von Veranstaltungen, nicht selbst für die Sicherheit der

Art. 140 GG
Die Bestimmungen der Artikel 136, 137, 138, 139 und 141 der deutschen Verfassung vom 11. August 1919 sind Bestandteil dieses Grundgesetzes.

Art. 138 WRV
(Verfassung von 1911)
(1) Die auf Gesetz, Vertrag oder besonderen Rechtstiteln beruhenden Staatsleistungen an die Religionsgesellschaften werden durch die Landesgesetzgebung abgelöst. Die Grundsätze hierfür stellt das Reich auf.

Teilnehmer und des Umfeldes der Veranstaltung sorgen?

Der Steuerzahler unterstützt die Profifußballligen aber nicht nur mit kostenlosen Polizeieinsätzen, sondern auch mit Bürgschaften. Diese Bürgschaften sind meist nicht öffentlich. Im Falle des Gelsenkirchener Vereins FC Schalke 04 kam an die Öffentlichkeit, dass das Bundesland NRW für den Verein mit über 100.000.000 Euro bürgte – obwohl der Verein praktisch kein Eigenkapital, aber rund 200.000.000 Schulden hatte (Ulrich, 2020).

Unternehmen

2017 sind, meist durch Subventionen, über 36.600.000.000 Euro (36,6 Milliarden Euro) vom deutschen Steuerzahler in Richtung (Groß)Konzerne geflossen (Focus.de, 2018). Das fällt gerne unter dem Tisch, wenn neoliberale Politiker nach weniger Staat rufen. Auch hier gibt es unzählige Beispiele, aber um es kurz zu halten, werde ich mich auf ein aktuelles aus der Coronakrise beschränken: Die Lufthansa bekam 9.000.000.000 (9 Milliarden) Euro vom deutschen Steuerzahler – obwohl das Unternehmen an der Börse nicht einmal die Hälfte davon wert ist. Und dafür bekommt der deutsche Staat Anteile an der Lufthansa von 20 % und kein Mitspracherecht. Der Steuerzahler hat also einen Anteil von 20 % einer Airline gekauft, der an der Börse nur

800.000.000 (800 Millionen) Euro wert ist. Dafür hat der deutsche Staat 9.000.000.000 (9 Milliarden) Euro, also mehr als das elffache, gezahlt (Kloft, 2020). Viele Kleinunternehmer und Freiberufler hingegen warten auch Monate danach noch auf die frühzeitig angekündigten Hilfsgelder, die aufgrund des Lockdowns für viele Firmen überlebenswichtig sind.

Indirekte Subventionen

Neben den direkten Zahlungen werden die Konzerne aber auch indirekt unterstützt, z. B. durch Forschung oder die Errichtung von Infrastruktur. Wer hat das Internet erfunden? Staatliche Akteure. Genau wie das Global Positioning System (GPS), ohne welches Navigationssysteme kaum möglich wären. Ebenso wurde die Entwicklung von Touchscreens, Spracherkennungsprogrammen (wie Apples SIRI oder Amazons ALEXA) und viele andere Innovationen mit Steuergeldern mitfinanziert. Auch Entwickler der Suchmaschine Google müssen sich beim Steuerzahler bedanken – das tun sie aber nicht, denn Alphabet (die Mutterfirma von Google) oder auch Apple entrichten kaum Steuern (Mazzucato, 2013).

An Universitäten und anderen staatlich finanzierten wissenschaftlichen Instituten wird fleißig geforscht – und die kommerziellen Unternehmen müssen aus den Forschungsergebnissen nur noch ein Produkt oder eine Dienstleistung entwickeln, um sich daran bereichern zu können. Z. B. wurde die MP3-Technologie maßgeblich an öffentlichen Wissenschaftsinstituten und Universitäten in Deutschland entwickelt, aber genutzt wurde sie von zahlreichen Privatunternehmen. Da viele Großkonzerne kaum Steuern bezahlen, fließt das Geld aber nicht wieder zurück in den Steuertopf, sondern bleibt in den Taschen der Großkonzerne. Auch wird an den Universitäten und anderen Bildungsinstitutionen Nachwuchs für kommerzielle Unternehmen ausgebildet, während die mittelständische Handwerksmeisterin ihre Auszubildenden aus eigener Tasche bezahlen und größtenteils auf eigene Kosten ausbilden muss.

Auch bei der Steuereintreibung kommt der Staat wohlhabenden Privatpersonen und Unternehmern entgegen: Jeder Steuerfahnder bringt dem Staat im Durchschnitt 1.000.000 Euro Extraeinnahmen pro Jahr durch die Überführung von Steuerhinterziehern. Die jährlichen Personalkosten pro Steuerfahnder belaufen sich auf rund 80.000 Euro. Je mehr Steuerfahnder, desto mehr Einnahmen für den Staat – neben der Extramillion durch den Steuerfahnder steigt auch die Steuerehrlichkeit, weil Steuerhinterzieher Angst bekommen, wenn sie von vielen Kontrollen durch Steuerfahnder hören. Also ist es sehr rentabel mehr Steuerfahnderposten zu schaffen. Was macht die Politik? Steuerfahnderstellen werden abgebaut, vor allem in Bayern und Baden-Württemberg, obwohl es sowieso schon zu wenige gibt (Balser, 2011). Dem deutschen Staat entgehen pro Jahr nach Schätzungen rund 125.000.000.000 Euro (125 Milliarden Euro) an Steuereinnahmen (Szent-Ivaniy, 2019) – die geringe Zahl von Steuerfahndern ist also ein indirektes Geschenk für Unternehmen und Privatpersonen welche die Gesellschaft betrügen.

Wer von Immigration profitiert

Ausländer? Migrant? Immigrant? Mensch mit Migrationshintergrund? Flüchtling? Geflüchteter? Einwanderer? Gastarbeiter? Alle möglichen und unmöglichen Begriffe schwirren durch die Medien, meist bunt durcheinander gewürfelt und kaum einer weiß, was sie genau bedeuten.

Ausländer sind alle Menschen ohne Staatsangehörigkeit des betreffenden Landes, aus deutscher Perspektive damit alle von US-Präsident Biden bis Queen Elisabeth II. - damit sind im medialen Kontext aber meist Menschen gemeint, die in Deutschland leben ohne die deutsche Staatsbürgerschaft zu besitzen.

Migrant bedeutet entweder, dass jemand Immigrant ist, also nach Deutschland eingewandert, oder Emigrant, also aus Deutschland ausgewandert. Deshalb gibt es eigentlich keinen Sinn, einfach nur von Migranten zu sprechen, denn meist sind Immigranten gemeint.

Menschen mit (Im)migrationshintergrund sind in Deutschland lebende Personen mit oder ohne deutsche Staatsangehörigkeit die selbst nach Deutschland eingewandert sind oder mindestens einen Elternteil haben, der ohne deutsche Staatsbürgerschaft geboren wurde. Menschen der dritten und folgenden Einwanderergenerationen gelten also oft nicht mehr als Personen mit Immigrationshintergrund.

Flüchtling ist nach der Genfer Flüchtlingskonvention eine Person, die „aus der begründeten Furcht vor Verfolgung wegen ihrer Rasse, Religion, Nationalität, Zugehörigkeit zu einer bestimmten sozialen Gruppe oder wegen ihrer politischen Überzeugung sich außerhalb des Landes befindet, dessen Staatsangehörigkeit sie besitzt" (Wikipedia, n. d.). Wie viele der nach Deutschland eingewanderten Geflüchteten wirklich als Flüchtlinge zählen kann man nicht sagen, denn oft ist nicht deutlich, ob eine Person die obige Definition erfüllt. Das Wort Flüchtling wird übrigens meist nicht mehr verwendet sondern es wird von Geflüchteten gesprochen.

In absoluten Zahlen ist Deutschland nach den USA das Land mit den meisten Immigranten weltweit. Insgesamt haben rund 21,2 Millionen Personen in Deutschland einen Immigrationshintergrund, was rund 26 % der Bevölkerung entspricht. Bei den Kindern unter 5 Jahren haben über 40 % einen Immigrationshintergrund – Kinder der dritten und folgenden Einwandergenerationen meist nicht mitgerechnet. Die Verteilung der Menschen mit Immigrationshintergrund ist innerhalb Deutschlands nicht gleichmäßig. So leben überproportional viele Menschen mit Immigrationshintergrund in Großstädten und mehr als 95 % von ihnen in den alten Bundesländern. Von den Menschen mit Immigrationshintergrund besitzt die knappe Mehrheit die deutsche Staatsbürgerschaft (BPB, 2020).

Ob die Immigrationspolitik einen Einfluss auf die Situation der Mittel- und Unterschicht hat und ob dieser eher positiv oder negativ ist, lässt sich nur differenziert betrachten. In diesem Kapitel werde ich erst auf die Folgen der Immigration von qualifizierten Fachkräften eingehen die legal mit einem Arbeits- oder Studentenvisum bzw. visumfrei als EU-Bürger nach Deutschland einreisen und anschließend auf die Immigration von Geflüchteten.

Einwanderung qualifizierter Fachkräfte

Ausländische Fachkräfte gehören zur Gruppe von Immigranten, die in hohem Masse dem Wohle der Gesellschaft dienen. Wenn Arbeitsstellen nicht besetzt werden können schadet dies der Wirtschaft und somit evtl. der Gesellschaft. Deshalb sind Industrieländer gut beraten, freie Stellen durch ausländische Fachkräfte zu besetzen. Nicht umsonst gab es große Immigrationswellen von ausländischen Gastarbeitern in fast allen westlichen Industriestaaten. Damals waren dies überwiegend ungelernte Arbeitskräfte, die zur damaligen Zeit, also von 1955 bis 1973, auch gebraucht wurden. Heutzutage ist die Nachfrage nach ungelernten Gastarbeitern kaum mehr vorhanden. Die meisten Migrationsbewegungen gibt es derzeit innerhalb der EU. Das hat verschiedene Auswirkungen: In Großbritannien zeigen Statistiken, dass EU-Immigranten mehr in die Sozialsysteme einzahlen als sie davon herausbekommen. Die Polizeistatistik in Großbritannien zeigt auch, dass EU-Immigranten nicht häufiger kriminell sind als die britische Bevölkerung (Dearden, 2016). Statistiken für Deutschland, die nur ausländische Gastarbeitskräfte oder nur EU-Immigranten erfassen, waren leider nicht zu finden. Auf die Kriminalitätsrate von Menschen mit Immigrationshintergrund in Deutschland werde ich an anderer Stelle noch genauer eingehen.

Dass die nach Deutschland kommenden qualifizierten Fachkräfte dann als Arbeitskräfte in ihren Heimatländern fehlen und das Abwerben von qualifizierten Gastarbeitern ein egoistischer Akt des Aufnahmelandes wäre, wurde auch entkräftet: Erstens überweisen Immigranten global pro Jahr 600.000.000 Euro (600 Millionen) in ihre Heimatländer (meist zu ihren Familien, oft aber auch als Investition) und damit dreimal mehr als die jährliche weltweite Entwicklungshilfe (Guterres, 2018). Zweitens verstärkt Immigration die wirtschaftliche Beziehung mit den Herkunftsländern weil es eben viel leichter ist, mit einem Land Handel zu treiben wenn man einen Mitarbeiter hat, der die Sprache und Kultur des

Landes kennt. Der größte Teil der ausländischen Direktinvestitionen in der Türkei kommt z. B. aus Deutschland, Österreich oder den Niederlanden, also aus Ländern in denen viele türkischstämmige Menschen leben (Sardoschau, 2019). Drittens gibt es aufgrund der hohen Geburtenraten in einigen Ländern viele junge Menschen und viel zu wenig Arbeitsplätze für diese. In Ländern mit geringer Industrialisierung kann z. B. ein Ingenieur viel schlechter einen Arbeitsplatz finden als in einem Industrieland. In vielen Fällen unterstützen die ausgewanderten Fachkräfte durch die obigen Punkte ihr Heimatland mehr wenn sie im Ausland arbeiten als wenn sie in ihrer Heimat bleiben und ihre Fähigkeiten nicht optimal einsetzen können.

In den USA kommen überproportional viele Innovationen von Immigranten (Tam, 2020) – was ein Grund dafür sein dürfte, wieso die USA zu den innovativsten Ländern der Welt zählen obwohl deren durchschnittlicher Intelligenzquotient im Ländervergleich nur an 26. Stelle liegt (Worlddata, n.d.). Außer während der Zeit in der Donald Trump Präsident war, haben die USA die intelligentesten Köpfe der Welt mit Stipendien, guter beruflicher Perspektive und relativ hoher Lebensqualität ins Land gelockt.

Deutschland hingegen legt hochqualifizierten Arbeitsmigranten durch übermäßige bürokratische Hürden Steine in den Weg.

Wer als ausländischer Akademiker über die sogenannte Blue Card eine Aufenthaltsgenehmigung in Deutschland möchte, muss ein Jahresgehalt von mindestens 56.800 Euro nachweisen (außer in einigen Mangelberufen). Dazu kommt, dass die Aufenthaltserlaubnis nicht bedeutet, dass es auch eine Arbeitserlaubnis gibt, diese muss separat angefragt werden (Personio, n. d.). 56.800 Euro Jahresgehalt entspricht einem Monatsbruttogehalt von 4733 Euro und das ist für einen Berufseinsteiger eine hohe Hürde. Die durchschnittlichen Bruttoeinstiegsgehälter der folgenden Berufe würden bei weitem nicht für eine Aufenthaltsgenehmigung über die Blue Card reichen: Informatiker: 3800 Euro, Ingenieur: 3850 Euro, Key Account Manager: 3900 Euro, Betriebswirt: 2800 Euro, Architekt: 2900 Euro, Eventmanager: 2750 Euro, Logopäde: 1800 Euro, Gerichtsmediziner: 3600 Euro, Physiotherapeut: 2100 Euro, Grundschullehrer: 2500 Euro (Karrierebibel, 2021).

Auch dürfen Arbeitsmigranten mit Arbeitsvertrag und Aufenthaltsgenehmigung in Deutschland ihre Lebenspartner nur nachholen, wenn sie mit diesen verheiratet sind – in anderen Ländern wie den Niederlanden ist der Zuzug des Lebenspartners auch ohne Trauschein möglich. Da in Deutschland nicht einmal jeder Zweite verheiratet ist, fragt man sich doch, wieso ein Trauschein von ausländischen Fachkräften verlangt wird, die ihren Partner bei sich haben möchten. Auch wenn hochqualifizierte Arbeitsmigranten innerhalb Deutschlands die Arbeitsstelle wechseln kann dies zu Problemen bei der Aufenthaltsgenehmigung führen da diese oft an den Arbeitsvertrag mit einem bestimmten Arbeitgeber verknüpft ist. Wenn die Suche nach einem neuen Arbeitgeber etwas länger dauert, müsste der ausländische Arbeitnehmer das Land verlassen. Auch wird die Einbürgerung ausländischer Fachkräfte erschwert. Eine Einbürgerungshürde ist z. B., dass ein immigrierter Arbeitnehmer zwar eigentlich nach zwei Jahren eine permanente Aufenthaltserlaubnis bekommt – aber nicht, wenn dieser davor eine Aufenthaltsgenehmigung besaß, die an einen bestimmten Arbeitgeber gekoppelt war. Gerade hochqualifizierte ausländische Arbeitskräfte werden oft von ihrem internationalen Arbeitgeber nach Deutschland versetzt – und gerade diesen Leuten macht es der deutsche Staat schwer, hier Fuß zu fassen.

Auch wird bei öffentlichen Aufträgen, z. B. im IT-Sektor, meist eine Zuverlässigkeitsüberprüfung des eingesetzten Personals verlangt (Ausschreibungen-Deutschland.de, 2019). Klingt theoretisch sinnvoll – aber was bedeutet das in der Praxis? Wenn sich ein Unternehmen bei einer öffentlichen Ausschreibung beteiligt, müssen sich alle eingesetzten Mitarbeiter dieser Zuverlässigkeitsprüfung unterziehen. Das bedeutet, dass Behörden überprüfen, ob diese Person in den letzten 5 Jahren z. B. straffällig geworden ist, zu extremistischen Organisationen Kontakt hatte oder anderweitig problematisch sein könnte. Kein Problem für Mitarbeiter, die seit über 5 Jahren in Deutschland sind weil entsprechende deutsche Ämter einfach Auskunft erteilen. Aber was ist mit Mitarbeitern, die noch keine 5 Jahre im Land sind? Dann müssen die Behörden im Heimatland des Mitarbeiters Auskunft geben – aber in vielen Ländern funktioniert die Kooperation mit Deutschland nicht und die dortigen Ämter geben keine Auskünfte, d. h. der betreffende hochqualifizierte Mitarbeiter darf nicht für das öffentliche Projekt eingesetzt werden. Weil kaum ein Unternehmen Mitarbeiter einstellt, die man für viele Projekte nicht einsetzen kann, bekommen hochqualifizierte Immigranten schlechter einen Job. Auch hat das Heimatland oft ein Interesse daran, nicht mit den deutschen Behörden bezüglich des Zuverlässigkeitschecks zu kooperieren, denn wenn die hochqualifizierten Immigranten hier keinen Job bekommen, gehen sie evtl. zurück in ihr Heimatland – was der dortigen Wirtschaft vermeintlich nutzt. Es ist juristisch sowie moralisch fraglich, ob man Personen bestrafen sollte, indem man sie von bestimmten staatlichen Aufträgen ausschließt, weil keine Information über sie verfügbar ist. Wäre es nicht sinnvoller und näher an der Basis unseres Rechtsstaates, die Unschuldsvermutung gelten zu lassen? Man sollte meines Erachtens deshalb nur Personen bei öffentlichen Ausschreibungen ausschließen, über die negative Informationen vorhanden sind und nicht alle Menschen über die keine Informationen vorliegen.

Wenn man die gesamten Hürden für ausländische Fachkräfte aufzählen würde, würde das nicht nur den Rahmen dieses Kapitels sondern des ganzen Buches sprengen. Fakt ist: Durch diese und andere Einschränkungen schreckt Deutschland dringend benötigte hochqualifizierte Arbeitsmigranten ab. Wenn die deutsche Politik es dieser Immigrantengruppe schwer macht in Deutschland ein neues Leben aufzubauen, immigrieren diese Menschen in ein anderes Land, denn jedes hochentwickelte Land nimmt gerne qualifizierte Arbeitskräfte auf. Durch bürokratische Hürden verspielt Deutschland somit seine wirtschaftliche Stärke, was dann auch den Menschen der Mittel- und Unterschicht zum Verhängnis wird.

Antonio Guterres, Generalsekretär der UN, schrieb dazu im Jahr 2018: „Staaten, die Migration oder den Zugang von Migranten zum Arbeitsmarkt massiv beschränken, fügen sich selber unnötigen wirtschaftlichen Schaden zu, indem sie verhindern, dass legale Migration ihren Bedarf an Arbeitskräften deckt. Und noch schlimmer: Sie befördern illegale Migration."

Einwanderung Geflüchteter

Seit 2014 sind rund 2.000.000 Geflüchtete nach Deutschland eingereist. Welche Auswirkungen dies hat und ob die Vorurteile in der Gesellschaft gegenüber dieser Gruppe von Immigranten gerechtfertigt sind, wird in diesem Kapitel untersucht.

40 % der Menschen in Deutschland sehen die Aufnahme weiterer Geflüchteter skeptisch, während 11 % der Befragten für die Aufnahme von mehr Geflüchteten als derzeit sind (ARD-Deutschland-Trend, 2020). Dabei gibt es wenig Unterschiede zwischen der muslimischen und nicht-muslimischen Bevölkerung in Deutschland. So haben deutsche Muslime genauso viele Ressentiments gegen Geflüchtete wie nichtmuslimische Deutsche. Auch haben viele muslimische Menschen in Deutschland Bedenken, dass sie mit Geflüchteten in einen Topf geworfen werden und unter Anfeindungen leiden müssen (Ergin, 2016).

Von der Gesamtbevölkerung denken 80 %, dass durch die Einwanderung von Geflüchteten der Sozialstaat zusätzlich belastet wird, 72 % erwarten mehr soziale Konflikte, 68 % mehr Probleme an Schulen und rund zwei Drittel befürchten eine weitere Verknappung des Wohnraumes (Kober, 2017). Außerdem denken 54 % der Menschen in Deutschland, dass Geflüchtete die Kriminalitätsrate erhöhen (Schattauer, 2020).

Ob diese Mehrheitsansichten gerechtfertigt sind, wird in diesem Kapitel untersucht. Im Anschluss werden Lösungsmodelle erläutert.

Belastungen für den Sozialstaat

Prof. Raffelhüschen hat berechnet, dass jeder aufgenommene Geflüchtete im Laufe seines Lebens dem Steuerzahler im Durchschnitt 450.000 Euro kosten wird – davon sind bereits Beträge abgezogen, die von Geflüchteten beim Eintritt in den Arbeitsmarkt z. B. über Steuern und Sozialabgaben zurückfließen. Der hohe Betrag kommt zustande, weil viele Geflüchtete gering qualifiziert sind. Nur 28% der erwachsenen Geflüchteten verfügen über eine Berufsaus- oder Hochschulbildung. Zum Vergleich: In Deutschland verfügen 65 % über eine abgeschlossene Berufsausbildung oder einen Hochschulabschluss (Simon, 2017). Von den erwachsenen Geflüchteten in Deutschland hat 11% nie eine Schule besucht, weitere 11% haben in ihrem Heimatland nur die Grundschule besucht. Es verwundert deshalb auch nicht, dass 70% der Geflüchteten aus Syrien, dem Irak oder Afghanistan eine in Deutschland begonnene Berufsausbildung innerhalb von 2 Jahren abgebrochen haben bzw. abbrechen mussten (Wößmann, 2017). Die Konsequenz daraus ist, dass auch Jahre nach der Ankunft in Deutschland zwei Drittel der Geflüchteten von Sozialleistungen abhängig sind (Schuler & Groll, 2019). Dies waren im Jahr 2018 fast eine Million (989.000) Geflüchtete (Bundesagentur für Arbeit, 2018). Vor der Pandemie dauerte ein Asylverfahren in Deutschland durchschnittlich 6,2 Monate (Heinrich, 2020). Da anerkannte Asylanten nach 3 bis 6 Monaten eine uneingeschränkte Arbeitserlaubnis erhalten (Arbeitsagentur, n.d.), liegt es also nicht nur an der Bürokratie, wenn Geflüchtete nicht auf dem deutschen Arbeitsmarkt Fuß fassen können.

Soziale Konflikte aufgrund von Konkurrenz auf dem Arbeitsmarkt

Gerade Mitarbeiter mit Fluchthintergrund werden gerne von Arbeitgebern missbraucht indem man ihnen schlechtere Arbeitsumstände aufbürdet – weil viele Immigranten, besonders Geflüchtete, ihre Rechte nicht kennen und froh sind, überhaupt einen Job gefunden zu haben. Wenn der ausländische Kollege aber viel mehr arbeitet und sich nicht über widrige Arbeitskonditionen beschwert, werden die bisherigen Beschäftigten unter Druck gesetzt, da ihnen vor Augen geführt wird, dass es willige Geflüchtete gibt, die sie ersetzen könnten.

Auch bei der Bezahlung für prekär Beschäftigte führt das erhöhte Angebot an Arbeitskräften zu niedrigeren Entgelten. Eine Mehrheit der Immigranten, die als Geflüchtete gekommen sind, hat keine Berufsausbildung. Dazu kommen oft mangelhafte Deutschkenntnisse. Das bedeutet, dass viele Geflüchtete nur Hilfstätigkeiten ausführen können. Das führt zu Konkurrenz mit Einheimischen mit niedrigeren Bildungsabschluss um prekäre berufliche Tätigkeiten. Diese Konkurrenz ist aber nicht fair, denn wenn ein Arbeitgeber einen Geflüchteten einstellt bekommt er bis zu 50 % der Entgeltkosten vom Arbeitsamt zurückerstattet (Holzapfel, 2017). Die Beschäftigung eines Geflüchteten kostet also oft nur die Hälfte.

Insgesamt sorgt Immigration in den meisten Gastländern, u. a. auch in Deutschland, für Wirtschaftswachstum und somit auch für einen höheren Lebensstandard der einheimischen Bevölkerung. Für Geringverdiener in Deutschland verschlechterte sich die finanzielle Situation jedoch aufgrund von Immigration (Brankovic, 2018). Dies dürfte besonders im Falle der Immigration von Geringqualifizierten der Fall sein.

Soziale Konflikte aufgrund des Männerüberschusses

In der Altersgruppe 18 bis 29 Jahre kamen rund 590.000 Geflüchtete zwischen 2015 und 2020 nach Deutschland, davon rund 400.000 Männer und 190.000 Frauen (BPB, 2020). Auch bei anderen Immigrantengruppen, die nicht als Geflüchtete gekommen sind, gibt es einen Männerüberschuss.

So leben in Deutschland 464.000 Männer aber nur 398.000 Frauen aus Polen, 428.000 Männer versus 320.000 Frauen aus Rumänien und 375.000 Italiener gegenüber 271.000 Italienerinnen (Destatis, 2020).

Verschärft wird das Problem der vielen alleinstehenden Männer noch dadurch, dass einige Männer mehrere Frauen heiraten. Dem Koran nach darf ein muslimischer Mann bis zu vier Ehefrauen haben. Auch in Deutschland soll die Verehelichung von mehreren Frauen in einigen islamischen Gemeinden vollzogen werden. Nach dem Recht der Scharia sind diese Frauen verheiratet aber weil diese Ehen in Deutschland nicht legal sind, gibt es darüber keine Statistiken (Topel, 2017). Anerkannt werden Ehen mit mehreren Ehefrauen in Deutschland trotzdem, wenn diese in einem Land geschlossen wurden, in denen diese legal sind (Anneser, 2018).

Auch bei den Geburten scheint es bei einigen Kulturen eine ungleiche Geschlechterbalance zu geben. Abtreibungen finden in 21 untersuchten, meist muslimischen, Ländern des Nahen Ostens und Nordafrikas im Durchschnitt offiziell bei jeder zehnten Schwangerschaft statt. Über die Dunkelziffer gibt es keine Statistiken, aber diese dürften relativ hoch sein, da das Abtreibungsrecht in den meisten Ländern sehr restriktiv ist und inoffizielle Schwangerschaftsabbrüche deshalb relativ oft vorkommen (Hessini, 2007). Da in den genannten Regionen

Abtreibungen aufgrund des weiblichen Geschlechtes des Fötus ein häufiger Grund für den Schwangerschaftsabbruch sind (Goodkind, 2015), dürfte dies auch eine Ursache für die ungleiche Geschlechterverteilung in Einwandererländern wie Deutschland sein. Es kann davon ausgegangen werden, dass die kulturspezifische Präferenz einiger Immigrantengruppen für einen Sohn auch zu mehr Schwangerschaftsabbrüchen weiblicher Föten in diesen Familien, und dadurch zu mehr Jungen als Mädchen, führt.

Die Konsequenz ist ein Überschuss an jungen Männern in Deutschland. In der Altersgruppe von 25 bis 45 gibt es 3.416.000 alleinstehende Männer in Deutschland aber nur 1.866.000 alleinstehende Frauen – also fast doppelt so viele alleinstehende Männer wie Frauen (Destatis, 2018). Bei der Altersgruppe zwischen 25 und 35 dürfte die Lücke aufgrund der Altersstruktur der meisten Einwanderer noch größer ausfallen.

Ein Problem ergibt sich besonders für Männer niedriger sozialer Klassen. Da die Attraktivität von Männern bei der Partnersuche hauptsächlich mit deren sozioökonomischen Status korreliert (Gueguen, 2012) sind bei einem Männerüberschuss meist Männer der niedrigen sozialen Klassen die Verlierer bei der Partnersuche. Dies hat nicht nur emotionale sondern auch wirtschaftliche Konsequenzen für diese Gruppe, denn wenn ein Paar zusammenzieht, muss natürlich nur eine Wohnung angemietet werden und es fällt nur einmal Grundgebühr für Internet, Strom, Gas, Wasser, Rundfunkbeitrag, Müll usw. an. Bei einer eingetragenen Lebensgemeinschaft bzw. Ehe kommt noch das Ehegattensplitting dazu. Diese Aspekte führen zwangsläufig zu Konsequenzen und Konflikten im gesellschaftlichen Bereich. Z. B. zu mehr Sexualstraftaten und Unzufriedenheit unfreiwillig alleinstehender Männer, was einen Zulauf zu extremistischen Parteien und Gruppen erwarten lässt.

Probleme an Schulen

„Katastrophe" ist wohl die beste Beschreibung für die Situation von geflüchteten Kindern an deutschen Schulen, denn sie werden unzureichend gefördert und sitzen in Übergangsklassen mit völlig verschiedenen Niveaus (Analphabeten und Kinder mit guter Vorbildung in der gleichen Klasse, dazu sind die Altersgruppen meist sehr heterogen). Zudem werden sie häufig an Brennpunktschulen unterrichtet (Tagesschau, 2018), also genau an den Schulen, die in ärmeren Stadtteilen liegen und in welche die Kinder der unteren Schichten zur Schule gehen müssen. Da Brennpunktschulen sowieso schon überlastet sind, kann man sich ausmalen, dass das Stressniveau noch ansteigt wenn Schüler mit Fluchthintergrund dazu kommen.

Woran es liegt, dass die Gewalt an Schulen in den letzten Jahren in 10 Bundesländern angestiegen ist (in einem sogar um 114 %), obwohl bis 2013 die Gewalt an Schulen rückläufig war (FAZ, 2018), ist mangels wissenschaftlichen Untersuchungen nicht klar zu beantworten, vielleicht aber zu mutmaßen.

Höhere Mieten

In Großbritannien ist Migration für 21 % der Immobilienpreissteigerungen (inflationsbereinigt) in den letzten 25 Jahren verantwortlich (BBC, 2020). Vergleichbare Studien für Deutschland sind nicht verfügbar.

Wenn Immigranten ins Land kommen, die arbeiten und selbst ausreichend Geld erwirtschaften, können diese auch selbst Wohnraum mieten oder kaufen – in beiden Fällen reagiert der Markt auf die erhöhte Nachfrage und es werden mehr Immobilien gebaut. Die erhöhte Nachfrage führt also nur kurzfristig zu höheren Preisen bis der Markt diese wieder durch ein höheres Angebot ausgleicht. Problematisch aber wird es, wenn Immigranten ihren Lebensunterhalt durch staatliche Transferleistungen bestreiten. Da die geringe maximale Miete für Empfänger von Arbeitslosengeld 2 bzw. Grundsicherung keine Anreize bietet um Wohnraum zu schaffen, wird die Nachfrage nach günstigen Wohnraum nicht bedient. Anders gesagt: Wer ein Mietshaus baut, will auch eine angemessene Rendite dafür – und das funktioniert eben nicht, wenn die Miethöhe auf ALG-2-Niveau ist, denn die Subventionen für sozialen Wohnungsbau sind viel zu niedrig.

Migration führt also nicht in jedem Fall zu Knappheit am Wohnungsmarkt sondern nur, wenn Immigranten wenig Einkommen haben und somit mit einheimischen Geringverdienern oder Sozialleistungsbeziehern um günstigen Wohnraum konkurrieren. Tatsächlich fand eine Studie, dass die meisten Einwanderer die in den letzten Jahren nach Deutschland kamen in sozial schwache Stadtteile ziehen. In den neuen Bundesländern ist dies noch stärker der Fall als in den alten (Wagner, 2019).

Mehr Nachfrage bei gleichbleibenden Angebot führt zu höheren Preisen, d. h. die Mieten für ältere und in ärmeren Stadtteilen gelegene Wohnungen steigen. Für Menschen mit wenig Einkommen oder Sozialleistungsbezug wird es damit immer schwerer eine bezahlbare Immobilie zu mieten. Das zeigt sich auch in Statistiken über Immobilienpreisentwicklungen in verschiedenen Städten: Einfache und mittlere Wohnlagen sind prozentual stärker im Preis gestiegen als gehobene Wohnviertel. Den Geflüchteten allein die Schuld an den hohen Mietpreisen zu geben, ist aber zu kurz gegriffen, was ich im Kapitel „Wieso wir durch Mieten arm bleiben“ erläutere. Selbst wenn, wie häufig im Jahr 2015 geschehen, Gemeinden den vorherigen Mietern von städtischen Wohnungen wegen „Eigenbedarf“ kündigen um dort Geflüchtete zu beherbergen (Stern.de, 2015) sollte man im Auge behalten, dass nicht die Geflüchteten für dieses Fehlverhalten der Politik verantwortlich sind, sondern die Volksvertreter – die schließlich nicht von den Geflüchteten ins Amt gewählt wurden. Es verwundert nicht, dass vor allem Parteien wie die Grünen mehr Geflüchtete aufnehmen wollen, denn deren Wählerschaft hat ein überdurchschnittlich hohes Einkommen (Decker, 2020) und ist damit kaum auf Mietwohnungen angewiesen sondern profitiert eher von den steigenden Immobilienpreisen.

Kriminalität

Dass sowohl der Immigrantenanteil wie auch die Kriminalitätsrate in sozial schwachen Stadtteilen erheblich höher ist als in sozial besseren Teilen der Städte (Stoppel, 2015) liegt nicht unbedingt an den Immigranten. Eine Korrelation ist nicht unbedingt eine Kausalität. In diesem Fall liegt es einfach daran, dass Immigranten in Stadtteile mit günstigeren Mieten ziehen wo die niedrigeren Schichten der Gesellschaft leben, was mit einer erhöhten Kriminalitätsrate zusammenhängt.

Sexualstraftaten

Geflüchtete werden in Massenmedien häufig mit Sexualdelikten in Verbindung gebracht. Ob es seit 2015 wirklich einen Anstieg der Sexualstraftaten gab und ob Geflüchtete häufiger Täter sind kann man nicht so leicht feststellen, denn:

In den letzten Jahren hat sich die Grundlage für die offizielle Polizeistatistik über erfasste Fälle sexueller Gewalt vier Mal geändert, teilweise waren die veränderten Datenerhebungsgrundlagen nur für ein Jahr gültig (Statista, 2020), d. h. die Zahlen der verschiedenen Jahre lassen sich nicht miteinander vergleichen – ob und von wem das gewollt ist, sei dahingestellt. Fest steht nur, es gab in den letzten Jahren eine starke Zunahme an Vergewaltigungen und schweren sexuellen Nötigungen (Dobrinski, 2017).

Da es eine Korrelation zwischen einem Männerüberschuss in einer Region und der Zunahme an sexueller und anderer Gewalt gegen Frauen gibt (Diamond-Smith & Rudolph, 2018), könnte das Geschlechterungleichgewicht in Deutschland auch eine der Ursachen für die Zunahme bei dieser Art von Delikten sein. Die Zunahme sexueller Gewalt kann zum Teil auch damit erklärt werden, dass einige Immigrantengruppen häufiger Sexualdelikte begehen als die einheimische Bevölkerung. Asylbewerber im laufenden Verfahren, Bürgerkriegs- und Kontingentflüchtlinge sowie geduldete und sich illegal aufhaltende Immigranten machen 1 bis 2 % der Bevölkerung aus, aber begehen 15 % der Vergewaltigungen und schweren sexuellen Nötigungen (Rosenfelder, 2017).

Gewalt gegen sexuelle Minderheiten

Auch wenn es um Gewalt gegen sexuelle Minderheiten geht tauchen in den Medien häufig Menschen mit Immigrationshintergrund als Täter auf. Laut Statistik gab es 2019 rund doppelt so viele Gewalttaten gegen sexuelle Minderheiten (wie z. B. Homosexuelle oder Transgenderpersonen) wie 2013 (Zeit.de, 2019). Das korreliert zwar mit der Immigration von rund 2.000.000 Geflüchteten die in diesem Zeitraum nach Deutschland kamen, aber ist noch kein Beweis. Über die Täter kann nur spekuliert werden. Z. B. gibt es in Teilen der rechtsradikalen Szene Ressentiments gegen sexuelle Minderheiten obwohl auch einige Führungskader rechtsradikaler Organisationen offen homosexuell waren (Müller, 2014). Aber auch in der allgemeinen Bevölkerung gibt es Vorbehalte gegenüber sexuellen Minderheiten, z. B. finden es 78,9 % türkischstämmiger junger Männer abstoßend, wenn sich zwei Männer küssen. Bei osteuropäischstämmigen jungen Männern sind die Werte ähnlich. Bei jungen Männern ohne Immigrationshintergrund trifft dies immer noch auf eine Minderheit von 47,7 % zu.

Je religiöser die jungen Männer mit Immigrationshintergrund waren und je mehr sie sich selbst diskriminiert fühlten, desto negativer war ihre Haltung gegenüber sexuellen Minderheiten (Ripperger, 2012). Über die Haltung von Geflüchteten gegenüber sexueller Minderheiten war keine Statistik zu finden, die wissenschaftliche Ansprüche erfüllt. Verbale, sowie tätliche Angriffe gegen Homosexuelle und Transgender-Geflüchtete in Flüchtlingsunterkünften finden jedoch relativ häufig statt (Hausweddel, 2017).

Übergriffe gegen Juden

Antisemitismus wird Geflüchteten oft vorgeworfen. Auch hierbei sehen wir eine Zunahme aber keinen deutlichen Beweis für überproportionalen Antisemitismus bei Geflüchteten. Antisemitische Rhetorik in Kommentarspalten der Internetauftritte deutscher Medien haben jedenfalls stark zugenommen – und zwar um über 300 % innerhalb von 10 Jahren. In den letzten Jahren ist auch ein Anstieg der gemeldeten Übergriffe gegen jüdische Bürger in Deutschland zu verzeichnen. Allein in Berlin wurden im Jahr 2016 470 antisemitische Vorfälle gezählt, ein Jahr später waren es bereits doppelt so viele und im Jahr 2018 erhöhte sich diese Zahl noch weiter. Wenn man bedenkt, dass nur wenige der antisemitischen Übergriffe überhaupt erfasst werden und dass nur rund 0,1 % der Menschen in Deutschland einer jüdischen Gemeinde angehören, von denen die meisten in der Öffentlichkeit nicht als Juden erkennbar sind, ist dies eine enorme Zahl. Verwunderlich ist demnach auch nicht, dass laut einer Umfrage fast alle Juden in Deutschland antisemitisches Verhalten erlebt hatten. Von wem diese Taten ausgehen ist schwer zu sagen. 18 % der Täter werden rechtsradikalen Kreisen zugeordnet, bei rund der Hälfte der Täter ist eine klare Zuordnung nicht möglich.

Von den Muslimen in Deutschland haben 56 % eine antisemitische Neigung, bei Geflüchteten sieht es ähnlich aus, von den Christen bzw. Atheisten in Deutschland sind es 14 bzw. 20 % (Schulte von Drach, 2019).

Sind Menschen mit Immigrationshintergrund krimineller?

Nicht nur bei Geflüchteten sondern auch bei ausländischen Bürgern ohne Fluchthintergrund gibt es enorme Unterschiede in der Kriminalitätsstatistik gegenüber Menschen mit deutscher Staatsangehörigkeit. Der offizielle Ausländeranteil in Deutschland betrug 2019 12,5 %, aber bei den Gewaltdelikten waren 37,5 % der Tatverdächtigen Personen ohne deutsche Staatsbürgerschaft. Bei Diebstahl waren es 38 % ohne deutsche Staatsbürgerschaft (Walburg, 2020). Diese Zahlen klingen extrem und sie sind es auch, aber eine Kriminalitätsstatistik ist immer mit Vorsicht zu genießen denn die Alterszusammensetzung der Bevölkerung mit ausländischen Pass ist eine andere als die der Deutschen. Dazu macht es evtl. einen Unterschied, ob ein Immigrant die deutsche Staatsbürgerschaft erlangt hat oder nicht. Auch gibt es Unterschiede in der Geschlechterverteilung. Diese Unterschiede wurden in einer anderen Studie herausgerechnet. In dieser Studie wurden Tatverdächtige mit Immigrationshintergrund untersucht. Danach sehen die Unterschiede in der Kriminalität nicht mehr so extrem aus. Was bleibt, ist bei den unter 30-jährigen Tatverdächtigen eine um ca. 30 Prozent erhöhte Tatverdächtigenrate bei Personen mit Immigrationshintergrund. Bei den 30 bis 60-jährigen liegt die Rate etwa um 15–20 % über der der Deutschen ohne Immigrationshintergrund. Bei den über 60-jährigen liegen die Deutschen ohne Immigrationshintergrund prozentual sogar weit vor den Menschen mit Immigrationshintergrund (Glaubitz & Bliesener, 2018).

10 % der von Ausländern begangenen Delikte sind ausländerrechtliche Verstöße (Feld, Hirsch & Pfeil, 2019), das muss in einer Statistik, die wissenschaftlichen Standards genügt, natürlich herausgerechnet werden, und dies ist bei den hier verwendeten Quellen auch geschehen.

Es gibt aber auch Einflussfaktoren die man nicht exakt herausrechnen kann. Z. B. gibt es eine unterschiedliche Anzeigenbereitschaft gegenüber Tätern mit oder ohne erkennbaren Immigrationshintergrund. In einer Studie wurden 52 % der Täter mit erkennbarem Immigrationshintergrund versus 38,6 % der Täter ohne sichtbaren Immigrationshintergrund bei bestimmten

Gewaltdelikten von deutschen Kriminalitätsopfern angezeigt. Ob das Opfer Vorbehalte gegenüber Immigranten hatte, spielte beim Anzeigenverhalten keine signifikante Rolle – fast durchgängig wurden Täter mit sichtbarem Immigrationshintergrund häufiger angezeigt (Mensel & Albrecht, 2003). Da bei einigen Tätern nicht bekannt ist, ob sie einen Immigrationshintergrund haben und es nicht für alle Deliktarten Statistiken bezüglich des Anzeigenverhaltens der Opfer gibt, kann man den Einfluss dieser Variable nicht genau berechnen.

Es gibt aber auch Anzeichen, die dafür sprechen, dass viele Taten von Tätern mit Immigrationshintergrund in keiner Polizeistatistik auftauchen. Menschen anderer Herkunft werden häufiger Opfer von Straftaten als Deutsche ohne Immigrationshintergrund und die meisten Straftaten gegen Immigranten werden von Immigranten begangen. Genauer ausgedrückt: In 60 % der Fälle von Verbrechen gegen Menschen mit Immigrationshintergrund haben die Täter ebenso einen Immigrationshintergrund wie ihr Opfer. Dies ist auch nicht verwunderlich, da Delikte oft im sozialen Umfeld wie der Familie, dem Stadtteil oder dem Verein stattfinden. Verbrechensopfer mit Immigrationshintergrund haben allgemein eine viel niedrigere Anzeigenbereitschaft als Opfer ohne Immigrationshintergrund (Louis, 2006). Wenn nun Immigranten häufig Opfer von Tätern mit Immigrationshintergrund werden, aber dies viel seltener bei der Polizei anzeigen, deutet dies auf eine verfälschte Kriminalitätsstatistik hin – und zu einer hohen Dunkelziffer bei Delikten durch Immigranten gegenüber Immigranten.

Aufgrund der erhöhten Anzeigenbereitschaft gegenüber Menschen mit Immigrationshintergrund bei Deutschen sowie der geringeren Anzeigenbereitschaft durch die Bevölkerung mit Immigrationshintergrund muss man sich zwecks Vergleich Delikte ansehen die fast immer angezeigt werden: Tötungsdelikte. Hierbei sind geflüchtete Tatverdächtige stark überrepräsentiert (mit ca. 170 %). Andere nichtdeutsche Tatverdächtige sind mit ca. 130 % ebenfalls überrepräsentiert. (Bei dieser Statistik wurden deutsche Tatverdächtige ohne Migrationshintergrund als Basis, also 100 %, festgelegt.) Sozialwissenschaftlich gesehen muss die um 30 % erhöhte Tatverdächtigenrate für nichtdeutsche Tatverdächtige aber noch einmal nach unten korrigiert werden. Wieso? Zum einen aufgrund der unterschiedlichen Alters- und Geschlechterzusammensetzung. Zum anderen deshalb weil ein großer Teil der Menschen mit Immigrationshintergrund entweder selbst als Gastarbeiter einreiste oder es die Nachkommen von Gastarbeitern sind. Somit sind Immigranten im Durchschnitt eher einer niedrigeren sozialen Klasse zugehörig als Deutsche ohne Immigrationshintergrund. Dies erklärt einen Teil der höheren Verbrechensrate, denn Menschen niedrigerer sozialer Klassen tauchen in der Kriminalitätsstatistik überproportional häufig auf (Sampson et al., 2002). Dem entsprechend ist in ärmeren Stadtteilen die Gewaltkriminalitätsrate um ein vielfaches höher als in wohlhabenden Stadtvierteln. So ist einer Studie zufolge die Gewaltbereitschaft von Jugendlichen in Hannover aus ärmeren Stadtteilen 14 mal so hoch wie der von Jugendlichen reicherer Stadtteile (Heinrichts, 2018). Auch die folgenden Generationen von Einwanderern gehören meist niedrigeren sozialen Klassen, da es in Deutschland im Durchschnitt sechs Generationen, oder 180 Jahre, dauert, bis Familien der unteren sozialen Klassen ein Durchschnittseinkommen erreichen (NTV, 2018). Durch Diskriminierung könnte dieser soziale Aufstieg bei Familien mit Immigrationshintergrund sogar noch länger dauern. Da es keine genauen Daten zu den sozialen Klassen der Personen mit Immigrationshintergrund gibt, kann man die erhöhte Tatverdächtigenrate auch mit keinem genauen Faktor korrigieren.

Bei Menschen mit Fluchthintergrund war leider keine Statistik verfügbar welche für die Alters- und Geschlechterzusammensetzung korrigiert hat, es kann aber davon ausgegangen werden, dass angesichts der enormen Überrepräsentanz einiger Geflüchtetengruppen die demograpischen Faktoren eine untergeordnete Rolle spielen. Z. B. ergab eine Datenerhebung, dass 4 von

10 Geflüchteten aus Nordafrika, genau wie aus Bosnien oder Montenegro, als Strafverdächtige auffielen. Zum Vergleich: Von den Geflüchteten aus Syrien wurde nur einer von 200 einer Straftat verdächtigt (Diehl, 2016) – trotz ähnlicher demographischer Faktoren und häufiger Kriegstraumatisierung der Syrer. Dies kann damit zusammenhängen, dass Geflüchtete aus Syrien eine gute Bleibeperspektive haben und diese nicht mit Gesetzesübertretungen riskieren wollen, während die Bleibeperspektive aus den anderen genannten Ländern gering ist. Einige Gruppen von Geflüchteten sind also extrem überproportional an kriminellen Aktivitäten beteiligt.

Man kann also feststellen, dass Menschen mit Immigrationshintergrund nicht allgemein krimineller sind als Deutsche ohne Immigrationshintergrund – wenn man Faktoren wie Alter, Geschlecht und die soziale Herkunft berücksichtigt. Ähnliches gilt für Geflüchtete: Die meisten sind nicht krimineller als Deutsche ohne Immigrationshintergrund aber einige (Wirtschaft-)flüchtlinge ohne Bleibeperspektive sind extrem kriminell.

Wenn Deutschland es nicht schafft Geflüchtete die kein Bleiberecht haben und kriminell geworden sind auszuweisen, sind Menschen der niedrigeren sozialen Klassen überproportional betroffen. Denn in sozial schwachen Stadtteilen erhöhte sich der Immigrantenanteil zwischen 2014 und 2017 um 7,4 Prozentpunkte in den neuen Bundesländern und um 4,1 Prozentpunkte in den alten Bundesländern. In Stadtvierteln der Besserverdiener erhöhte er sich lediglich um 0,7 Prozentpunkte (Migazin, 2020). Vom Zuzug von Geflüchteten sind Besserverdiener also kaum persönlich betroffen. Was bedeutet es wohl, dass die Wähler von Parteien wie die Grünen, die sich für die Aufnahme von mehr Geflüchteten einsetzen, ein überdurchschnittliches Einkommen haben (Decker, 2020) und eher in besseren Stadtteilen leben? Was sagt es wohl aus, dass in der gleichen Stadt in einem Stadtteil mit einem dreimal so hohen Immigrantenanteil auch dreimal so oft die AfD gewählt wird? Während die Wahlergebnisse der anderen Parteien ähnlich sind, fällt ebenso auf, dass im wohlhabenden Stadtteil der untersuchten Stadt mit geringem Immigrantenanteil die Grünen fast sechs mal so viele Stimmen bekommen wie im ärmeren Stadtteil (Heinrichs, 2018).

Die untersuchte Stadt ist keine Ausnahme. Allgemein erzielen laut einer Studie des Leibniz Instituts für Wirtschaftsforschung rechte Parteien bessere Wahlergebnisse, wenn in einer Gegend mehr Geflüchtete untergebracht sind. Besonders, wenn diese in Erstaufnahmeeinrichtungen leben, gibt es in diesen sowie den Nachbargemeinden mehr Wähler, die z. B. die AfD wählen (Deutschlandfunk Nova, 2021).

Geflüchtete ohne Recht auf Asyl bzw. Flüchtlingsstatus die zudem in Deutschland straffällig geworden sind, sollten bis zu ihrer Ausreise in geschlossenen Lagern verbleiben. Dies würde dafür sorgen, dass das Fehlverhalten einzelner Geflüchteter nicht zu Ablehnung aller Immigranten führt. Es minimiert zudem die Verdunklungsgefahr und animiert die Straftäter an ihrer Ausreise mitzuwirken, weil die Alternative nur der dauerhafte Aufenthalt in einer geschlossenen Ausreiseeinrichtung wäre.

Konflikte aufgrund politischer Ausspielung zwischen Immigranten und Einheimischen

Ob es soziale Konflikte, mehr Konkurrenz auf dem Wohnungs- und Arbeitsmarkt, bei der Partnersuche oder Probleme an Schulen sind – die Realität ist kein Hollywoodfilm, in dem Gut und Böse, Opfer und Täter, klar abzugrenzen sind. Eine nicht durchdachte Immigrationspolitik macht nicht nur die Bevölkerung in Deutschland (mit und ohne Immigrationshintergrund) zu Opfern sondern auch die Geflüchteten, die auf Ablehnung, Perspektivlosigkeit und immer öfters Aggression stoßen.

Das zeigt sich unter anderem auch an Gewalttaten gegenüber der muslimischen Minderheit in Deutschland und gegenüber Geflüchteten.

Übergriffe gegen Moscheen

Offiziell sind die Fallzahlen bezüglich antimuslimischer Gewalt zwar rückläufig, aber wie die Situation wirklich ist weiß niemand. Die offizielle Polizeistatistik darüber ist absolut unbrauchbar weil bei Angriffen gegen Moscheen zwischen Moschee und „Stätten zur Religionsausübung" unterschieden wird – und Angriffe auf letztere werden überhaupt nicht erfasst. Die Behördenvertreter selbst konnten nicht sagen, wie genau zwischen Moschee und Stätte zur (muslimischen) Religionsausübung unterschieden wird. In der Praxis gibt es in Deutschland kaum klassische Moscheen sondern meist werden Bürogebäude, Wohnungen oder diverse Hallen als Moschee genutzt, die aber für die Statistik nicht zählen (Goldmann, 2019).

Der Verdacht kommt auf, dass es häufig im Ermessen der Polizei liegt, ob ein Übergriff als Angriff auf eine Moschee statistisch erfasst wird oder als Angriff auf eine Stätte zur Religionsausübung nicht in der Statistik erfasst wird.

Obwohl die meisten Muslime in Deutschland keinen Fluchthintergrund haben, werden viele mit den muslimischen Geflüchteten in einen Topf geworfen, es ist also kaum zu unterscheiden, ob sich ein Übergriff auf eine muslimische Person oder Einrichtung hauptsächlich gegen Muslime oder vor allem gegen Geflüchtete richtet.

Übergriffe gegen Geflüchtete

Vor allem im Jahr 2016 gab es eine hohe Zahl an Gewalttaten gegen Geflüchtete, insgesamt 709 Angriffe auf Flüchtlingsunterkünfte und 388 verletzte Geflüchtete. In den Jahren darauf sank die Zahl der Übergriffe, im Jahr 2020 gab es nur noch 17 gewalttätige Übergriffe gegen Geflüchtete oder deren Unterkünfte, bei denen insgesamt 20 Geflüchtete verletzt wurden. Es gab einen Brandanschlag auf eine Flüchtlingsunterkunft (bei dem niemand verletzt wurde). Diese positive Entwicklung lässt sich wahrscheinlich einerseits auf die geringere Zahl von Flüchtlingsunterkünften zurückführen und andererseits auf die kleinere Präsenz des Migrationsthemas in den Medien, denn die Anzahl der Übergriffe gegen Geflüchtete und deren Wohnstätten hat eine positive Korrelation mit der medialen Aufmerksamkeit welche das Thema Flüchtlinge erhält (Krempl, 2017).

divide et impera!

Teile und herrsche

Konflikte zwischen der Mehrheitsgesellschaft und Minderheiten im Land können bestimmten Gesellschaftsschichten aber auch nutzen, was sich mit einem Beispiel erklären lässt:

Land A hat einen geringen Immigrantenanteil. Wenn dort die Bevölkerung mit der sozialen Ungleichheit unzufrieden ist, werden sie eine Partei wählen, die sich für mehr Umverteilung von oben nach unten einsetzt – was den oberen 1 % in Land A wahrscheinlich nicht gefallen würde.

Land B hat einen hohen Immigrantenanteil. Wenn sich in Land B die Bevölkerung an der sozialen Schieflage stört, wird nur ein Teil davon Politiker wählen, die sich für mehr Umverteilung einsetzen. Ein anderer Teil des Volkes wird Parteien wählen, die gegen Immigranten Stimmung machen und die Pfründe der Oberschicht nicht antasten wollen.

Es ist nicht schwer zu erraten, was einen Bürger der oberen 1 % wahrscheinlich weniger stört: Entweder höhere Steuern für Reiche oder rassistische Parteien, welche die Bevölkerung spalten. Die Geschichte zeigt, dass es relativ leicht ist, Menschen mit und ohne Immigrationshintergrund gegeneinander aufzuhetzen und einer Minderheit die Schuld an der sozialen Ungleichheit zu geben – das uralte Prinzip von „teile und herrsche". Ein hoher Immigrantenanteil kann also für die oberen 1 % nützlich sein, da diese jederzeit zu Sündenböcken gemacht werden können. Die unteren Schichten – mit und ohne Immigrationshintergrund – haben darunter zu leiden.

Dass die Menschen in Deutschland gespalten werden ist leider nicht nur theoretisch möglich, was sich in Wahlerfolgen bestimmter Parteien zeigt. Die „Alternative für Deutschland" (AfD) ist die größte Oppositionspartei im Bundestag. In der AfD gibt es Politiker in Führungspositionen, welche Sätze von sich geben wie „Wir riefen Gastarbeiter, bekamen aber Gesindel" von Nicolaus Fest, AfD-Europapolitiker (Deutsche Welle, 2019); „... solche Menschen müssen wir selbstverständlich entsor-

Immigranten die Schuld an den Problemen im Land zu geben ist falsch, denn für die deutsche Immigrationspolitik sind deutsche Politiker verantwortlich. Die Immigranten machen lediglich das, was jeder vernünftige Mensch tun würde – die bestehenden Gesetze zum eigenen Wohlergehen nutzen.

gen." von AfD-Bundestagsabgeordneten Petr Bystron, sowie: „Und bei dem wird man, so fürchte ich, nicht um eine Politik der ‚wohltemperierten Grausamkeit', wie es Peter Sloterdijk nannte, herumkommen." von Björn Höcke, AfD-Fraktionsvorsitzender im Thüringer Landtag (Hoffmann & Echtermann, 2020). Die Co-Vorsitzende der AfD-Bundestagsfraktion Alice Weidel gab folgenden Satz von sich:„Burkas, Kopftuchmädchen und alimentierte Messermänner und sonstige Taugenichtse werden unseren Wohlstand, das Wirtschaftswachstum und vor allem den Sozialstaat nicht sichern." (Faz.net, 2018).

Meines Erachtens schadet eine Partei, in welcher Führungskader solche Aussagen tätigen, Deutschland als Wirtschaftsstandort, weil sich dringend benötigte ausländische Fachkräfte, Studenten oder Investoren in so einem gesellschaftlichen Klima zunehmend unwohl fühlen. Inwieweit die kaum reglementierte Massenimmigration im Jahr 2015 zur Stärkung der AfD beigetragen hat lässt sich nicht beziffern. Wenn man sich deren Wahlerfolge seit 2015 ansieht, liegt es aber nahe, dass dieser Korrelation auch eine Kausalität zugrunde liegt.

Aber nicht nur an den Wahlurnen sondern auch beim gewerkschaftlich organisierten Arbeitskampf zeigt die Teilung der Arbeiterschaft Konsequenzen. Was die Ursachen dafür sind, dass der gewerkschaftliche Organisationsgrad von abhängig Beschäftigen in den letzten Jahrzehnten stetig sinkt, ist spekulativ. Ein Grund könnte aber eine gespaltene Gesellschaft sein, denn wenn eine Gewerkschaft als Repräsentant der Mehrheitsarbeiterschaft gesehen wird und sich der immigrierte Arbeiter dieser aufgrund von Ausgrenzung nicht zugehörig fühlt, wird seine Bereitschaft zum Gewerkschaftsbeitritt gering sein. Die Abneigung einiger Immigranten gegenüber Gewerkschaften ist nicht aus der Luft gegriffen, denn z. B. in Großbritannien setzten sich früher Gewerkschaften dafür ein, dass bestimmte Immigrantengruppen von einigen höherqualifizierten Berufen ausgeschlossen wurden (Virdee, 2000). Viele Gewerkschaften hatten und haben in ihren Reihen Probleme mit Rassismus. Auch in Deutschland werden rechtsextreme Tendenzen unter der Arbeiterschaft und unter Gewerkschaftsmitgliedern immer sichtbarer (Dittrich, 2021). Das teile und herrsche Prinzip der Oberschicht geht also auf, denn umso weniger abhängig Beschäftigte einer Gewerkschaft angehören, umso weniger Streikpotential und damit Macht hat diese bei Tarifverhandlungen, weil z. B. die ausgeschlossenen Immigranten als Streikbrecher eingesetzt werden können. Es gibt Stimmen die behaupten, dass es in den USA der Unterschicht deshalb so schlecht geht, weil weiße, schwarze und lateinamerikanische US-Amerikaner bei Arbeitskämpfen nicht gut zusammen organisiert sind und somit nicht an einem Strang ziehen.

Für eine bessere und sozialere Immigrationspolitik

Die Alternative zu einer undurchdachten Immigrationspolitik sollte eine vernünftige und soziale Einwanderungs- und Flüchtlingspolitik sein und nicht die Ausspielung von Menschen mit und ohne Immigrationshintergrund (wie auch zwischen den verschiedenen Immigrantengruppen).

Sollte Deutschland die Grenzen öffnen, damit jeder nach Deutschland immigrieren kann? Und dann? Rund 99 % der Menschen dieser Welt leben nicht in Deutschland. Dem Großteil der Menschheit geht es wirtschaftlich schlechter als den Menschen hier. Was würde wohl passieren, wenn Deutschland seine Grenzen für alle Immigrationswilligen öffnen würde? Über 30 % der Einwohner in afrikanischen Ländern südlich der Sahara würden gerne auswandern, wenn sie die Möglichkeit dazu hätten (Sardoschau, 2019). Wenn aber die Grenzen offen und die Reise nach Deutschland einfach mit einem Billigflieger oder dem Reisebus erfolgen könnte, anstatt mit Hilfe von überteuerten Schleppern, könnten sehr viele Personen nach Deutschland immigrieren – aber wie geht es dann weiter? Es gibt zwei Möglichkeiten: Entweder haben diese Personen die gleichen Rechte auf Sozialleistungen wie die einheimische Bevölkerung – dann würde das Sozialsystem zusammenbrechen und es gäbe für niemanden mehr Sozialleistungen. Das würde dann unweigerlich zur zweiten Option führen, welche wäre, dass diese Menschen kein Recht auf Sozialleistungen hätten – dann würden diese verhungern, erfrieren, sich gegenseitig oder andere umbringen oder einen Umsturzversuch starten. Wenn die Staatsgrenzen nicht mehr vorhanden wären, würden neue Grenzen entstehen. (Z. B. in Form von Gated Communities, d. h. ganze Dörfer, Stadtteile oder Städte zu denen nur die (wohlhabenden) Bewohner Zutritt haben und die mit hochtechnologischen Sicherheitssystemen gegen Eindringlinge abgesichert sind. Deutschland würde dann aus vielen solcher Gated Communities bestehen und außerhalb von diesen würden Armut und Kriminalität herrschen. Wer würde in so einem Land leben wollen? Damit es nicht zu solchen Zuständen kommt, muss es bei der Immigration Selektionsmechanismen geben. Welche Kriterien dafür angewandt werden sollten, ist debattierbar.

Gated Communities sind übrigens keine Zukunftsmusik, in den USA gab es die erste schon 1857 und derzeit gibt es in den USA über 11.000.000 Wohneinheiten in Gated Communities (Gated Community News, 2021), einige gibt es auch schon in Deutschland.

Welche Geflüchteten sollten aufgenommen werden?

Bei der Entscheidung wer im Land bleiben darf, sollte es auch um eine prinzipielle Erwägung gehen: Sollten eher Menschen immigrieren können welche unsere Regeln respektieren und die sich in Deutschland um einen Arbeitsplatz und eine Aufenthaltsgenehmigung bewerben? Oder sollten Leute bleiben dürfen, die einfach illegal ins Land kommen und damit schon zeigen, wie sehr sie unsere Gesetze missachten? Flucht vor Krieg und Verfolgung kann nicht der Grund für eine illegale Einreise nach Deutschland sein, denn bevor jemand nach Deutschland kommt, durchquert er viele andere Länder in denen kein Krieg herrscht und in denen es auch keine politische Verfolgung gibt. Wer aus einem sicheren Land in ein Land mit besseren Sozialsystemen weiterreist, hat wohl eher wirtschaftliche Motive.

Sollten soziale Gesichtspunkte eine Rolle spielen oder nur denen geholfen werden, die es durch Geld und Kontakte nach Deutschland geschafft haben? Illegal von einem afrikanischen Land nach Deutschland zu kommen ist teuer, es kostet im Durchschnitt rund 7000 Euro pro Person (Staib, 2016) – und so viel Geld haben in armen Ländern die wenigsten. Dass eher wohlhabende Geflüchtete kommen, zeigt sich auch daran, dass meist junge Männer und nur sehr selten alleinerziehende Mütter einreisen. Aus humanitären Gründen könnte man z. B. alleinerziehenden Müttern in ärmeren Ländern über Hilfsorganisationen die legale Immigration nach Deutschland ermöglichen, denn gerade Frauen ohne

Ehemann haben es in vielen Ländern besonders schwer für sich und ihre Kinder eine Existenz zu sichern. Auch könnten dadurch mehr Frauen gewalttätige Partner verlassen ohne Angst vor deren Rache haben zu müssen und ohne sich den patriarchalischen Gesetzen einiger Länder unterordnen zu müssen, die das Sorgerecht für die Kinder oft generell dem Ehemann zusprechen. Frauen die vor Zwangsheirat flüchten, könnten ebenso in Deutschland aufgenommen werden. Wenn es diese legalen Möglichkeiten der Immigration gäbe würden auch weniger den illegalen und gefährlichen Weg über das Mittelmeer nehmen, dazu würde die ungleiche Geschlechterbalance in Deutschland wieder ins Lot kommen. Da weibliche Geflüchtete eine niedrigere Kriminalitätsrate als deutsche Frauen haben, würde auch das Problem der überproportionalen Kriminalität durch Geflüchtete der Vergangenheit angehören.

Aufnahmetests für Immigrationswillige

Wenn Menschen immigrieren, die in Deutschland keine gute Perspektive haben, führt dies auch zu einem Teufelskreis aus Vorurteilen und Fehlverhalten: Man nehme an, Personen einer bestimmten Herkunft finden in Deutschland schlecht eine Arbeitsstelle und einige davon zeigen aggressive Verhaltensweisen, weil sie frustriert sind. Das prägt sich bei der Mehrheitsgesellschaft ein und führt zu Vorurteilen gegenüber allen Menschen dieser Herkunft, was wiederum dazu führt, dass diese Personen noch seltener eine Arbeit finden und auch in anderen Bereichen diskriminiert werden. Wenn nur Menschen immigrieren können, die auch eine Perspektive auf dem Arbeitsmarkt in Deutschland haben, wird es weniger negative Stereotype gegen Immigranten geben, da diese einen positiven Beitrag zur Gesellschaft leisten.

Viele Geflüchtete können in Deutschland keine Arbeit finden weil ihre Schul- bzw. Ausbildung nicht anerkannt wird. Weil die Qualität der Schul- oder Ausbildung in anderen Ländern oft schlecht beurteilt werden kann, sollte man diese auch nicht einfach anerkennen. Was aber spräche dagegen, einen umfassenden Test durchzuführen, um festzustellen, ob jemand die Fähigkeiten und Kenntnisse hat, die mit der deutschen Schul- oder Berufsausbildung vergleichbar sind? Fehlende Fähigkeiten könnten gezielt in spezifischen Modulen gelehrt werden, so dass ein ausgebildeter Geflüchteter nicht noch einmal eine komplette Berufsausbildung durchlaufen muss.

Weil Deutschland Fachkräfte benötigt, sollte man diese Tests (sowie allgemeine Begabungsprüfungen) nicht nur in Deutschland sondern auch in den deutschen Botschaften in diversen Ländern anbieten und Absolventen eine permanente Aufenthaltsgenehmigung für Deutschland und zügig auch die deutsche Staatsbürgerschaft anbieten. Gerade in den vielen Flüchtlingscamps der Welt wäre diese Möglichkeit eine Motivation für viele Geflüchtete ihre Energie in Bildung und nicht in die illegale Überfahrt nach Europa zu stecken. Die geringe Anzahl von Stipendien, die Deutschland derzeit bereitstellt (z. B. 1900 pro Jahr für ganz Syrien) ist nicht genug.

Rückführungen abgelehnter Geflüchteter

Nur ein kleiner Teil der seit 2014 rund 2.000.000 illegal eingereisten Geflüchteten wird abgeschoben. In den letzten Jahren zwischen 11.000 und 25.000 Personen pro Jahr (BPB, 2019). Menschen, die in ihrem Heimatland verfolgt werden dürfen laut Gesetz nicht dahin rückgeführt werden. Abgeschoben werden also nur Geflüchtete, die in ihrer Heimat nicht verfolgt werden. In der Praxis wird nicht einmal ein Drittel der Personen, die abgeschoben werden sollen tatsächlich abgeschoben. Angesichts der Tatsache, dass nur eine Minderheit der Ankommenden ein reales Recht auf Asyl hat (Blume, 2020), bedeutet das, dass die meisten Geflüchteten im Land bleiben, obwohl sie kein Recht dazu haben.

Wieso aber werden so wenig Rückführungen erfolgreich durchgeführt? Einige Herkunftsländer kooperieren nur mangelhaft mit Deutschland wenn es um die Rücknahme abgelehnter Geflüchteter geht (Leubecher, 2018). Der Grund scheint klar: Wer in Deutschland Geld verdient wird einen Teil davon seiner Familie im Herkunftsland überweisen und somit die dortige Wirtschaft unterstützen. In ihrem Heimatland haben die meisten Emigranten wohl wenig Perspektive, sonst hätten sie sich nicht auf die Reise nach Deutschland gemacht, also scheint der dortigen Regierung die Rücknahme von Geflüchteten auch nicht nützlich. Dazu weiß die Regierung des Herkunftslandes nur zu gut, dass Menschen die das Land verlassen haben, der Regierung oft nicht wohlgesonnen sind.

Entwicklungshilfe sowie wirtschaftliche Beziehungen sollten an die Kooperationsbereitschaft der Heimatländer gekoppelt sein, damit deren Untätigkeit nicht zu übervollen Asylzentren führt, so dass ausreisebereite Geflüchtete nicht ewig auf ihre Rückreise in ihre Heimat warten müssen.

Anreize für Wirtschaftsgeflüchtete

Seitens deutscher Behörden werden in vielen Fällen finanzielle Anreize für Geflüchtete aus bestimmten Ländern geschaffen um nach Deutschland zu kommen. Geflüchtete die freiwillig in ihr Heimatland zurückkehren, erhalten neben ihren Rückflugticket nämlich einen Geldbetrag der je nach Kommune unterschiedlich hoch ist, für Familien bis zu 3.000 Euro. Für Länder wie dem Kosovo gibt in einigen deutschen Bundesländern auch Sonderprogramme für Rückkehrer, wie Mietkostenzuschüsse bis zu 600 Euro, Ausbildungskostenzuschüsse bis 500 Euro oder 3.000 Euro als Zuschuss für eine Existenzgründung im Kosovo (Reimann, 2016). Das dürfte dafür sorgen, dass einige Geflüchtete aus dem Kosovo die Reise nach Deutschland antreten weil es sich finanziell für sie lohnt, vor allem wenn man sich vor Augen führt, dass der monatliche Mindestlohn im Kosovo nur zwischen 130 und 170 Euro (je nach Alter) beträgt. Es liegt auf der Hand, dass Geflüchtete die für Geld wieder zurück in ihre Heimat gehen, dort nicht verfolgt werden sondern hauptsächlich aus wirtschaftlichen Gründen die Flucht nach Deutschland angetreten haben. Klar ist es für Kommunen billiger den Geflüchteten Geld zu bieten damit sie freiwillig ausreisen anstatt viel mehr Geld für lange Asylprozesse auszugeben (die für die Geflüchteten kostenlos sind). Die Frage ist, ob man damit nicht noch Extraanreize für Wirtschaftsgeflüchtete schafft um nach Deutschland zu kommen. Deshalb denke ich, dass solche falschen Anreize abgeschafft werden sollten.

Unterstützung von Menschen in Not

Wer keine Qualifizierung hat, die für den deutschen Arbeitsmarkt sinnvoll ist, sollte aus moralischen Gründen trotzdem Hilfe aus Deutschland bekommen.

Aus ethischen Gründen sollte sich Deutschland dafür einsetzen, dass so viele Menschen wie möglich, die in ihrem Heimatland nicht sicher sind, in ein sicheres Land kommen. Was spricht dagegen, ein sicheres Nachbarland der Fluchtwilligen zu unterstützen, so dass dort die Geflüchteten Sicherheit und eine neue Heimat finden? Wieso müssen Menschen in ein kulturfremdes Land mit fremder Sprache wie Deutschland gebracht werden, wo deren Unterbringung mehr Kosten verursacht, als in einem Land in der Region der Herkunftsländer? Wie groß muss der Kulturschock sein, wenn die Geflüchteten Jahre oder Jahrzehnte in Deutschland gelebt haben und dann wieder in ihr Heimatland zurück müssen, weil es dort inzwischen sicher ist? Wäre die Hemmschwelle für eine Rückkehr nicht viel geringer, wenn sie während der Zeit, in der ihr eigenes Land unsicher ist, Gast in einem Land mit ähnlicher Kultur gewesen wären?

Wenn Menschen nach Deutschland kommen, die hier eine berufliche Perspektive haben und sich integrieren oder assimilieren, ist das ein Gewinn für die Gesellschaft. Wenn aber Immigranten mit hohen Erwartungen ins Land gelassen werden, die sich nicht erfüllen, führt dies zu Frustration auf beiden Seiten – beim Immigranten, der seine Träume vom guten Leben im Westen nicht erfüllen kann, und bei der Gesellschaft, die ihn mit sozialen Transferleitungen unterstützen muss. Dass ein Klima aus Frustration schnell zu Kriminalität und Fehlverhalten führt, ist nicht verwunderlich. Immigranten mit wenig Perspektive auf eine dauerhafte Arbeit in Deutschland sind daher besser in Ländern aufgehoben, in denen ihre Fähigkeiten besser genutzt werden können, denn die Ausbildungsniveaus zwischen Deutschland und einem Entwicklungsland sind unterschiedlich. Wer in einem weniger entwickelten Land als Handwerker gute Arbeit geleistet hat, hat trotzdem oft wenig Ahnung von deutschen Bestimmungen und Arbeitsweisen – was es schwierig macht, seine Ausbildung anzuerkennen und ihm hier Arbeit zu geben.

Eine Lösung wäre, wenn Deutschland in Kooperation mit anderen Staaten den Geflüchteten hilft, sich ein neues Leben in einem sicheren Land aufzubauen. Natürlich sollten diese Länder dafür entlohnt werden. Es wäre also eine Win-Win-Win-Situation. Für die Geflüchteten, die in Sicherheit sind, für die Aufnahmeländer die Unterstützung bekommen, und für die Gesellschaft in Deutschland die weniger Probleme mit Geflüchteten hat. Eine Kooperation dieser Art ist keine neue Idee, sondern wird von diversen Ländern wie z. B. zwischen Israel und den sicheren afrikanischen Staaten Uganda und Ruanda praktiziert (Mughisha & Kagire, 2017). Man muss den Aufnahmeländern auch nicht direkt Geld überweisen, sondern könnte dies indirekt z. B. durch die Finanzierung dortiger Schulen regeln. Das klingt alles sehr teuer, aber wenn man bedenkt was Deutschland für Geflüchtete ausgibt, wäre es günstiger, allen Kindern in Afrika 10 Jahre Schulbildung zu finanzieren, was ich in folgender Rechnung beweisen werde:

In Afrika könnte man mit den 450.000 Euro, die jeder aufgenommener Geflüchtete in Deutschland durchschnittlich kostet, sehr viel Gutes tun. Wenn man den Betrag hochrechnet auf die rund 2.300.000 Geflüchteten, die in den letzten 10 Jahren offiziell nach Deutschland gekommen sind, kommt eine Summe von rund 1.035.000.000.000 Euro (1.04 Billionen Euro) heraus. Ein Jahr Grundschule kostet in den afrikanischen Ländern über die Statistiken dazu verfügbar sind, im Durchschnitt rund 320 Euro, ein Jahr höhere Schule rund 600 Euro (Aidforafrica.org, n.d.). Man kann davon ausgehen, dass die Kosten in ähnlich entwickelten afrikanischen Staaten vergleichbar sind. In der Altersgruppe von 5 bis 9 Jahren gibt es in Afrika derzeit rund 170.000.000 Kinder. In der Altersgruppe von 10 bis 14 gibt es rund 150.000.000 Kinder (Uneca, 2015). Allein mit dem Geld, welches in Deutschland für die Geflüchteten, die seit 2010 gekommen sind, aufgewendet wird, könnten alle jungen Kinder in Afrika für 4 Jahre in die Grundschule gehen (was 217.600.000.000 Euro kosten würde). Dazu könnten alle älteren Kinder für 6 Jahre eine höhere Schule besuchen (was 540.000.000.000 Euro kostet). Derzeit gehen Kinder in Afrika nur

6,6 Jahre im Durchschnitt zur Schule, was durch diese Maßnahme auf 10 Jahre verlängert werden würde.

Da derzeit nur 57 % der Kinder in Afrika eine Grundschule besuchen (Unesco, 2007), hätte Deutschland es also schaffen können, dies allen Kindern in Afrika zu ermöglichen und hätte somit auch noch den Staatshaushalt der afrikanischen Länder und die dortigen Familien entlastet, da keine Schulgebühren oder staatliche Gelder für Schulen mehr getragen werden müssten. Dazu wäre das Problem der Überbevölkerung verringert: Frauen die 10 Jahre die Schule besucht haben, bekommen meist nur zwischen einem und drei Kinder, während Frauen die nie in der Schule waren, meist zwischen fünf und acht Kindern haben (Kim, 2016). Wer mitgerechnet hat, erkennt, dass trotzdem noch viel Geld übrig bleibt, was z. B. für Impfungen und Krankenhäuser genutzt werden könnte. Durch bessere medizinische Versorgung und Impfungen kann ebenso ein signifikanter Beitrag gegen die hohe Kindersterblichkeit in einigen afrikanischen Ländern geleistet werden. In Schwarzafrika stirbt fast jedes zehnte Kind vor dem 5. Geburtstag – soll Deutschland dabei tatenlos zusehen? Dazu kommt, dass Familien ebenso weniger Kinder haben wenn die Kindersterblichkeit, z. B. durch bessere medizinische Versorgung, geringer ist. Eine Familie, die bereits ein Kind verloren hat, bekommt im Durchschnitt nämlich zwei Kinder mehr als vergleichbare Familien die kein Kind verloren haben (Syamala, 2001). Ein Zusatzargument ist, dass Bildung ein Schlüsselfaktor bei der Entstehung von ethnischen Konflikten ist, z. B. wenn die Bildungsinstitution für Propagandazwecke missbraucht wird (Seitz, 2004), was durch kontrollierte Bildungsinstitutionen verhindert und umgekehrt werden kann.

Das alles könnte komplett von Deutschland finanziert werden, ohne dass es dem deutschen Steuerzahler mehr kosten würde als die Aufnahme von Geflüchteten, die im Rahmen eines solchen Entwicklungshilfeprogramm in afrikanischen Partnerländern Zuflucht finden könnten.

Wieso wir durch Mieten arm bleiben

Rund die Hälfte der Menschen in Deutschland leben zur Miete. Das ist die niedrigste Wohneigentumsquote in der EU (Meyer, 2019). Es liegt nahe, dass dies ungefähr die gleichen 50 % der Bevölkerung sind, die nur 1,3 % des gesamten Nettovermögens in Deutschland besitzen (LIZ, 2019).

Beim Hauptgrund für die niedrige Wohneigentumsquote in Deutschland spielt die Politik eine entscheidende Rolle, denn die hohe Eigenkapitalanforderung in Deutschland von mindestens 25–30 % von den Gesamtkosten des Immobilienerwerbs ist die größte Hürde für den Wohneigentumskauf. Dazu kommt, dass in vielen Städten nicht die Immobilienpreise in den wohlhabendsten Gegenden, sondern in den Wohngegenden der Mittelschicht am stärksten gestiegen sind (Neubau-München.com, 2017).

Kaufnebenkosten erschweren den Immobilienerwerb

Neben den hohen Eigenkapitalanforderungen kommen hohe Kaufnebenkosten wie Grunderwerbsteuer, Notargebühren, Grundbucheintragungskosten und evtl. Maklerkosten, dazu, die häufig rund 14 % des Kaufpreises betragen (Meyer, 2019). Wenn man an einen Kaufpreis für ein Haus von 500.000 Euro denkt, sind das rund 70.000 Euro, die obendrauf kommen. Neben der Grunderwerbsteuer, Eintragungsgebühren für das Grundbuch und den evtl. anfallenden Maklergebühren sind das vor allem die Notargebühren, denn ein Notariat ist für den Notar eine Gelddruckmaschine, da die Einkünfte durch gesetzliche Bestimmungen garantiert sind. Ein Notar (der dies hauptberuflich macht) verdient in Deutschland im Durchschnitt 475.000 Euro pro Jahr (Fischer, 2019). Notare profitieren vom Gerichts- und Notarkostengesetz (GNotKG).

Es fängt mit Formulierungen an wie „Bei Rahmengebühren bestimmt der Notar die Gebühr im Einzelfall unter Berücksichtigung des Umfangs der erbrachten Leistung nach billigem Ermessen." (§ 92 GNotKG). Für den Laien bedeutet ein Immobilienkauf einfach, dass man beim Notar einen Vertrag unterschreibt. Juristisch gesehen sind dies aber zwei Rechtsakte:

Zum einen eine notarielle Beurkundung der Auflassung (die Einigung zwischen Veräußerer und Ersteher über den Verkauf) und die notarielle Beurkundung des Kaufvertrages (die eigentliche Übertragung des Eigentums). Wenn die Notarin mehr Geld verdienen will, rechnet sie das einfach separat anstatt zusammen ab. Ein Gericht hat einer Notarin, die genau das gemacht und deshalb höhere Gebühren von ihren Klienten verlangt hat, Recht gegeben (Landgericht Berlin, 2017). Es geht aber noch abstrakter: Angenommen ein Haus mit einem theoretischen

Wert von 100.000 Euro wird für nur 35.000 Euro verkauft – weil es in einem renovierungsbedürftigen Zustand ist und in einem Sanierungsgebiet liegt. Der Notar nimmt aber nicht die 35.000 Euro Kaufpreis als Basis für seine Gebührenberechnung, sondern berechnet diese auf der Basis von 100.000 Euro und vor Gericht wird diese Vorgehensweise bestätigt (Landgericht Schwerin, 2017).

Es ist eine klassische Umverteilung von unten nach oben: Familien, die ein Haus kaufen möchten, schaffen dies u. a. wegen der hohen Kaufnebenkosten kaum, die auch deshalb so hoch sind, weil Spitzenverdienern wie Notaren von staatlicher Seite ein hohes Einkommen gesetzlich garantiert wird. Eine Immobilienübertragung könnte genau so gut von einem Amt beglaubigt werden, welches Notare als Beamte beschäftigt. Es ist unvorstellbar, dass der Gesetzgeber seine Bürger zwingt, die überteuerte Dienstleistung eines Freiberuflers in Anspruch zu nehmen.

Wie wäre es, wenn der Staat keine Grunderwerbssteuer von Menschen verlangen würde, die eine Immobilie kaufen, um darin zu leben? Stattdessen könnte die Grunderwerbssteuer für Investoren erhöht werden, die eine Immobilie zum Vermieten oder als Ferienwohnung bzw. Spekulationsobjekt erwerben. Somit gäbe es seitens der Investoren weniger Nachfrage für Wohnraum und dieser wäre für private Selbstnutzer erschwinglicher.

Hohe Mieten erschweren die Vermögensbildung

Die Belastung durch die Nettokaltmiete liegt in westdeutschen Bundesländern zwischen 28 und 31,4 % vom Nettoeinkommen bei Mietern, die nach 2015 eingezogen sind, in Ostdeutschland zwischen 24,7 und 28 %. Auch bei älteren Mietverträgen sieht das Bild nicht viel besser aus: In den alten Bundesländern werden zwischen 26,9 und 30,4 % des Nettoeinkommens für die Miete aufgewendet und zwischen 22,7 und 26,1 % in den neuen Ländern (Destatis, 2019). Die Mietnebenkosten kommen natürlich noch dazu. Angesichts dieses hohen Anteils der Einkünfte, der für die Miete aufgewendet werden muss, ist es für Normalverdiener natürlich schwierig, genug Ersparnisse zu generieren, um den für eine Immobilienfinanzierung nötigen Eigenkapitalanteil auf dem Konto zu haben.

Wenn eine Familie mit wenig Ersparnissen jeden Monat 1.000 Euro Miete zahlen kann, wäre es für diese logischerweise auch möglich, 900 Euro Hypothekenrate zu tilgen. Nun sind Banken bei der Kreditvergabe aber sehr kleinlich – und genau hier könnte der Staat, z. B. über die Kreditanstalt für Wiederaufbau (KfW), einspringen und Familien mit einer Bürgschaft über die vollständige Kreditsumme helfen, eine Immobilienfinanzierung zu erhalten.

Nein, die Finanzkrise 2007 in den USA wurde nicht dadurch zur weltweiten Wirtschaftskrise, weil ein paar Geringverdiener ihre Immobilienhypotheken nicht tilgen konnten. Sie wurde zur Wirtschaftskrise, weil die Zentralbank Fed die Leitzinsen erhöht hat und die privaten Immobilienkäufer in den USA meist variable Zinssätze mit ihrer Bank vereinbart hatten. Bei steigenden Zinsen konnten einige ihre Kreditraten nicht mehr begleichen und mussten ihre Häuser verkaufen. Wenn viele Immobilien gleichzeitig auf dem Markt kommen und aufgrund der höheren Kreditzinsen weniger Menschen ein Haus kaufen können, steigt das Angebot bei sinkender Nachfrage – und damit fällt der Preis. Investoren steigen dann auch aus dem Immobilienmarkt aus und der Preis fällt noch weiter. Banken bekommen kalte Füße und verlangen mehr Sicherheiten – was zu noch weniger Nachfrage führt, weil immer weniger Menschen einen Baukredit bekommen. Weil dazu abstruse Wetten über Credit Default Swaps auf Immobilienkreditausfälle abgeschlossen wurden, entstand ein Dominoeffekt.

Pfändungsfreigrenzen erschweren Wohnungssuche von Geringverdienern

Dass Schuldner einen Teil ihres Einkommens behalten können, wenn sie Schulden abbezahlen und deshalb der Gerichtsvollzieher die Einkünfte pfändet, hört sich gut an – und das ist es auch, denn auch wer Schulden hat, muss überleben können. Wenn man sich aber die Höhe dieses pfändungssicheren Anteils vom Einkommen ansieht, kommt man ins Zweifeln, ob ein Schuldner wirklich so viel zum Überleben benötigt. Denn auch vom Einkommen, welches über den Betrag hinausgeht, muss er nur einen Teil an den Gläubiger abbezahlen. Dieses Buch befasst sich hauptsächlich mit Politik gegen die untere und mittlere Schicht – da diese meist eher Schuldner als Gläubiger sind, könnte man meinen, dass dies endlich mal ein Gesetz ist, welches den ärmeren Bevölkerungsschichten zugutekommt. Aber das Gegenteil ist der Fall, was in folgender Argumentation deutlich wird:

Da pro Kind die Pfändungsfreigrenze steigt und Kindergeld sowie Unterhaltszahlungen für Kinder überhaupt nicht zum pfändbaren Einkommen gerechnet werden, müsste eine Familie mit zwei Kindern und einem nicht berufstätigen Elternteil insgesamt über 2.528 Euro (2120 Euro Nettolohn plus 408 Euro Kindergeld) (Brandt, 2020) netto monatlich verdienen, um auch nur an die Pfändungsfreigrenze zu kommen. Bei einem alleinerziehenden Elternteil mit zwei Kindern ist das nicht pfändbare Nettoeinkommen relativ gesehen noch höher, nämlich 1.630 plus 408 Euro Kindergeld, plus 790 Euro Unterhalt, der nicht pfändbar ist – wenn der zahlende Elternteil mehr verdient, wären es sogar 1.390 Euro Unterhalt (Unterhalt.net, 2020).

Das bedeutet, wenn die erstgenannte Beispielfamilie eine Immobilie mietet und 2.528 Euro Nettoeinkommen hat, kann man das Einkommen der Familie bei Mietrückständen nicht pfänden. Der Gerichtsvollzieher müsste dann unverrichteter Dinge wieder gehen, die Kosten dafür würde der Vermieter tragen. Die Familie müsste schon erheblich mehr verdienen, damit ein nennenswerter Betrag gepfändet werden kann. Die alleinerziehende Person mit zwei Kindern ab 12 Jahren hat ein nicht pfändbares Einkommen von 1.630 Euro plus 408 Euro plus 790 Euro bzw. 1.390 Euro, also 2.828 Euro oder sogar 3.428 Euro Nettoeinkommen, welches nicht gepfändet werden darf.

Aber wieso sollte jemand ein Interesse daran haben, dass sein Einkommen im Schuldenfall pfändbar ist? Ganz einfach: Für Personen mit einem Einkommen unter der Pfändungsfreigrenze ist es schwer eine Mietwohnung zu finden oder einen günstigen Kredit zu bekommen. Profis kennen die Pfändungsfreigrenzen und präferieren natürlich Mieter bzw. Kunden mit besserer Bonität. Das bedeutet, wer ein Einkommen unter der Pfändungsfreigrenze hat, bekommt oft nur die Wohnungen, die sonst niemand will – also in sozial schwächeren Stadtteilen und im schlechten Zustand, die teilweise im Verhältnis zum Zustand überteuert sind.

Professionelle Vermieter wissen, dass es sie in den Ruin treiben kann an Menschen zu vermieten, deren Einkommen unter der Pfändungsfreigrenze liegt, denn der Vermieter bleibt dann im Zweifelsfall auf allen Schäden sitzen, z. B. auf den Kosten für die Räumungsklage sowie für Mietausfälle und auf den Entsorgungs- und Renovierungskosten, wenn die Wohnung in schlechtem Zustand hinterlassen wird. Auch ist der Wasseranschluss häufig auf den Vermieter angemeldet, weil die Wasserversorger nur den Hauseigentümer als Vertragspartner akzeptieren. Wenn ein Mieter das Wasser permanent laufen lässt, können leicht Kosten von mehreren zehntausend Euro zusammenkommen, wie beim Fall eines Mieters, der innerhalb eines Jahres auf diese Weise 7.000.000 Liter Wasser verbraucht hat (Tz, 2017). Zahlen musste das natürlich der Vermieter als Vertragspartner des Wasserversorgers.

Mit den hohen Pfändungsfreigrenzen hat es die Politik evtl. sogar gut gemeint, aber heraus kam ein Gesetz, welches dazu führt, dass ärmere Menschen viel schlechtere Chancen haben Wohnraum zu mieten oder einen Kredit zu erhalten, um z. B. eine Immobilie zu erwerben. Wieso richten sich die Pfändungsfreigrenzen nicht an den Arbeitslosengeld 2 Sätzen (die ja als Existenzminimum definiert sind) sondern liegen weit darüber?

Wieso Sozialleistungsempfänger so schlecht eine Wohnung finden

Die überwiegende Mehrheit der Vermieter bevorzugt Mieter mit fester Arbeit und daher haben ALG-2-Empfänger am Wohnungsmarkt kaum Chancen. In Stuttgart kommen nur 4,78 % der inserierten Wohnungen aufgrund der Preisklasse überhaupt für ALG-2-Empfänger in Frage, von diesen wenigen Wohnungen können sich nur 11,78 % der Vermieter vorstellen, an Personen mit ALG-2-Bezug zu vermieten – und nur 2 % der Vermieter dieser günstigen Wohnungen könnten sich vorstellen, an Familien mit ALG-2-Bezug zu vermieten (Volland, 2013). In anderen Städten dürfte die Situation ähnlich sein. Eine Wohnung zu finden kommt für Sozialleistungsbezieher, besonders als Familie, einem Lottogewinn gleich.

Von 1.000 inserierten Wohnungen kommen also nur 48 preislich für ALG-2-Familien in Frage. Weil die meisten Vermieter aber keine ALG-2-Empfängerfamilien akzeptieren, kommen für diese Familien also nur 0,96 Wohnungen (also eine einzige Wohnung) in Betracht, auf die es einen riesigen Ansturm gibt.

Wieso finden Personen, die ganz oder teilweise von Arbeitslosengeld 2 bzw. Grundsicherung leben, so schwer Wohnraum? Und wieso haben es Familien mit Sozialleistungsbezug bei der Wohnungssuche noch viel schwerer als andere ALG-2-Bezieher?

Durch die z. B. durch die Bildzeitung geschürten Vorurteile gegen ALG-2-Empfänger (Buntenbach, 2010) haben natürlich auch viele Vermieter negative Stereotype. In der deutschen Gesamtbevölkerung denken 37 %, dass ALG-2-Bezieher nicht arbeiten wollen. Mehr als die Hälfte der Befragten denkt, dass ALG-2-Empfänger nicht aktiv nach Arbeit suchen – während in der Realität 89 % der ALG-2-Empfänger Arbeit als wichtig für das Zugehörigkeitsgefühl empfinden (SZ.de, 2012). Aber gehen wir von einem privaten Vermieter aus, der keinerlei gruppenbezogene Vorurteile hat und die Vermietung völlig rationell betrachtet, denn auch dieser wird nicht an ALG-2-Bezieher vermieten, da die Politik dies mit unkalkulierbaren Risiken bestraft:

Zum Einen sind ALG-2-Empfänger nicht pfändbar, weil ihr Einkommen unter der Pfändungsfreigrenze liegt. Zum Anderen lassen sich die zuständigen Behörden je nach Personalsituation lange Zeit, bis dem Leistungsempfänger der Bezug einer Wohnung und der Umzug genehmigt wird. Wer es schneller haben will, muss die Entscheidung über ein Eilverfahren beim Sozialgericht erzwingen – aber selbst das Eilverfahren dauert 4–6 Wochen (123recht.de, 2014). So lange kann der potenzielle Mieter nicht fest zusagen – und wenn die Anmietung genehmigt wird, fließt oft zu Beginn längere Zeit lang kein Geld an den Vermieter, weil die Bürokratie der Jobcenter nicht zu den schnellsten gehört. Aber auch wenn der Vermieter darüber hinwegsieht und auch die Risiken nicht scheut, die mit der Vermietung an Personen mit nicht pfändbaren Einkommen einhergehen, gibt es potenzielle Probleme, gerade bei Familien:

Nein, die Finanzkrise 2007 in den USA wurde nicht dadurch zur weltweiten Wirtschaftskrise, weil ein paar Geringverdiener ihre Immobilienhypotheken nicht tilgen konnten. Sie wurde zur Wirtschaftskrise, weil die Zentralbank Fed die Leitzinsen erhöht hat und die privaten Immobilienkäufer in den USA meist variable Zinssätze mit ihrer Bank vereinbart hatten. Bei steigenden Zinsen konnten einige ihre Kreditraten nicht mehr begleichen und mussten ihre Häuser verkaufen. Wenn viele Immobilien gleichzeitig auf dem Markt kommen und aufgrund der höheren Kreditzinsen weniger Menschen ein Haus kaufen können, steigt das Angebot bei sinkender Nachfrage – und damit fällt der Preis. Investoren steigen dann auch aus dem Immobilienmarkt aus und der Preis fällt noch weiter. Banken bekommen kalte Füße und verlangen mehr Sicherheiten – was zu noch weniger Nachfrage führt, weil immer weniger Menschen einen Baukredit bekommen. Weil dazu abstruse Wetten über Credit Default Swaps auf Immobilienkreditausfälle abgeschlossen wurden, entstand ein Dominoeffekt.

Pfändungsfreigrenzen erschweren Wohnungssuche von Geringverdienern

Dass Schuldner einen Teil ihres Einkommens behalten können, wenn sie Schulden abbezahlen und deshalb der Gerichtsvollzieher die Einkünfte pfändet, hört sich gut an – und das ist es auch, denn auch wer Schulden hat, muss überleben können. Wenn man sich aber die Höhe dieses pfändungssicheren Anteils vom Einkommen ansieht, kommt man ins Zweifeln, ob ein Schuldner wirklich so viel zum Überleben benötigt. Denn auch vom Einkommen, welches über den Betrag hinausgeht, muss er nur einen Teil an den Gläubiger abbezahlen. Dieses Buch befasst sich hauptsächlich mit Politik gegen die untere und mittlere Schicht – da diese meist eher Schuldner als Gläubiger sind, könnte man meinen, dass dies endlich mal ein Gesetz ist, welches den ärmeren Bevölkerungsschichten zugutekommt. Aber das Gegenteil ist der Fall, was in folgender Argumentation deutlich wird:

Da pro Kind die Pfändungsfreigrenze steigt und Kindergeld sowie Unterhaltszahlungen für Kinder überhaupt nicht zum pfändbaren Einkommen gerechnet werden, müsste eine Familie mit zwei Kindern und einem nicht berufstätigen Elternteil insgesamt über 2.528 Euro (2120 Euro Nettolohn plus 408 Euro Kindergeld) (Brandt, 2020) netto monatlich verdienen, um auch nur an die Pfändungsfreigrenze zu kommen. Bei einem alleinerziehenden Elternteil mit zwei Kindern ist das nicht pfändbare Nettoeinkommen relativ gesehen noch höher, nämlich 1.630 plus 408 Euro Kindergeld, plus 790 Euro Unterhalt, der nicht pfändbar ist – wenn der zahlende Elternteil mehr verdient, wären es sogar 1.390 Euro Unterhalt (Unterhalt.net, 2020).

Es liegt in der Natur von Kindern, dass sie einmal erwachsen werden, eigene Wege gehen und das Elternhaus verlassen. Wenn nun aber die Kinder einer ALG-2-Empfängerfamilie ausziehen, zahlt das Jobcenter dem Vermieter viel weniger Miete, da die zu übernehmenden Mietkosten u. a. von der Anzahl der Personen im Haushalt abhängen. Da viele Menschen aufgrund einer Erkrankung überhaupt erst von Sozialleistungen abhängig sind, besteht auch immer das Risiko, dass ein Familienmitglied in ein Pflegeheim muss oder stirbt – was zur gleichen Situation führt: Das Jobcenter zahlt dem Vermieter für die gleiche Wohnung einfach weniger Miete.

Da die übrigen Familienmitglieder natürlich auch nicht mehr Geld zur Verfügung haben, als davor, im schlimmsten Fall sogar weniger, können diese den wegfallenden Mietanteil des Jobcenters meist nicht ausgleichen. Sie müssen sich eine kleinere Wohnstätte suchen – aber in der Praxis finden ALG-2-Empfänger nur sehr schwer eine neue und günstigere Wohnung. Bis dahin muss der Vermieter also die teilweisen Mietausfälle verkraften – und weil es teilweise unmöglich ist, eine neue Wohnung zu bekommen, kann dies sehr lange dauern. Wer eine Immobilie als Altersvorsorge gekauft hat und diese vermietet, kann dadurch in finanzielle Probleme kommen. Eine Räumungsklage gegen die Mieter anstreben ist zwar möglich, aber sehr teuer und kann über 2 Jahre dauern.

Dazu kommt: Was kann die ALG-2-Bezieherfamilie dafür, dass ihre Kinder erwachsen geworden und ausgezogen sind? Bzw. wieso ist es deren Schuld, wenn ein Familienmitglied gestorben ist? Wie sollen sie eine günstigere Wohnung finden, wenn sie am Mietwohnungsmarkt massiv diskriminiert werden? Dass eine Familie mit Leistungsbezug keine viel zu große und teure Wohnung behalten darf, leuchtet ein – also sollten sie eine andere Wohnung beziehen. Aber dass der Staat einfach die Mietzahlungen kürzt, die Familien künstlich unter Druck setzt und dem Vermieter somit auch noch den schwarzen Peter zuschiebt, sorgt dafür, dass Familien mit Sozialleistungsbezug kaum eine Wohnung auf dem freien Markt finden. Aber nicht nur für Vermieter und Eltern mit Sozialleistungsbezug ist die Lage schwierig. Wenn ein Kind aus einer ALG-2-Familie von zuhause ausziehen möchte, weil es z. B. ein Studium in einer anderen Stadt beginnt, sorgt es mit dieser Entscheidung dafür, dass die Eltern die Miete oft nicht mehr bezahlen können, weil nun eine Person weniger in der Wohnung lebt und das Jobcenter die Mietzahlungen kürzt – während sich die Miethöhe natürlich nicht verändert. Wenn das Kind nicht für den Rauswurf der Eltern aus der Wohnung verantwortlich sein will, kann es nicht ausziehen – und unter Umständen deshalb nicht studieren.

Wieso wird die normale Miete nicht weitergezahlt, bis eine kleinere Wohnung gefunden ist? Das würde es armen Familien erleichtern eine Wohnung zu finden, weil der Vermieter dann kein finanzielles Problem hätte, wenn die Kinder der Familie ausziehen, jemand aus der Familie verstirbt, sich trennt oder aus sonstigen Gründen nicht mehr im Haushalt lebt.

Künstliche Verknappung von Wohnraum

Wieso ist Wohnraum so teuer? Weil es zu wenig Angebot bei zu viel Nachfrage gibt. Was wäre die logische Konsequenz? Mehr Angebot schaffen, d. h. Wohnraum erzeugen. Jetzt wird von vielen Seiten diskutiert, ob der Staat eingreifen oder es dem Markt überlassen sollte, genug Wohnraum zu schaffen. Diese Diskussion soll hier nicht wiederholt werden – aber Fakt ist, dass der Staat bereits massiv in den Markt eingreift – nämlich durch Auflagen, die es enorm teuer machen, Wohnstätten zu errichten. Neben den Auflagen für neue Gebäude gibt es Restriktionen bezüglich der Grundstücke: Nicht überall darf gebaut werden, wie der Eigentümer es möchte. Es gibt penible Auflagen, ob und wie groß auf einem Grundstück gebaut werden darf, und wie genau das Gebäude auszusehen hat. Natürlich ist es nicht sinnvoll, ganz auf Regeln zu verzichten, aber man muss sich als Bürger doch fragen, ob es wichtiger ist, die Wohnungsnot zu lindern, oder darauf zu achten, dass sich ein Neubau harmonisch in die Umgebungsbebauung einfügt.

In Passau wird z. B. gerade diskutiert, ob die Auflagen gelockert werden sollen, sodass es leichter möglich wird, bei Mehrfamilienhäusern den Dachboden zu Wohnungen auszubauen. Einige Politiker wollen dies nicht, weil sie um das Stadtbild fürchten, wenn Fenster in die Dächer eingebaut werden (BR Fernsehen, 2021). Wahrscheinlich sind diese Politiker eher Menschen, die ein großes Haus besitzen und nicht gerade auf der Suche nach bezahlbarem Wohnraum sind.

Dazu kommt, dass kaum neues Bauland entsteht. 9,17 % der Fläche in Deutschland sind Siedlungsfläche, also Wohngebäude, Gewerbeflächen aber auch Friedhöfe, Parks, Tagebau, Gruben, Steinbrüche, Sport-, Freizeit- und Erholungsfläche. Wobei letzteres fast so viel Fläche verbraucht wie die Gewerbeflächen. 5,05 % von Deutschland sind Verkehrsfläche – wovon Straßen nur die Hälfte ausmachen. Ca. 80 % der Fläche in Deutschland besteht aus Vegetation (eigentlich noch mehr, wenn Erholungsflächen wie Parks mitgezählt würden). Diese teilt sich auf in Landwirtschaftsfläche (etwas über 50 % des Bundesgebiets) und Wald (29,72 %) (Stolz, 2018).

Wenn man 10 % der landwirtschaftlich genutzten Fläche Deutschlands zu Bauland umwidmen würde, könnte man die Anzahl der Wohngebäude verdoppeln. Aber das braucht man nicht einmal, denn wenn der Staat auch nur ein halbes Prozent der landwirtschaftlichen Flächen zu Bauland erklärt, erhöht sich das Angebot und die Preise würden sinken – auch weil Immobilienspekulanten abgeschreckt werden, da sie damit rechnen müssen, dass der Staat einfach neue Grundstücke zur Bebauung freigibt, wenn Wohnraum zu teuer wird und die Preise somit nicht endlos steigen können. Dass die Grundstückspreise steigen, zeigt sich z. B. in Berlin oder München, wo die Immobilienpreise in den letzten 10 Jahren um das 2,5-fache angestiegen sind (Müller, 2019) – da immer nur Grundstücke, aber nie Gebäude, im Wert steigen, kann man davon ausgehen, dass die Preise sinken würden, wenn im Ballungsraum neue Baugrundstücke erschlossen würden. Die Wohnungsnot ist also leicht zu bekämpfen, nur hat die Politik scheinbar kein wirkliches Interesse daran – was evtl. auch daran liegt, dass Politiker und deren soziales Umfeld zu den Bessergestellten gehören, die eher Immobilienvermögen haben und von steigenden Preisen profitieren, als sich Sorgen über steigende Mieten oder Wohnungsnot machen zu müssen.

Sozialer Wohnungsbau und Genossenschaftswohnungen

Sozialer Wohnungsbau klingt sozial – dort wohnen oft Personen zu Mietpreisen, rund halb so hoch wie die üblichen Mietkosten auf dem freien Wohnungsmarkt. Das würde Sinn ergeben, wenn diese Personen wenig Einkommen hätten und deshalb eine günstige Miete haben müssten – aber genau dies ist in den meisten Fällen nicht der Fall. Die Mehrheit (54 %) der Bewohner von Sozialwohnungen sind nicht armutsgefährdet, damit ist die Fehlbelegungsquote enorm (Schier & Voigtländer 2016). Häufig hatten diese Leute vor Jahrzehnten ein geringes Einkommen, da sie sich z. B. in der Ausbildung befunden haben, aber sind mittlerweile Besserverdiener. Diese Wohnungen stehen Geringverdienern nicht zur Verfügung. Dazu kommt, dass sich in den letzten 15 Jahren die Zahl an Sozialwohnungen in Deutschland halbiert hat (FAZ, 2019) – obwohl die Wohnungsnot in dieser Zeit stark zugenommen hat.

Auch Genossenschaften bieten günstigen Wohnraum an – teilweise kostet dieser auch nur rund die Hälfte der ortsüblichen Vergleichsmiete (Gerads, 2018). Aber auch Genossenschaften, die günstige Wohnungen anbieten, haben lieber unproblematische Mieter – also wird der Verwalter eher Personen akzeptieren, bei denen wenig Probleme zu erwarten sind. Auch bekommt man viel leichter eine Wohnung, wenn man jemanden kennt, der Mitglied der Genossenschaft und auch Bewohner einer Genossenschaftswohnung ist (Fittkau, 2019) – und da haben neu zugezogene Menschen aufgrund fehlender Kontakte sowieso wenig Chancen. Da Personen aus niedrigen sozialen Klassen eher mehr Kinder, Probleme wie Zahlungsschwierigkeiten, Privatinsolvenzen usw. haben und sich häufig nicht so gut präsentieren können wie Personen aus höheren Schichten, wird ein Hausverwalter sich die Vergabe der Wohnung genau überlegen. Dazu kommt, dass vor dem Bezug einer Genossenschaftswohnung häufig Anteile an der Wohnungsbaugenossenschaft erworben werden müssen, die im höchsten Fall bis zu 20.000 Euro kosten (Gerads, 2018).

Die Politik könnte hier eingreifen und durchsetzen, dass Genossenschaftswohnraum der staatlich gefördert ist, auch nur Menschen zur Verfügung steht, die zu wenig Einkommen und Vermögen haben, um sich am freien Markt eine Wohnung leisten zu können. Dies wäre auch wirtschaftlich sinnvoll, denn der Staat subventioniert einerseits sozialen Wohnungsbau bzw. Wohnbaugenossenschaften – aber weil diese Wohnungen oft fehlbelegt sind, gibt es für Menschen mit niedrigem Einkommen zu wenig bezahlbaren Wohnraum. Deshalb unterstützt der Staat diese Gruppe mit Sozialleistungen wie Wohngeld – was aber oft überflüssig wäre, wenn diese Menschen eine günstige Mietwohnung hätten, anstatt auf dem freien Markt etwas mieten zu müssen. Der Steuerzahler zahlt also doppelt: Erstmal die Förderung von Wohnungsbaugenossenschaften sowie Sozialwohnungen und dann nochmal für Sozialleistungen, weil die geförderten Wohnungen nicht an die vermietet werden, die sie brauchen. Wer in einer Genossenschaftswohnung lebt und mittlerweile ein höheres Einkommen hat, sollte nicht einfach gekündigt werden, aber die Miete könnte so weit erhöht werden bis sie den Mietpreis einer Wohnung auf dem freien Markt erreicht hat, damit die besserverdienenden Mieter Motivation haben, sich eine Wohnung auf dem freien Markt zu suchen. Auch könnte es Umzugsprämien geben für Personen, die in einer Mietwohnung leben die eigentlich viel zu groß für sie ist, weil z. B. die Kinder aus dem Haus sind oder der Partner verstorben ist. Derzeit ist der Umzug in eine kleinere Wohnung meist unwirtschaftlich, weil bei einem Neumietvertrag oft eine viel höhere Miete fällig wird. Dem könnte der Staat Abhilfe schaffen, indem die Mehrkosten der neuen Wohnung sowie die Kosten für den Umzug übernommen werden. Viele alte Menschen würden sich nämlich eine kleinere und modernere Wohnung wünschen, die evtl. durch einen Aufzug behindertengerechter oder näher an ÖPNV-Haltestellen, Supermärkten oder Ärzten ist.

Immobilienmodernisierung auf Miete umlegbar

Gentrifizierung – man liest es ständig überall. Aber kann man den Immobilieneigentümern einen Vorwurf machen, wenn sie das tun, was jeder Unternehmer tut, nämlich den Gewinn maximieren? Die Frage sollte eher sein, wieso die Legislative Gesetze macht, welche z. B. dafür sorgen, dass die Miete nach Modernisierungen so enorm erhöht werden darf?

Eine Wohnung die zuvor 7 Euro pro Quadratmeter Wohnfläche Kaltmiete gekostet hat, darf nach einer Modernisierung innerhalb von 6 Jahren 10 Euro pro qm kosten (Schön, 2019). Bei einer 140 qm Wohnung kann die Kaltmiete also von 980 auf 1.400 Euro steigen. Einige Menschen wollen neue Badfliesen, neu gestrichene Treppenhäuser und modern aussehende Haustüren und Briefkästen – aber andere wollen einfach nur eine bezahlbare Wohnung und können auf solche Oberflächlichkeiten verzichten bzw. können es sich nicht leisten, deshalb eine viel höhere Miete zu zahlen. Auch energetische Sanierungen helfen dem Mieter nicht unbedingt, um zu sparen. Laut einem älteren Gerichtsurteil darf der jährliche Mietanstieg maximal doppelt so hoch sein wie die jährliche Energiekosteneinsparung des Mieters aufgrund der energetischen Sanierung – dieses Urteil wurde aber von einer höheren Instanz wieder aufgehoben.

Nun darf die Mieterhöhung aufgrund energetischer Sanierungen ein Vielfaches der Kosteneinsparung betragen (Schön, 2019). Diese Urteile machen deutlich, dass die Kostenersparnis durch energetische Sanierungen meist nur sehr gering ausfällt und die Mieter durch energetische Sanierungen und damit einhergehenden Mieterhöhungen meist draufzahlen.

Wieso wird der Mieter nicht um Zustimmung gebeten, bevor seine Wohnung modernisiert wird? Warum lässt es die Politik zu, dass Mieter zwangsweise optische und energetische Sanierungen ertragen müssen, von denen sie meist wenig haben – außer einer viel höheren Miete?

Kabelfernsehen oft Pflicht

Viele Mieter (oder auch Bewohner von Eigentumswohnungen) haben das Problem, dass sie die Kosten für Kabelfernsehen mit den Mietnebenkosten entrichten müssen, obwohl sie es gar nicht nutzen wollen. Das ist keine kleine Minderheit: 41 % der Menschen in Deutschland zahlen für Kabelfernsehen (Statista, 2021). Denn der Fernsehempfang über Satellitenanlagen liefert nicht nur mehr Fernsehkanäle (es sind rund 250 deutschsprachige, unverschlüsselte Fernsehkanäle zu empfangen (DLS-Web, 2020), sondern ist auch günstiger, weil nur einmalig Anschaffungskosten und keine laufenden Kosten anfallen. Kabelfernsehen hingegen ist teuer, bis zu 240 Euro im Jahr (Hankmann, 2019). Wenn man diese Kosten über die Jahrzehnte summiert, kommt ein enormer Betrag heraus – während eine komplette Satellitenanlage neu schon für unter 50 Euro zu haben ist und meist Jahrzehnte lang hält.

Wieso darf nicht jede/r BewohnerIn selbst entscheiden, ob sie oder er bereit ist, für Kabelfernsehen viel Geld zu bezahlen?

Rauswurfrisiko Eigenbedarfskündigung

„Wenn Sie die Mieterhöhung nicht akzeptieren, kündige ich Ihnen wegen Eigenbedarf!" – musste sich eine Bekannte von ihrem Vermieter anhören – und akzeptierte die unrechtmäßige Mieterhöhung knurrend. Die Angst vor der Kündigung wegen Eigenbedarf ist berechtigt, denn z. B. in München haben sich die Anfragen beim Mieterschutzbund wegen Eigenbedarfskündigungen innerhalb von 3 Jahren mehr als vervierfacht und viele Eigenbedarfskündigungen sind nur vorgeschoben, um die Wohnung teurer an Neumieter vermieten zu können. Eigenbedarf klingt danach, als ob der Vermieter die Wohnung selbst beziehen wollen würde – das muss aber nicht so sein, denn es reicht rechtlich gesehen, wenn z. B. ein entfernter Verwandter oder ein Au-Pair-Mädchen einziehen soll. Auch wenn die Wohnung für gelegentliche Aufenthalte, z. B. aufgrund von Opernbesuchen in der

Stadt, genutzt würde, reichte das für Gerichte als Kündigungsgrund wegen Eigenbedarf (Lil, 2019).

Ein generelles Verbot von Kündigungen aufgrund von Eigenbedarf, bzw. eine Beschränkung auf den Einzug des Vermieters selbst, würde nicht nur Mietern helfen. Auch private Vermieter, die in Deutschland 15 Millionen Wohnungen vermieten, hätten einen Vorteil davon: Da große Vermietungsgesellschaften nicht aufgrund von Eigenbedarf kündigen können und Mieter von privaten Vermietern häufig Angst vor Eigenbedarfskündigung haben, mieten viele deshalb eher Wohnstätten von Großkonzernen. Das verzerrt den Wettbewerb zugunsten von großen Wohnungsvermietern.

Was unsere Mobilität so teuer macht

Mobilität ist gerade für Arbeitnehmer wichtig, die heutzutage immer öfter lange zur Arbeitsstätte pendeln müssen. 12,8 Millionen Menschen pendeln in Deutschland sogar in eine andere Stadt, um zu ihrer Arbeitsstätte zu gelangen. Für Personen mit mittleren oder niedrigen Einkommen wird dies durch politische Entscheidungen jedoch unverhältnismäßig teuer gemacht.

Steuern auf Benzin und Diesel

Wer sich die teuren Mieten in der Großstadt nicht leisten kann, zieht oft aufs Land und muss mit dem Auto zur Arbeit in der Stadt pendeln, weil der öffentliche Nahverkehr außerhalb der Ballungszentren oft sehr mangelhaft ist. Zum Glück kostet ein Liter Benzin nur rund 30 Cent (Statista, 2020) – zumindest würde er das, ohne die ganzen Steuern und Abgaben. Auf den Treibstoff werden natürlich wieder die Mineralölsteuer, Ökosteuer, CO_2-Abgabe und Mehrwertsteuer aufgeschlagen. Dazu kommt, dass ältere Autos, die eher von ärmeren Bevölkerungsschichten gefahren werden, in der Regel einen höheren Verbrauch haben als neuere. Auch die Pendlerpauschale bringt Arbeitnehmern mit wenig Einkommen kaum etwas, da man nicht viel von der

Steuer abziehen kann, wenn man aufgrund niedriger Einkünfte in einem niedrigen Einkommenssteuertarif ist.

Besserverdiener hingegen, die häufig privat oder geschäftlich fliegen, werden von den Steuern und Abgaben verschont, denn auf das Kerosin für Flugzeuge fällt keine Steuer oder Abgabe an (Berg, 2019). Wer es sich leisten kann und gerne Kreuzfahrten macht, kann sich auch darüber freuen, dass Kreuzfahrschiffe keine Steuern auf das Schweröl entrichten müssen – obwohl Flugzeuge und Schiffe einen enormen Schadstoffausstoß verursachen (Stern, 2019). Wieso werden Flug- und Schiffsreisen steuerlich subventioniert, während notwendige Autofahrten durch hohe Steuern teuer sind?

Fahrverbote für ältere Benzin- und Dieselfahrzeuge

Das Pendeln zum Arbeitsplatz in die Stadt wird dazu noch problematisch, wenn jemand einen älteren Pkw mit Dieselmotor fährt – und älter bedeutet nicht unbedingt uralt, denn in einigen Fahrverbotszonen sind bereits Dieselfahrzeuge mit der Abgasnorm Euro 5 verboten (test.de, 2020) – und das sind teilweise Pkw mit einer Erstzulassung bis Ende August 2015 (Wikipedia, 2020).

Wer sich die Problematik mit Dieselpersonenkraftwagen ersparen will und sich lieber einen Benziner kauft, kann nicht darauf hoffen, für immer und ewig in die Innenstädte einfahren zu dürfen denn z. B. Frankfurt wollte ein Fahrverbot für Benziner mit der Schadstoffklasse Euro 2 und darunter einführen – was allerdings gerichtlich gestoppt wurde, zumindest vorläufig.

Dass die arbeitende Mittel- und Unterschicht am häufigsten von solchen Maßnahmen betroffen ist, dürfte klar sein, denn das ist die Bevölkerungsgruppe, die sich die hohen Miet- und Kaufpreise in den Städten nicht leisten kann, deshalb ins Umland zieht und sich genau so wenig regelmäßig Neuwagen zulegt. Wieso gibt es für Pendler keine Ausnahmen bei den Fahrverbotszonen?

E10 Benzin und Bioanteil im Diesel

Wie ernst es Deutschland und die EU mit den Klimazielen meinen, zeigt sich in der verpflichteten Beimischung von Biokraftstoffen in Benzin und Diesel, welche das Autofahren teurer macht. Wieso das geschieht? Also die Autofahrer wollen es nicht, denn wenn der Markt nach E10-Benzin oder einen höheren Bioanteil im Diesel nachfragen würde, hätten es die Tankstellen schon lange davor ins Sortiment aufgenommen. Das war aber erst der Fall, als sie von der Politik dazu verpflichtet wurden. Die Extrakosten durch die nötigen Extratanks und Zapfsäulen für E10-Benzin werden natürlich auf die Preise für alle Kraftstoffe aufgeschlagen. Autofahren wird dadurch teurer – aber es ist ja gut für die Umwelt! Nein, für die Umwelt und das Klima ist es sogar schlecht – und das behaupten keine Ölkonzerne sondern die Umweltschutzorganisation Greenpeace. Da für die Produktion von Ethanol für den E10-Kraftstoff Weide- oder Brachland zu Ackerland werden muss, wird mehr CO_2 freigesetzt (Steffens, 2010). Beim Diesel besteht der Bioanteil häufig aus Palmöl, für dessen Anbau der Regenwald gerodet wird (Leiterer, 2019). Das Erneuerbare-Energien-Gesetz stammt aus 2009 – die EU ignoriert seitdem die Umweltschädigung, die dadurch anderswo entsteht. Hauptsache, die eigenen Klimaziele werden erreicht, auch wenn dafür der Klimawandel insgesamt verstärkt wird. Dass es die Lebensmittelpreise ansteigen lässt und damit den Hunger auf der Welt noch verschlimmert, wenn Ackerfläche für pflanzliche Kraftstoffe verschwendet wird, dürfte auch kein Geheimnis sein.

Autogas versus Benzin

Auch preislich ist es nicht sehr vorteilhaft ein Auto mit Benzinantrieb zu fahren, was man am besten an einem Beispiel verdeutlichen kann:

A ist Geringverdienerin und kann sich nur ein altes Auto leisten, welches einen Durchschnittsverbrauch von 9 Litern Benzin auf 100 km hat. Weil sie nicht weiß, wie oft sie es noch durch die Hauptuntersuchung (HU, umgangssprachlich TÜV) bekommt und wie lange es dauert, bis eine große Reparatur ansteht, will sie nicht viel ins Auto investieren.

Besserverdiener B kauft sich einen jüngeren Gebrauchtwagen der nur 7 Liter Benzin auf 100 km benötigt. Weil er das Auto noch lange fahren kann, investiert er 2.000 Euro, um sich eine Autogasanlage einbauen zu lassen.

Während A für den Liter Benzin Ø 1,45 Euro bezahlt und damit pro 100 km 13 Euro für Treibstoff ausgibt, muss B nur Ø 0,60 Euro pro Liter Liquid Petrol Gas (LPG oder Flüssiggas) bezahlen, welches er in Deutschland an über 7.000 Tankstellen bekommt. Die 20 % Mehrverbrauch, die den Verbrauch auf 8,4 Liter LPG bringen, werden durch den geringen Preis mehr als kompensiert, denn ihm kostet der Kraftstoff für 100 km Fahrt nur 5 Euro. Wenn man A und B eine Fahrleistung von 20.000 km im Jahr unterstellt, machen die Treibstoffkosten in 20 Jahren einen finanziellen Unterschied von rund 32.000 Euro aus, die sich B spart, denn ein Benziner mit LPG kostet im Gegensatz zum Diesel nicht mehr bei der Kfz-Steuer oder Versicherung. Abzüglich der 2.000 Euro Einbaukosten spart sich B also 30.000 Euro.

Das Beispiel ist übrigens nicht unrealistisch, denn mein Pkw (Benziner mit LPG) ist 23 Jahre alt und hat über 430.000 km auf dem Zähler.

Eine Förderung für den Einbau einer Gasanlage (und die Streichung der Steuererhöhung) würde nicht nur finanziell schlechter gestellte Bürger entlasten, sondern wäre auch gut für die Umwelt, denn im Vergleich zu Benzin erzeugt LPG weniger CO_2 und es stößt weniger Feinstaub aus als vergleichbare Dieselfahrzeuge (Kroher, 2019). In

Frankreich z. B. werden selbst alte Autos mit LPG-Antrieb als sehr sauber eingestuft, von 6 Schadstoffkategorien für Fahrverbote in den Innenstädten liegen LPG-Autos in der 1. Kategorie, darüber stehen nur Wasserstoff- oder reine Elektroautos (Explore France, 2018).

Teure Anwohnerparkplätze

Die Maximalpreise für Parkausweise für Anwohner sollen von 30,70 Euro auf maximal 240 Euro jährlich angehoben werden (Tagesschau.de, 2020) – und der Maximaltarif wird von vielen Gemeinden auch angewandt. Aber wen trifft dies? Die Bewohner von Neubauten haben fast immer Tiefgaragenstellplätze, Bewohner von Einfamilienhäusern meist eine Garage – also bleiben Menschen, die in Reihenhäusern, Mehrfamilienhäusern und vor allem zur Miete leben. Welche Bevölkerungsschicht diese eklatante Gebührenerhöhung meist trifft, dürfte klar sein.

Kfz-Steuer meist höher für ältere Autos

Wer kauft sich alle paar Jahre einen Neuwagen? Wahrscheinlich eher Personen mit großem Budget, die oft auch Unternehmer sind, die den Kaufpreis auf 5 Jahre verteilt steuerlich geltend machen können. Das Kfz-Steuersystem berücksichtigt bei der

Kalkulation der Kfz-Steuer den Hubraum sowie die Schadstoffklasse (und bei neueren Modellen den CO_2-Ausstoß). Modernere Autos haben in der Regel bei gleicher PS-Zahl einen viel geringeren Hubraum und aufgrund diverser Abgasreinigungssysteme auch eine bessere Schadstoffklasse. Dass diese Abgasreinigungssysteme im Straßenverkehr durch Abschalteinrichtungen teilweise ausgeschaltet werden und sich das Emissionsverhalten des Fahrzeugs damit verschlechtert, interessiert die Behörden nicht, denn die meisten Abschalteinrichtungen sind legal (Gleich, 2018). Somit zahlt der Neuwagenkäufer viel weniger Kfz-Steuer als der Geringverdiener, der sein altes Auto lange fährt – und damit auch die Umwelt entlastet, weil für die Produktion eines Neuwagens enorm viel Energie für die Gewinnung der nötigen Rohstoffe und die Produktion der Teile gebraucht wird. Ein Neuwagen hat deshalb nämlich erst nach rund 300.000 km aufgrund eines geringeren Verbrauchs und besserer Abgasreinigungsanlagen eine bessere Ökobilanz, als wenn ein altes Auto noch länger gefahren wird (Niederlich, 2009).

Ältere Autos steuerlich besser zu stellen wäre also nicht nur sozial, sondern auch ökologisch sinnvoll. Dazu kommt, dass Autos nicht beim Stehen, sondern beim Fahren Schadstoffe ausstoßen – wieso die Kfz-Steuer dann nicht die jährliche Fahrleistung eines Kfz berücksichtigt, ist schleierhaft, vor allem weil der Kilometerstand bei jeder Hauptuntersuchung (HU) sowieso abgelesen und notiert wird.

Kfz-Haftpflichtversicherung oft teurer für Arme

Die Prämie für die Kfz-Haftpflichtversicherung wird bei einigen Versicherungen teurer, wenn jemand nicht zusätzlich eine Kaskoversicherung für das Fahrzeug abschließt – und wer ein altes und billiges Auto fährt, will meist keine Kaskoversicherung. Die Erklärung dafür ist, dass man von einer umsichtigeren Fahrweise ausgeht, wenn eine Kaskoversicherung besteht (Huk, 2020). Das Versicherungsunternehmen geht also davon aus, dass jemand umsichtiger fährt, wenn er im Schadensfall den Schaden nicht selbst bezahlen muss und unfallträchtiger fährt, wenn er bei einem Unfall den Schaden selbst begleichen müsste. Interessante Logik.

Bei einigen Kfz-Versicherungen ist es explizit: Akademiker und Studenten bekommen einen niedrigeren Tarif und alle anderen müssen mehr bezahlen (Cosmos Direkt, 2007). Dazu gibt es häufig Rabatt für Versicherungsnehmer, die eine Garage, ein Eigenheim usw. haben – alles Anzeichen, dass jemand finanziell bessergestellt ist. Auch kosten günstige Einsteigermodelle bei den Versicherungen meist mehr Versicherungsprämie als teurere Autos (Autobild, 2019).

Neben Oldtimern sind die Fahrzeuge mit der niedrigsten Typklasse bei der Kfz-Versicherung dann auch meist hochpreisige Sportwagen wie Porsche (GDV, n.d.). Wer sich einen Porsche leisten kann, muss also weniger für die Kfz-Haftpflichtversicherung entrichten als ein/e FahrerIn eines günstigen Autos.

Die Politik könnte dieser indirekten Form der Benachteiligung einen Riegel vorschieben. Es sollte darüber nachgedacht werden, ob es wirklich fair ist, wenn die statistische Unfallwahrscheinlichkeit nicht nur anhand der persönlichen Unfallrate des Versicherungsnehmers, sondern auch anhand der statistischen Unfallwahrscheinlichkeiten des Automodells und der Gruppenzugehörigkeit des Versicherungsnehmers berechnet wird. Anders gesagt: Wenn die gleiche Person mit einem anderen Automodell fährt, erhöht sich nicht unbedingt die Unfallwahrscheinlichkeit. Genau so wenig wie sich diese senkt, wenn jemand ein Einfamilienhaus besitzt oder eine Kaskoversicherung abschließt – außer nach der Logik einiger Versicherungen.

Kaufsubventionen für Neuwagen

Diverse aus Steuermitteln finanzierte Neuwagenkaufsubventionen verschlimmern die Ungleichheit noch weiter. Die steuerliche Förderung von Elektro- bzw. Hybridneuwagen sorgt dafür, dass Personen, die sich einen Neuwagen mit Elektro- oder Hybridantrieb leisten können, extra sparen. Wegen der geringen Verfügbarkeit von öffentlichen Ladesäulen kommt ein E-Auto in der Praxis meist nur für Personen infrage die eine Garage mit Stromanschluss haben. Das sind meist Bewohner von Einfamilienhäusern, denn bei Mehrfamilienhäusern haben nur rund 2 % die Möglichkeit in Tiefgaragen oder Stellplätzen ein E-Auto zu laden (Vetter, 2019). Bei Bewohnern von Einfamilienhäusern ist es aber auch nicht immer unproblematisch. Erstens braucht man einen Stellplatz auf dem eigenen Grundstück (denn man darf kein Kabel über den Bürgersteig laufen lassen) oder eine Garage mit Stromanschluss. Zweitens muss der Stromanschluss stark genug sein – und bei den meisten Häusern, die vor 1980 gebaut wurden, ist er dies nicht, was rund die Hälfte aller Häuser in Deutschland betrifft (Bloch, 2020). Bei den meisten Garagen dürfte der Stromanschluss ebenso wenig für so eine starke dauerhafte Belastung wie das Laden eines elektrischen Fahrzeugs ausgelegt sein. Also sind E-Autos im Prinzip nur für Menschen geeignet, die in einem relativ neuen Haus leben und ihr Auto direkt daneben parken können, was, Überraschung, auf die wenigsten Menschen der mittleren oder unteren Einkommensschichten zutreffen wird.

Aber auch wenn öffentliche Ladesäulen für Elektrofahrzeuge flächendeckend verfügbar wären – die Strompreise an diesen sind oft enorm, teilweise dreimal so teuer wie die Preise für Strom aus der Steckdose zuhause (Schwarzer & Jes, 2019). Für Menschen, die nicht zuhause laden können, ist die E-Mobilität daher meist unrentabel und unerschwinglich.

Aber sind Elektroautos wenigstens gut für die Umwelt? Nein, Erdgasautos haben eine viel bessere Umweltbilanz, weil man bei Elektroautos auch mit einberechnen muss, dass für die Rohstoffgewinnung für die Akkumulatoren viel Energie verbraucht wird (Harloff, 2019).

Auch von Programmen wie der Abwrackprämie für Autos, die über neun Jahre alt waren, profitierten nur Personen, die sich einen Neuwagen kaufen konnten. Da die über das Programm abgegebenen alten Autos entsorgt werden mussten, konnten ärmere Menschen auch nicht von günstigen Gebrauchtwagenpreisen profitieren. Wenn man ökologisch und sozial denkt, erschließt es sich nicht, wieso man ärmeren Menschen nicht ermöglicht hat, ihr altes Auto verschrotten zu lassen und stattdessen günstig ein neunjähriges Auto zu erhalten, das im Rahmen der Abwrackprämie zum Schrottplatz gebracht wurde.

Autos sind Wegwerfprodukte

Der Automobilbereich ist voll mit Beispielen wie die Politik es zulässt, dass Produkte verkauft werden, die schneller kaputt gehen bzw. höhere Kosten verursachen als nötig. Ob es nun geplante Obsoleszenz ist, um möglichst schnell neue Produkte zu verkaufen, weil die alten vorzeitig kaputt gehen, oder einfach schlechte Qualität – viele Produkte könnten länger halten. Ein Beispiel ist der Zahnriemen, mit welchen die meisten Autos ausgestattet sind und der früher oder später für oft vierstellige Beträge ausgewechselt werden muss, weil es sich um ein Verschleißteil handelt. In vielen Bereichen sind Verschleißteile unvermeidbar – aber für den Zahnriemen gibt es nahezu verschleißfreien Ersatz: Steuerkette oder Stirnräder, welche aber vor allem hochpreisige Premiummarken oder Nutzfahrzeughersteller verbauen. Den Neuwagenkäufer braucht es nicht zu interessieren, ob irgendwann der Zahnriemen gewechselt werden muss, nur der Käufer alter Autos muss entweder den teuren Zahnriemenwechsel vornehmen lassen oder mit dem Risiko eines Motorschadens rechnen – und das ist nicht so unwahrscheinlich, denn ein gerissener Zahnriemen ist die Ursache Nummer eins für Motorschäden bei Pkw (Mayer, 2005) – neuere Daten dazu sind nicht zu bekommen, weil die Auskunft darüber verweigert wird (Mayer, 2010). Wenn man bedenkt, wie viele Autos durch einen gerissenen Zahnriemen einen Motorschaden erleiden, und davon ausgeht, dass bei den meisten älteren Autos ein Motoraustausch nicht wirtschaftlich ist, erkennt man das Problem mit Verschleißteilen wie dem Zahnriemen.

Käufer älterer Autos und vieler anderer Produkte haben ein weiteres Problem, welches durch Gesetzesänderungen verbessert werden könnte – die fehlende Ersatzteilversorgung. Nur während der ersten zehn Jahre sind Hersteller verpflichtet, Ersatzteile bereit zu halten (Bruns, 2016). Danach kann ein nicht verfügbares Ersatzteil für ein älteres Auto schnell den wirtschaftlichen Totalschaden bedeuten. Zehn Jahre klingt erst mal lange – aber wenn man berücksichtigt, dass das durchschnittliche Alter von Personenkraftwagen in Deutschland 9,6 Jahre beträgt klingen 10 Jahre gar nicht mehr so lang – vor allem, wenn man bedenkt, dass Autos von Privatpersonen im Durchschnitt deutlich älter sind, weil in dem Durchschnittsalter von 9,6 Jahren viele Firmenfahrzeuge beinhaltet, die aus steuerlichen Gründen meist nach spätestens 5 Jahren ausgetauscht werden. Die 857.000 in Deutschland zugelassenen Autos mit historischem (H-)Kennzeichen, die älter als 30 Jahre sind, deuten ebenfalls auf ein viel höheres Durchschnittsalter privater Pkw hin (Kraftfahrtbundesamt, 2020). Gebrauchte Ersatzteile sind auch oft schwer zu bekommen, z. B. wenn es sich um eine Schwachstelle eines bestimmten Modells handelt und praktisch alle Autos der Modellreihe ab einem bestimmten Alter betroffen sind. Was noch dazu kommt ist, dass Ersatzteile nicht immer passen, was ich am besten an einem Beispiel aus meinem Leben erklären kann: Habe mir eine gebrauchte Heckklappe für mein Auto gekauft, als ich diese montieren wollte bemerkte ich, dass die angeschweißten Muttern einige Millimeter versetzt waren, also passte die ansonsten identische Heckklappe nicht für mein Auto. Solche Anekdoten kenne ich viele:

Felgeneinpresstiefen die von einem Modelljahr zum anderen leicht geändert werden, so dass die Felgen des gleichen Automodells nicht mehr auf das gleiche Modell passen welches ein Jahr später hergestellt wurde, elektrische Anschlüsse die einen etwas andere Steckverbindung haben usw.

Veränderungen sind gelegentlich nötig, auch ist es möglich, dass bei einigen Bauteilen auf einen anderen Zulieferer zugegriffen wurde und es sich deshalb ändert.

Es könnte der Verdacht aufkommen, dass es Automobilproduzenten gar nicht so ungelegen kommt wenn der Gebrauchtteilemarkt durch diese Inkompatibilität eingeschränkt wird. Es scheint, dass Automobilhersteller lieber Geld mit dem Verkauf neuer Autos verdienen, anstatt mit dem Verkauf von Ersatzteilen, die das Weiterleben alter Modelle sichern. Deshalb wäre hier der Gesetzgeber gefragt, Hersteller zu verpflichten, Ersatzteile zu einem gerechtfertigten Preis für die zu erwartende Betriebsdauer eines Autos im Sortiment zu haben. Derzeit sind es nur wenige Premiumhersteller, die auch für alte Autos Ersatzteile im Verkaufsprogramm haben. Dass aufgrund fehlender Ersatzteile viele ansonsten fahrtüchtige Autos vorzeitig einen wirtschaftlichen Totalschaden erleiden, ist natürlich auch sehr umweltschädlich, wenn man an den Energieaufwand denkt, den die Produktion eines Autos verursacht.

Öffentlicher Personennahverkehr

Auch der ÖPNV ist nicht immer die bessere Alternative zum motorisierten Individualverkehr. Wenn ich in meiner Heimatstadt Nürnberg einmal mit dem ÖPNV fahren möchte, kostet mich das 6,40 Euro für die Hin- und Rückfahrt (ADAC, 2019). Bei einem LPG-Preis von 0,60 Euro könnte ich mit einem Kleinwagen der 5 Liter verbraucht, mehr als 200 km für das gleiche Geld fahren. Klar, wenn man die Anschaffung und die Fixkosten miteinrechnet, geht diese Kalkulation nicht mehr auf – aber wenn das Auto schon angeschafft wurde und die Fixkosten sowieso bezahlt werden müssen? Dann zählen nur noch die variablen Kosten und dabei zeigt sich, wie teuer der ÖPNV ist. Wer den ÖPNV nur gelegentlich benutzt, weil sie oder er z. B. oft das Fahrrad oder eben das Auto nimmt, kann auch keine Monats- oder gar Jahresabos für den ÖPNV gebrauchen. Die relativ hohen Fahrkartenpreise für den ÖPNV sind problematisch, weil Menschen mit wenig Geld oft kein Auto besitzen und deshalb auf den ÖPNV angewiesen sind – und auch für diese Menschen gilt: Wenn sie nicht sehr oft den ÖPNV benötigen, lohnen sich keine Monats- oder Jahrestickets.

Luxemburg hat den ÖPNV im ganzen Land kostenlos gemacht – meines Erachtens nicht nur eine gute Entscheidung für mehr Umweltschutz, sondern auch ein Schritt in Richtung soziale Gerechtigkeit, denn der ÖPNV wird sowieso stark durch die öffentliche Hand subventioniert, dann sollte er auch allen gratis zur Verfügung stehen. Auch Menschen, die den ÖPNV nicht nutzen können, weil sie z. B. in ihrem Wohnort keinen ÖPNV zur Verfügung haben, können sich darüber freuen, dass dank vermehrter Nutzung der öffentlichen Verkehrsmittel durch andere Pendler mehr Parkplätze in den Innenstädten frei sind und es weniger Staus gibt. Auch wäre es finanziell gesehen nicht so teuer, den ÖPNV komplett kostenlos anzubieten, weil der Staat an anderen Stellen spart. Allein in Berlin wurden im Jahr 2019 über 900 Menschen wegen Erschleichung von Leistungen (Schwarzfahren) zu Haftstrafen verurteilt. Diese sind meist rund 90 Tage lang. Pro Häftling und Tag kostet ein Haftplatz 160 Euro (Tagesspiegel, 2020). Dazu kommen Kosten für Richter, Staatsanwälte, Pflichtverteidiger, Sozialarbeiter und natürlich der bürokratische Aufwand für die strafrechtliche Verfolgung der Schwarzfahrer.

Dass Fahrkartenkontrolleure ebenso Geld kosten, muss auch berücksichtigt werden. Genau beziffern lassen sich die Einsparungen zwar nicht, die ein Wegfall der Fahrkartenkontrollen und juristischen Prozesse mit sich brächte, aber es zeigt, dass die Umstellung auf einen kostenlosen ÖPNV nicht nur Kosten verursacht.

Welche Bildungs- und Karrierechancen wir nicht bekommen

Die Ungleichheit im Bildungssystem beginnt schon früh. Privatschulen, die teilweise zu 87 % vom Staat finanziert werden (Westpol, 2017), stehen oft nur Schülern offen, deren Eltern sich das Schulgeld leisten können. Diese Schüler haben einen enormen Vorteil, denn Schüler einer Privatschule erbringen bessere Leistungen in Vergleich zu Schülern an öffentlichen Schulen, auch wenn Schüler mit ähnlichem sozialen Hintergrund verglichen werden (Unterberg, 2018).

Aber auch zwischen öffentlichen Schulen in Stadtteilen der niedrigen und höheren sozialen Schichten sind die Unterschiede signifikant. Laut OECD-Bildungsdirektor Schleicher ist das Kernproblem der Leistungsunterschiede zwischen Schülern aus hohen und niedrigen sozialen Milieus die Schule selbst, nämlich dass viele Schüler aus niedrigen sozialen Schichten auch oft auf Schulen gehen, die in einem sozial schwachen Umfeld liegen. Der Unterschied zwischen den Schülern aus höheren und niedrigeren sozialen Schichten ist enorm, er beträgt ca. 3,5 Schuljahre Wissensunterschied (Dichmann, 2018).

Große Klassen sind ebenso problematisch, aber aufgrund des Lehrermangels kaum zu vermeiden. Aber wieso gibt es diesen Lehrermangel? Evtl. weil Lehramtsanwärter während des Referendariats nicht einmal den Mindestlohn verdienen. Dazu kommt, dass Lehrer, die an Hauptschulen unterrichten, für die schwierige pädagogische Tätigkeit in den meisten alten Bundesländern schlechter entlohnt werden als Lehrkräfte an höheren Schulen (GEW, n.d.). Für Hochqualifizierte die z. B. Mathematik oder naturwissenschaftliche Fächer studiert haben, ist der Lehrerberuf ebenso unattraktiv, weil sie dort viel schlechter bezahlt werden als in der freien Wirtschaft, denn Lehrer verdienen das gleiche, unabhängig davon, ob sie Religion und Kunst oder Mathematik und Physik unterrichten können.

Wieso subventioniert der Staat mit Steuergeldern die Ungleichheit bei der Bildung, anstatt das Geld in staatliche Schulen in Brennpunktstadtteilen zu investieren? Wieso wird der Lehrerberuf so unattraktiv gemacht, so dass oft Quereinsteiger (die zumeist unzureichend in Didaktik oder Pädagogik geschult sind) eingestellt werden müssen und später die Plätze für qualifizierte Nachwuchslehrkräfte blockieren?

Lehrerempfehlung zu Übertritt auf höhere Schule

In einigen Bundesländern ist die Empfehlung der Lehrer zum Übertritt eines Kindes auf eine höhere Schule, wie ein Gymnasium, bindend und kann nur unter großen Aufwand umgangen werden. Über 90 % der Eltern halten sich ohnehin an die Lehrerempfehlung, selbst wenn diese nicht bindend ist (Bos et al., 2007). Problematisch ist, dass Lehrer oft schlechter als die Eltern einschätzen können, in welcher Schulform ein Kind am besten aufgehoben ist (Block, 2006). Evtl. liegt das u. a. daran, dass Kinder mit bestimmten Vornamen bei der Beurteilung durch Lehrer benachteiligt werden. Selbst die Länge eines Vornamens kann dazu führen, dass diese Kinder stärker diskriminiert werden (Franke, n. d.).

Wieso kein objektiver Test, sondern die subjektive Meinung einer Lehrkraft über die Zukunft eines Kindes entscheiden soll, erschließt sich nicht.

Keine Erstattung der Fahrtkosten für Schüler

Alle Parteien überschlagen sich damit, die Relevanz von Bildung zu betonen – und damit haben sie auch Recht, wenn man vergleicht, was Akademiker versus Nichtakademiker im Durchschnitt verdienen. In einigen Bundesländern ist es aber so, dass die Fahrtkosten zur Schule ab der 11. Klasse nicht mehr erstattet werden (Bayernportal, 2019). Kinder stehen also vor der Entscheidung, die Schule nach der 10. Klasse zu verlassen, um arbeiten zu gehen und so zum Familieneinkommen beizutragen oder weiter die Schule zu besuchen und die finanzielle Situation der Familie zu verschlechtern, weil u. a. die Monatskarte für den ÖPNV oft selbst gezahlt werden muss, um zur Schule zu kommen. Wer jetzt denkt, dass Schüler diese besonders günstig bekommen irrt, z. B. in Nürnberg kostet die ÖPNV-Monatskarte für Schüler über 60 Euro im Monat. (Zum Vergleich: Die Jahreskarte für Fahrten ab 9 Uhr, die jeder kaufen kann, kostet auf den Monat gerechnet 37,90 Euro). Von einem Sozialtarif für Schüler kann also nicht die Rede sein. Es gibt zwar für Empfänger von Sozialleistungen und in einigen anderen Fällen die Möglichkeit eine (teilweise) Kostenübernahme zu beantragen, aber für die Mehrzahl der Schüler kommt dies nicht in Frage.

Die Schule zu verlassen, um zu arbeiten, obwohl Potential für mehr vorhanden wäre, ist eine Entscheidung, welche die finanzielle Lage der SchülerInnen ihr Leben lang beeinträchtigen kann. Wieso ist die Nutzung des ÖPNV für den Schulweg nicht für alle Schüler kostenlos?

BaföG nicht an reale Wohnkosten gekoppelt

Auch wenn sich ein/e SchülerIn aus einer niedrigen sozialen Klasse für die Erlangung der Hochschulzugangsberechtigung (Abitur oder gleichwertig) entscheidet und diese auch erlangt, gibt es noch keine Chancengleichheit. Wenn ein/e StudentIn die maximale Förderung nach dem Bundesausbildungsförderungsgesetz (BaföG) erhält, bekommt sie oder er 853 Euro. Das klingt erst mal nach genug Geld. Wenn man bedenkt, dass in Studentenstädten wie München die Durchschnittswarmmiete für eine kleine 30 qm Wohnung bereits 837 Euro beträgt, erkennt man schnell, dass dies für Studierende ohne wohlhabende und unterstützungswillige Eltern schnell zum Problem werden kann. München mag teuer sein, aber auch in Städten wie Nürnberg kostet eine kleine Wohnung im Durchschnitt 627 Euro (WG-Suche.de, 2019). Nicht jeder findet ein WG-Zimmer und besonders günstig sind diese auch nicht immer. Kosten für Bücher, Semesterbeiträge für die Hochschule, evtl. noch ein Semesterticket für den ÖPNV, Telekommunikation (wie der Internetanschluss) usw. sind kaum vermeidbar. Ein reguläres Studium findet in Vollzeit statt und das Vorurteil, vom faulen Studenten mit massenweise Zeit zum Jobben, ist spätestens seit den Bolognareformen Geschichte. Wer also neben dem Studium arbeiten muss, um zu überleben, hat weniger

Zeit zum Lernen und damit ein höheres Abbruchrisiko. Die Studienabbrecherquote in Deutschland liegt bei 28 %. Da es keine genauen Erhebungen über die Gründe gibt, lässt sich nicht feststellen, welchen Anteil der Zeitmangel aufgrund einer Nebentätigkeit daran hat (FAZ, 2018). Jedenfalls wird deutlich, dass Studierende, die aus einem wohlhabenden Elternhaus stammen, deutlich bessere Erfolgschancen haben. Das zeigt sich auch in den Abschlusszahlen: 74 % der Kinder mit mindestens einem Elternteil mit Hochschulabschluss beginnen ein Studium – während nur 21 % der Kinder ohne Elternteil mit Hochschulabschluss überhaupt ein Studium beginnen. Von den Akademikerkindern erreichen 45 % einen Masterabschluss, während nur 8 % der Studenten ohne Elternteil mit Hochschulabschluss den Masterabschluss schaffen (Herbold et al., 2017).

Warum richtet sich die BaföG-Höhe nicht nach den realen Mietkosten wie dies beim Arbeitslosengeld 2 geschieht? Wieso können Studierende nicht einfach ALG-2 bekommen und evtl. einen Zuschuss für Studienbücher und den Semesterbeitrag? Beim ALG-2 ist der Mietkostenanteil auf den jeweiligen Wohnort abgestimmt, im Gegensatz zum BaföG, welches auch noch teilweise zurückgezahlt werden muss. Da die Mieten in Studentenstädten meist teuer sind, wäre ALG 2 statt BaföG für die meisten Studierenden eine finanzielle Verbesserung.

Diskriminierung auf dem Arbeitsmarkt

Auch wenn die Bildungsphase erfolgreich abgeschlossen wurde und die Jobsuche beginnt, hört die Diskriminierung vieler Menschen aus niedrigen sozialen Klassen und von diversen anderen Minderheiten nicht auf. Z. B. werden muslimische Menschen in Deutschland oder Deutsche aus den neuen Bundesländern bei der Jobsuche und anderen Aspekten des Lebens diskriminiert (Rennefanz, 2019). Auch wer einen ausländisch klingenden Nachnamen besitzt, bekommt seltener eine Einladung zum Vorstellungsgespräch. Dazu bekommen Arbeitssuchende mit ausländischen Nachnamen auch von den Jobcentern weniger hilfreiche Informationen – entgegen der gängigen Vorurteile werden ausländische Fragesteller in ostdeutschen Jobcentern weniger diskriminiert als in Jobcentern in Westdeutschland (Dämon, 2018). Aber nicht nur ausländische Namen führen zu Diskriminierung bei Bewerbungen, auch exotische Vornamen oder Vornamen, die der Unterschicht zugeordnet werden, führen zu Benachteiligungen (Franke, n. d.). Nicht nur der Name, sondern auch die Postleitzahl gilt als Indikator für die soziale Schicht des Bewerbers (Altmeier & Fetz, 2014).

Das Geschlecht ist auch ein Faktor, der zu Diskriminierung beiträgt. Die Diskussion, zu welchen Teilen es an den Frauen selbst und zu welchen es an der Gesellschaft liegt, dass Frauen in Deutschland zwar häufiger ein Universitätsstudium abschließen, aber im Durchschnitt weniger verdienen als Männer, soll hier nicht geführt werden. Aber einen Aspekt möchte ich anhand eines Beispiels erklären:

Unternehmen A braucht 200 neue Mitarbeiter für den mittleren Managementbereich und stellt 100 Männer sowie 100 Frauen ein. Unternehmen B stellt ausschließlich 200 Männer für das mittlere Management ein. Von den 100 Frauen, die Firma A eingestellt hat, werden statistisch betrachtet 80 mindestens ein Kind bekommen oder haben bereits Kinder (Destatis, 2018). Natürlich muss für diese Mitarbeiterinnen eine Vertretung gefunden werden, sobald sie längere Zeit ausfallen. Rund 66 % der Frauen mit mindestens einem Kind gehen danach nur noch in Teilzeit arbeiten, bei den Vätern sind es nur 6 %. Wenn ein Kind unter einem Jahr im Haushalt lebt, gehen nur 9 % der Mütter einer bezahlten Arbeit nach (außer Frauen während des Mutterschutzes oder in Elternzeit) (Keller & Kahle, 2018). Da von den männlichen Führungskräften nur 1,2 % in Teilzeit arbeiten (Hockling, 2015), dürften viele Unternehmen Vorbehalte haben (weibliche) Teilzeitarbeitnehmerinnen in eine leitende Position zu befördern. Dass Überstunden und Geschäftsreisen schwieriger zu bewerkstelligen sind, wenn zuhause ein Kind wartet, ist ein weiterer Aspekt. Wenn man davon ausgeht, dass die Qualifikationen von Frauen und Männern völlig identisch sind – welches Unternehmen wird wohl mehr Gewinn machen? Unternehmen A, welches von den Aus- und Weiterbildungskosten für die Mitarbeiter einen Teil in Luft aufgelöst sieht, weil einige der MitarbeiterInnen nicht, nur noch in Teilzeit oder weniger flexibel arbeiten oder Unternehmen B, in welchem nur wenige der eingestellten Männer erziehungsbedingt in Teilzeit arbeiten?

Die meisten Personalmanager dürften dies im Hinterkopf haben, denn es wird sogar an den Universitäten im Fachbereich „Human Resource Management" behandelt. Es sind also nicht einfach konservative alte Männer, die Frauen weniger zutrauen, sondern auch kühle Rechner, die aufgrund statistischer Wahrscheinlichkeiten eher weniger Frauen für höhere Positionen einstellen. Dass dies ungerecht gegenüber Frauen ist, bedarf keiner Diskussion, vor allem, wenn man bedenkt, dass außer Schwangerschaft, Geburt und teilweise in der Stillzeit der Vater genauso die Kinder betreuen könnte wie die Mutter und auch nicht alle Frauen Nachwuchs haben möchten bzw. bekommen.

Ein Gesetz, welches anonyme Bewerbungen, also ohne Nennung von Namen, Wohnort, Geschlecht, Alter, religiöser Zugehörigkeit, Foto oder sonstiger nicht leistungsrelevanter Merkmale vorschreibt, würde für weniger Diskriminierung sorgen.

Netzwerke

Vitamin B(eziehungen) ist ein wichtiger Karriereaspekt. Wie wichtig die richtigen Kontakte bei der Jobsuche sind, kann man nicht exakt sagen, denn wer gibt bei einer Umfrage schon gerne zu, seine Karriere nur den Kontakten der Eltern zu verdanken? Experten schätzen, dass 40 % der arbeitenden Bevölkerung über persönliche Beziehungen an ihren Arbeitsplatz gekommen sind (FAZ, 2013). Es ist jedoch unmöglich, genau zu bestimmen, zu welchen Teilen Fähigkeiten und zu welchen Kontakte für die Karriere verantwortlich sind. Keiner wird bestreiten, dass die richtigen Bekanntschaften eine große Hilfe sind. Aber wer hat solche Kontakte? Wer wohlhabende Eltern hat, wächst meist in einem besseren Stadtteil auf. Das führt dazu, dass die Spielkameraden in der Nachbarschaft meist auch aus besserem Hause stammen. Die örtliche Schule dürfte auch von Kindern wohlhabenderer Eltern besucht werden (umso mehr gilt das natürlich für teure Privatschulen). Wer einen Job sucht und aus der Nachbarschaft sowie seiner früheren Schule mehrere Gleichaltrige kennt, die in einer hohen Position des elterlichen Unternehmens beschäftigt sind, hat natürlich mehr Erfolgschancen. Das gleiche gilt, wenn die Eltern mit Personen in hohen Positionen befreundet oder benachbart sind.

Darüber hinaus wurden in einem Networkingratgeber exklusive Golfclubs, Business-Loungen in Fußballstadien, exklusive Studentenverbindungen oder Clubs wie der Rotary Club als gute Möglichkeit des Kontaktaufbaus für die Karriere identifiziert (FAZ, 2013) – die entsprechend teuer und deshalb meist nur Menschen aus gehobenem Hause zugänglich sind.

Sprachgebrauch

Jede soziale Schicht hat milieutypische Umgangsformen. Dies ist auszumachen an der Ausdrucksweise, der Art sich zu kleiden oder auch der Art, sich zu bewegen. Mitarbeiter werden nicht anhand eines Zeugnisses oder Lebenslaufs eingestellt – nur wenn diese Dokumente die Erwartungen des Arbeitgebers erfüllen, werden sie zum persönlichen Vorstellungsgespräch eingeladen. Dann zeigt sich schon beim Smalltalk, ob sich ein Bewerber wie ein Bauarbeiter oder wie ein Jurist ausdrückt. Da Ähnlichkeit Sympathie schafft, wird die/der PersonalchefIn Menschen bevorzugen, die ihr selbst in der Kommunikationsweise ähneln – aber sie oder er wird auch darauf achten, dass der Bewerber gut ins Team passt. Bei einem akademischen Beruf wird ein forscher Umgangston bei Kollegen, Vorgesetzten und Kunden eher weniger gut ankommen als eine subtilere Ausdrucksweise. Auch ein ausländischer Akzent kann für einen Bewerber problematisch sein. Da in Deutschland die überwiegende Zahl der Menschen mit Migrationshintergrund einer niedrigeren sozialen Schicht entstammt, assoziieren einige Menschen einen Akzent mit einer niedrigen sozialen Klasse. Aber auch Deutsche ohne Migrationshintergrund können benachteiligt werden, denn auch wer z. B. mit Dialekt spricht, gilt als weniger gebildet (Stukenberg, 2015).

Wo wir im großen Stil abgezockt werden

Es gibt Dinge, mit denen befasst sich der normale Mensch kaum – z. B. Wirtschafts- und Finanzpolitik. Es wird schon alles seine Richtigkeit haben, was die Politiker da tun – und genau das wird ausgenutzt, indem wir massiv abgezockt werden. Wie das genau funktioniert, werde ich hier möglichst verständlich erklären.

Wer profitiert von höherer Produktivität?

In den letzten 30 Jahren wuchs die Produktivität im deutschen Industrie- und Dienstleistungssektor um durchschnittlich 1,5 % jährlich (IW-Consult, 2019). Es wäre logisch, wenn deshalb die Wochenarbeitszeit jedes Jahr auch um 1,5 % (mehr als eine halbe Stunde) sinken würde. Nach 30 Jahren wären das rund 18 Stunden weniger Wochenarbeitszeit, also fast eine Halbierung der Arbeitszeit – natürlich bei gleicher Entlohnung. Oder aber die Arbeitszeit bliebe gleich und das reale Einkommen der Arbeitnehmer stiege jährlich um 1,5 % an. Beides ist nicht geschehen. Seit Anfang der Neunziger ist die durchschnittliche Arbeitszeit in Deutschland relativ konstant bei rund 40 Wochenstunden geblieben (Sozialpolitik-aktuell.de, 2019). Die Reallöhne (also Entgeltsteigerungen abzüglich der Inflationsrate) blieben in den letzten 30 Jahren nahezu unverändert (Sackmann, 2016). Wenn in der gleichen Arbeitszeit rund doppelt so viel produziert wird wie vor 30 Jahren, aber die Arbeitnehmer trotzdem nicht mehr verdienen – wer profitiert dann? Natürlich diejenigen, die in die deutsche Wirtschaft investiert haben und deren Einnahmen stetig wachsen. Die oberen 10 % der deutschen Bevölkerung hatten in der Zeit zwischen 1994 und 2014 einen realen Einkommenszuwachs von 26,6 %, während die unteren 40 % nur einen Realeinkommenszuwachs um 1 % hatten (Niehues, 2017).

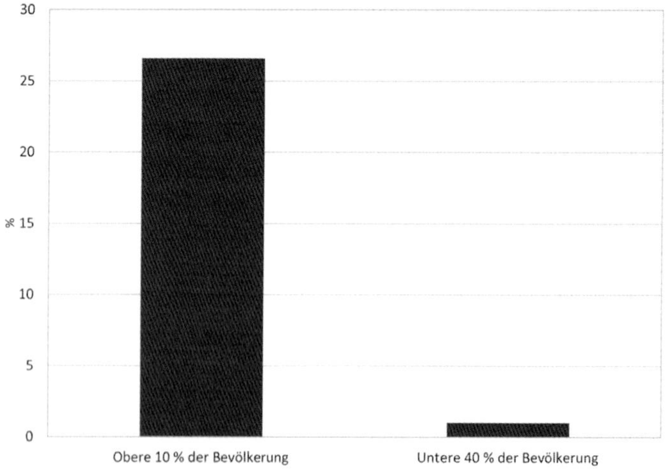

Einkommensteigerung 1994–2014

Die Zahlen stammen von einem arbeitgebernahen Wirtschaftsforschungsinstitut. Ob das der Grund ist, weshalb nur die Einkommenssteigerungen der oberen 10 % und nicht der oberen 1 % zu finden sind? Es kann angenommen werden, dass die oberen 1 % der Bevölkerung einen noch größeren Einkommenszuwachs hatten als die oberen 10 %, da vor allem Besitz im Wert gestiegen ist. Die oberen 1 % in Deutschland besitzen mit 35,8 % des Vermögens mehr als die Hälfte des Gesamtvermögens der oberen **10 %** (Bach et al., 2011), weshalb deren Vermögen höchstwahrscheinlich auch mehr Ertragssteigerungen erfahren hat.

welche 66,6 % des Gesamtvermögens in Deutschland ihr Eigen nennen

Einkommen aus Kapitalerträgen hat in den letzten Jahrzehnten über dem Wirtschaftswachstum gelegen. D. h. wer Kapital investiert hat, hat zu einem viel größeren Teil vom Wirtschaftswachstum profitiert als der Großteil der arbeitenden Gesellschaft, was die soziale Ungleichheit befördert. (Siehe dazu auch: Prof. Thomas Piketty.)

Darüber hinaus haben die Agenda 2010 der rot-grünen Regierung (z. B. über die Hartz-Reformen) dazu beigetragen, dass Menschen mit Sozialleistungsbezug und Geringverdiener Einkommenseinbussen verkraften mussten. Der Spruch „Wer hat uns verraten: Sozialdemokraten! Wer war mit dabei? Die grüne Partei!“ ist also nicht aus der Luft gegriffen wie folgende Grafik zeigt:

Entwicklung der Realeinkommen in Deutschland nach Einkommensschicht

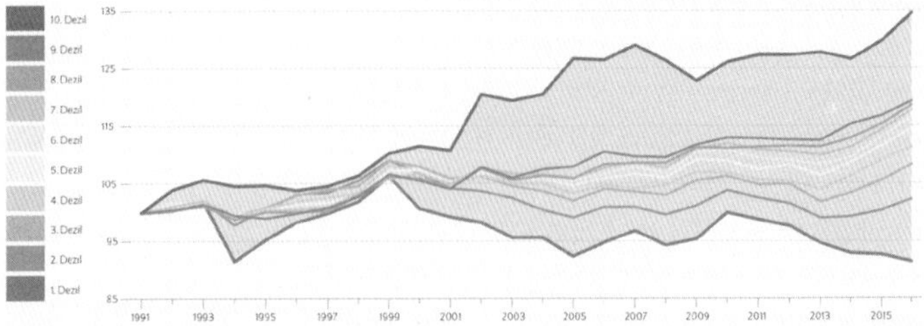

10. Dezil = Personen mit dem höchsten Einkommen, 1. Dezil = Personen mit dem niedrigsten Einkommen; Realeinkommen in Preisen von 2010; 1991 ist als Basisjahr (100 %) festgelegt;

Quelle: Deutsches Institut für Wirtschaft, Berlin.

Das Diagramm zeigt deutlich, dass gerade ab 1999 (also mit der Agenda 2010 der rot-grünen Regierung) die Einkommensungleichheit zwischen den ärmsten und reichsten Menschen unserer Gesellschaft stark auseinandergedriftet ist.

Die Produktivitätssteigerungen kamen also jemanden zugute – nur eben nicht den meisten arbeitenden Menschen. Eine Entlastung bei der Lohnsteuer für die Mittelschicht und Unterschicht sowie eine angemessene Besteuerung von Kapitaleinkünften würden die sich immer weiter öffnende Schere zwischen Arm und Reich wieder langsam schließen und hätte keine geringeren Steuereinnahmen zur Folge.

Aufschwung durch schlechte Entlohnung

Dass vor allem die Oberschicht von der Produktivitätssteigerung profitiert ist nicht überall so. In anderen Ländern war dies oft auch der Fall, aber in einem geringeren Maße als in Deutschland. Wieso ging es Deutschland in den letzten Jahren wirtschaftlich besser als den meisten anderen EU-Staaten? Die Hauptursache dürften die Löhne und Gehälter sein, die im Vergleich zu den meisten anderen EU-Staaten in Deutschland viel geringer angestiegen sind. Normalerweise steigen die Entgelte mit der Produktivität einer Volkswirtschaft – dies war auch in den meisten anderen EU-Ländern der Fall, nur eben nicht in Deutschland, weil sich hier die Politik (unter der rot-grünen Regierung), Arbeitgeber und Gewerkschaften im Rahmen der Agenda 2010 darauf verständigt haben, die Entgelte viel geringer ansteigen zu lassen, als es das Wirtschaftswachstum zugelassen hätte. Wenn man die Sache auf Unternehmensebene vergleicht, wird schnell klar, dass Deutschland seine vermeintliche wirtschaftliche Stärke auf den Rücken der Schwachen generiert hat.

Man nehme die identischen Unternehmen A und B – Umsatz, Gewinn, Lohnkosten usw. sind genau identisch. Nur befindet sich Unternehmen A in Frankreich und Unternehmen B in Deutschland. Weil in Frankreich die Löhne mit dem Produktivitätszuwachs mitsteigen und in Deutschland nicht, gewinnt das deutsche Unternehmen B durch die niedrigeren Lohnkosten und resultierenden niedrigeren Preise mehr und mehr Marktanteil vom französischen Konkurrenten A.

Wem soll man einen Vorwurf machen? Frankreich und den anderen EU-Ländern, weil die Löhne – so wie üblich – mit dem Wirtschaftswachstum ansteigen, oder Deutschland, weil die Löhne und Gehälter künstlich niedrig gehalten wurden, um konkurrenzfähiger zu sein?

Dass Deutschland daraus ein relativ hohes Wirtschaftswachstum erzielt hat, klingt gut – bis man fragt, wer in Deutschland davon profitiert. Die Bevölkerung ist es nicht, denn die leiden unter Entgelten die niedriger sind als das, was sie aufgrund ihrer Produktivität verdienen würden. Es sind vor allem die Aktionäre der Großkonzerne, die sich über die relativ niedrigen Lohnstückkosten in Deutschland freuen und die daraus resultierenden höheren Marktanteile und wachsenden Gewinne. Weil jeder Aktien von deutschen Unternehmen kaufen kann, müssen die Nutznießer deshalb nicht unbedingt die Menschen in Deutschland sein, sondern z. B. internationale Investoren. Was aber macht das französische Beispielunternehmen in dieser Betrachtung? Es muss Mitarbeiter entlassen oder geht pleite, weil die Umsätze aufgrund der billigeren Konkurrenz aus Deutschland einbrechen, denn die Währung abwerten, um international billiger zu werden, ist aufgrund der gemeinsamen Währung (Euro) unmöglich.

Es gibt bei dieser Politik also zwei Verlierer: Die Arbeitnehmer in Frankreich, weil ihre Jobs abgebaut werden, und die Arbeitnehmer in Deutschland, weil sie weniger verdienen, als es ihre Produktivität zuließe. Die Gewinner sind internationale Investoren, also ein weiteres Exempel für eine Umverteilung von unten nach oben. (Siehe dazu auch: Prof. Heiner Flassbeck).

Wieso treffen Politik und Gewerkschaften Vereinbarungen mit der Wirtschaft, die ganz klar den Arbeitnehmern in Deutschland und anderen Eurostaaten schaden? Wieso steigen die Arbeitnehmerentgelte nicht stärker an, um die Reallohnkürzungen, die es teilweise in den letzten Jahren gab, zu kompensieren?

EU-Zahlungen

Die Europäische Union wird von den Medien und Politikern meist einfach „Europa" genannt, obwohl der größte Teil Europas kein Mitglied der EU ist. Ob die EU Fluch oder Segen ist, sei dahingestellt. Auffällig ist, dass die beiden Länder mit der laut einer Studie weltweit höchsten Lebensqualität, Norwegen und die Schweiz, beide in Europa liegen, aber beide kein EU-Mitglied sind (Tagesschau, 2019). Korrelation muss nicht Kausalität bedeuten, aber es gibt zu denken. Fakt ist, dem deutschen Steuerzahler kostete die Mitgliedschaft in der EU bisher jährlich rund 13.400.000.000 Euro (13,4 Milliarden Euro) netto. Von dieser Summe sind bereits die Gelder abgezogen, die durch EU-Fördermittel nach Deutschland zurückfließen. Deutschland ist damit der größte Nettozahler der EU (BPB, 2019). Der bisher zweitgrößte Nettozahler, das Vereinigte Königreich Großbritannien und Nordirland (in den Medien meist einfach als „England" bezeichnet), verließ die EU. Dazu kommt, dass ein nicht rückzahlungspflichtiges erstes Coronarettungspaket für einige EU-Krisenstaaten von 390.000.000 Euro (390 Millionen Euro) beschlossen wurde. Nicht rückzahlungspflichtig bezieht sich allerdings nur auf die Empfängerländer, von den 390.000.000 Euro muss Deutschland bis 2058 105.000.000 Euro (105 Millionen Euro) zurückzahlen. Deshalb ist auch die Einführung neuer Steuern geplant, unter anderem soll eine Plastiksteuer kommen, von der 25 % direkt an die EU fließen sollen (Oberpriller et al., 2020).

Die Krisenländer in der EU wenden also einen praktischen Trick an, um die Euro-Stabilitätskriterien zu erfüllen: Nicht sie selbst nehmen neue Schulden auf, sondern die EU – und damit indirekt auch Deutschland. Das wäre in etwa so, als wenn ein Nachbar sich verschulden muss, um den anderen Nachbarn Geld zu schenken. Zusätzlich haben einige EU-Staaten für sich Rabatte bei den Mitgliedsbeiträgen gefordert und bekommen, wodurch die Rechnung für die Steuerzahler in Deutschland noch ein wenig üppiger ausfällt, nämlich rund 10.000.000.000 Euro (10 Milliarden Euro) höher (Börsenzeitung, 2020).

Hat Deutschland auch Vorteile von der EU? Ja, sogar sehr viele. Deutsche Unternehmen können grenzenlos Handel treiben und die Vorteile des Binnenmarktes nutzen, indem sie Arbeitnehmer aus anderen EU-Ländern günstig für sie arbeiten lassen. Hat der deutsche Durchschnittsbürger auch etwas von der EU? Ja, auch – aber man muss sich doch fragen, ob die Vorteile die Nachteile aufwiegen. Noch präziser gefragt: Was bringt die EU Menschen in Deutschland, die einer mittleren oder niedrigen Einkommensklasse zuzurechnen sind? Bisher war das z. B. die Agenda 2010, die hauptsächlich deshalb durchgeführt wurde, damit Deutschland gegenüber den anderen EU-Ländern konkurrenzfähig ist und für weniger Lohnsteigerung in Deutschland gesorgt hat. Dies hat auch ökonomisch betrachtet geholfen: Deutschland hat eine stabile Wirtschaft und ist innerhalb der EU Exportmeister – und die unteren Schichten bezahlen die Unternehmensgewinne mit Einkommensverzicht, damit deutsche Unternehmen wettbewerbsfähiger werden.

Jetzt kommen noch Eurobonds dazu – die natürlich nicht so heißen. Diese bedeuten, dass die EU Kredite aufnimmt und diese an Mitgliedsstaaten verteilt. Es wären auch andere Mechanismen möglich, aber die Grundidee ist immer die gleiche: Die Steuerzahler in Deutschland sollen für die anderen mitbezahlen. Den Löwenanteil der Zinsen der Eurobonds, Coronabonds, Wiederaufbaubonds oder wie man es nennen wird, wird voraussichtlich Deutschland bezahlen – und weil die meisten anderen EU-Staaten nicht über eine so gute Kreditwürdigkeit wie Deutschland verfügen, werden die Zinsen für die Eurobonds höher ausfallen, als wenn Deutschland selbst Geld auf dem Kapitalmarkt aufnehmen würde.

Ob die Wirtschaft und deren Europäisches Projekt dem Wohlstand der Bevölkerung dient oder es eher umgekehrt ist, wäre hier die Frage. Bezeichnend für die Ideologisierung der Politik und Medien ist auch, dass nicht einmal ein öffentlicher Diskurs darüber stattfindet, der die Mitgliedschaft Deutschlands in der EU in Frage stellt. Professor Zbigniew Brzezinski (1997) gibt als Erklärung für die fortschreitende und teure Erweiterung der EU geostrategische Gründe Deutschlands an, da dieses mit der Ausweitung der EU seine Machtposition auf dem europäischen Kontinent stärken wolle. Wenn man sich den Lebensstandard der Bürger von Ländern mit weniger Machtambitionen ansieht, und mit dem der Menschen aus Weltmächten wie den USA, China oder Russland vergleicht, stellt man fest, dass ein mächtiges Land nicht unbedingt den Menschen zugutekommt. Die Länder mit der höchsten Lebensqualität sind Länder ohne große geostrategische Ambitionen, nämlich: Kanada, Dänemark, Schweden, Norwegen, Australien, Niederlande, Schweiz, Neuseeland und Finnland, erst danach kommt Deutschland. Die USA kommen erst auf Platz 15, China auf Platz 19 und Russland auf Platz 34 (US-News, 2020).

Bankenrettungen

Eigentlich dürfen die nationalen Zentralbanken des Eurosystems nicht einfach Geld erzeugen, um private Banken zu retten oder abzuwickeln. Wurde aber dennoch gemacht, und zwar dank einer Sondervereinbarung zwischen den Euroländern, namens „Agreement on net financial assets“ (ANFA), welche dies doch erlaubt. Dass diese Vereinbarungen lange Zeit von der EZB geheim gehalten und erst nach publizierten Recherchen und dem darauf folgenden Druck aus der Öffentlichkeit publik gemacht wurde (Hoffmann, 2016), zeigt den Charakter solcher Geheimvereinbarungen.

Bisherige Bankenrettungen haben den deutschen Steuerzahler 59.000.000.000 Euro (59 Milliarden Euro) gekostet (Hulverscheidt, 2018). Wie teuer die Bankenrettungen während der Coronakrise werden, steht in den Sternen. Seit den Bankenrettungen hat sich aber nichts geändert. In guten Zeiten fahren die Banken Gewinne ein und behalten diese – in schlechten Zeiten rettet der Steuerzahler die Banken und danach geht das Spiel von Neuem los. Eine nennenswerte Finanztransaktionssteuer gibt es nicht und auch ansonsten müssen Kreditinstitute kaum etwas von ihren Gewinnen abgeben.

Dass die Politik es zulässt, dass Banken den Steuerzahlern auf der Nase herumtanzen, kann wohl nur mit Inkompetenz oder Korruption erklärt werden. Wenn alle systemrelevanten Kreditinstitute in öffentlicher Hand wären, wie z. B. die Landesbanken oder Sparkassen, würden auch in guten Zeiten die Erträge beim Staat landen, der die Banken in schlechten Zeiten damit retten könnte.

Hochfrequenzhandel

Es geschehen Dinge, die in der Öffentlichkeit meist überhaupt keine Beachtung finden, obwohl diese eigentlich ein Skandal wären, z. B. der Hochfrequenzhandel an den Börsen.

Wenn jemand eine Aktie kaufen will, erteilt sie einen Kaufauftrag, z. B. 1 Aktie von Unternehmen X zu maximal 9,55 Euro. Die Order wird ausgeführt, wenn ein Verkäufer bereit ist, eine Aktie von Firma X für 9,55 Euro oder darunter zu verkaufen. Wenn nun aber jemand die Aktie für mindestens 9,51 Euro verkaufen will, erfährt davon zuerst ein Hochfrequenzhändler, weil er mit den schnellsten Computern arbeitet, die es gibt. Dieser kauft die Aktie für 9,54 Euro und verkauft diese sofort weiter an die Käuferin, die 9,55 Euro dafür bezahlt. Und das geschieht nicht nur ein Mal, sondern milliardenfach am Tag, da mehrere Milliarden Aktien börsentäglich den Besitzer wechseln. Dieser eine Cent Gewinn für den Hochfrequenzhändler (auch Blitzhändler oder Flash-Order-Trader genannt) pro Trade summiert sich jährlich auf 4.800.000.000 (4,8 Milliarden) US-Dollar – und das ist genau der Verlust, den andere Investoren deshalb machen (McDowell, 2020).

Nun könnte man denken, dass es ja nicht so tragisch ist, wenn Investoren mal ein wenig Geld verlieren – aber Investoren sind auch Versicherungen und Pensionsfonds, welche die Altersvorsorge von einfachen Arbeitnehmern anlegen.

Einen volkswirtschaftlichen Nutzen des Hochfrequenzhandels gibt es nicht und die Politik muss sich fragen lassen, wieso diese Abzockerei nicht verboten wird – alternativ zum Verbot könnte man die Handelsgeschwindigkeit an den Börsen einfach drosseln, wie es z. B. bei der Börse IEX (Investors Exchange) oder in einigen Dark Liquidity Pools (Privatbörsen für institutionelle Anleger, die ihre Transaktionen nicht öffentlich machen wollen) schon lange Standard ist.

Inflation

Preisstabilität – dafür zu sorgen ist die Kernaufgabe der Europäischen Zentralbank (EZB).

Aber tut sie dies auch? Die EZB sagt, dass sie eine Inflationsrate von durchschnittlich 2 % pro Jahr anstrebt – wieso eine Teuerung von 2 % Preisstabilität bedeuten soll, hat sie nicht erklärt. In den letzten Jahren war die Inflationsrate geringer als 2 %, d. h. im Umkehrschluss, dass diese in der nächsten Zeit auch weit über 2 % liegen kann damit das erklärte Ziel von 2 % Preissteigerung im Durchschnitt erfüllt ist.

Die EZB bemüht sich durchschnittlich 2 % Inflation zu erreichen – und nicht maximal 2 %.

Was bedeutet Inflation für die unteren und mittleren Schichten einer Gesellschaft? Oft eine Verringerung der Kaufkraft und somit des realen Einkommens, da viele Löhne und Sozialleistungen oft erst viel später dem erhöhten Preisniveau angepasst werden. Gerade prekär Beschäftigte sind oft nicht gewerkschaftlich organisiert und profitieren somit nicht von Entgelterhöhungen, die Gewerkschaften mit Arbeitgebern aushandeln. Aber auch Arbeitnehmer, die regelmäßig eine Gehaltserhöhung von mehreren Prozent erhalten, sollten nicht vergessen, dass dies oft keine echte Entgelterhöhung ist, da die Preissteigerungen oft höher ausfallen als die Entgelterhöhung – denn wenn z. B. eine Lohnerhöhung von 4 % angekündigt wird, wird der Lohn dann auch die kommenden Jahre auf diese Höhe festgelegt. Bei einer Inflation von jährlich rund 2 % hat der Arbeitnehmer nach dem 2. Jahr nach der Lohnerhöhung real gesehen weniger Einkommen als vor der Erhöhung.

Die Inflationsrate wird als eine feste Größe betrachtet, aber sie variiert je nach persönlicher Konsumneigung. Wer wenig Fernreisen bucht und keinen Neuwagen kauft, aber dafür einen Großteil des Einkommens fürs Wohnen, Heizen, Strom und Lebensmittel ausgibt, für den ist die Inflationsrate eine viel höhere als für den Durchschnittsbürger, von dem der offizielle statistische Warenkorb ausgeht. Der aktuelle Warenkorb geht davon aus, dass 9,7 % des Einkommens für Nahrungsmittel und nichtalkoholische Getränke ausgegeben werden – genau so viel wie für Restaurants und Hotels (4,7 %) und Einrichtungsgegenstände (5 %). 11,3 % werden für Freizeit, Kultur und Unterhaltung veranschlagt (Destatis, 2020). Wer gibt im Monat genau so viel für Einrichtungsgegenstände sowie Restaurants und Hotels aus wie für Nahrungsmittel? Wer gibt für Freizeit, Kultur und Unterhaltung mehr aus als für Lebensmittel? Wie repräsentativ ist diese Kombination wohl für Menschen mit geringem Einkommen?

Die Konsumquote spielt auch eine Rolle. Denn während einkommensschwache Haushalte den Großteil ihres Einkommens zum Überleben benötigen, sparen Besserverdiener einen viel größeren Teil davon.

Das führt dazu, dass Besserverdiener ihre Konsumgewohnheiten aufgrund einer mäßigen Inflationsrate nicht verändern müssen. Einkommen, welches am Monatsende übrigbleibt, kann z. B. über Aktien in Unternehmen investiert werden, die von einer erhöhten Inflation oft sogar profitieren. Somit muss eine höhere Inflation für Besserverdiener praktisch keinen Verlust bedeuten, für Geringverdiener jedoch schon.

Sinnvoll wäre es, die Inflationsraten für die verschiedenen Einkommensgruppen individuell zu berechnen und Löhne, Gehälter, Renten, Pensionen und Sozialleistungen regelmäßig und automatisch der Inflationsrate der zugehörigen Einkommensgruppe anzupassen.

Kaufkraftverlust durch Zinsen unter Inflationsniveau

Im Gegensatz zu Menschen mit hohem Einkommen sparen Menschen mit geringerem Einkommen ihr Geld eher auf der Bank statt in Aktien, Immobilien oder Edelmetalle zu investieren. Sparen ist zwar positiv zu sehen, aber wenn man für die Zukunft, z. B. fürs Alter, spart, wird man schnell merken, dass davon in Zeiten von niedrigen bzw. sogar negativen Zinsen nicht so viel übrigbleibt. Bei einer geringen Inflationsrate von nur 2 % halbiert sich die Kaufkraft der Ersparnisse nach rund 35 Jahren, bei 5 % Inflationsrate hat das gesparte Geld schon nach 14 Jahren nur noch die halbe Kaufkraft.

Was wäre, wenn der Staat jedem Kleinsparer für Ersparnisse bis zu einem gewissen Betrag etwas höhere Zinsen für Staatsanleihen bezahlt, damit die Inflation zumindest ausgeglichen wird? Je älter jemand ist, desto höher könnte der Betrag sein, den er oder sie mit Zinsen auf Inflationsratenniveau anlegen kann. Einerseits hätten Kleinsparer dann keinen Kaufkraftverlust, andererseits würden Menschen mit geringem Einkommen durch Zinsen zum Sparen für schlechte Zeiten und für ihre Altersvorsorge animiert.

Abwertung des Euro

Mit dem Inkrafttreten der Europäischen Währungsunion (EWU), umgangssprachlich einfach Euroeinführung genannt, hat sich einiges geändert.

Deutschland ist ein Exportland. Zu Zeiten der Deutschen Mark lief der Export so ab:

Kunden aus dem Ausland kauften auf dem internationalen Finanzmarkt Deutsche Mark, um damit Produkte oder Dienstleitungen aus Deutschland bezahlen zu können. Dies führte zu einer höheren Nachfrage nach der Deutschen Mark – und weil das Angebot an Deutscher Mark nicht unbedingt mitgewachsen ist, stieg der Preis, d. h. der Kurs der Deutschen Mark hat sich gegenüber anderen Währungen erhöht. Das führte dazu, dass Waren aus Deutschland etwas teurer wurden, aber weil Deutschland eher Hochtechnologieprodukte, wie Autos, exportierte, war die Nachfrage danach nicht nur vom Preis abhängig.

Der Export war durch einen höheren Wechselkurs zwar leicht gedämpft – aber nur in sehr geringem Umfang, denn nachdem der Euro die Deutsche Mark abgelöst hatte, gab es danach auch keinen starken Anstieg der Exporte, sondern der vorherige Aufwärtstrend bei den Exporten setzte sich einfach fort (Trading Economics, 2020).

Der höhere Wert der Deutschen Mark aus den Exporten kam früher jedoch der Bevölkerung zugute, denn sie hatte eine höhere Kaufkraft. Gerade Importprodukte wie Öl, Gas, viele elektronische Produkte oder auch Lebensmittel aus dem Ausland wurden dadurch günstiger. Dass eine Mehrheit von 58 % der Deutschen gegen die Euroeinführung war, war also nicht einfach nur der Angst vor Veränderung geschuldet. Durch den hohen Kurs der Deutschen Mark war es auch für internationale Investoren weniger lukrativ Immobilien oder Unternehmen in Deutschland aufzukaufen, was die Spekulation damit eindämmte. (Außerdem musste das Geld für den Kauf damals auch tatsächlich nach Deutschland fließen, aber dazu mehr im Unterkapitel „Target-Salden".)

Aber in einer Währungsunion wertet die Währung nicht auf, nur weil ein Land einen hohen Exportüberschuss hat, denn einige andere Länder haben einen Importüberschuss und/oder sonstige wirtschaftliche Probleme, die den Kurs des Euro auf einem eher niedrigen Niveau halten. Auf diese Weise erntet der Bürger in Deutschland nicht die Früchte seiner Arbeit (Aufwertung der Währung durch Exportüberschüsse und damit eine höhere Kaufkraft), sondern teilt diese mit anderen Euroländern. Oder anders gesagt: Wenn Länder mit Währungen, die in der Vergangenheit eher abgewertet haben, wie z. B. Italienische Lire, Griechische Drachmen usw. mit eher aufwertenden Währungen wie der Deutschen Mark oder dem Niederländischen Gulden zusammen in einem Währungskorb kommen, kommt eben keine stark aufwertende Währung heraus, sondern eher eine, die schwächer ist, als die zuvor aufwertenden Mark, Gulden oder Schillinge. Die Konsequenz der geringeren Kaufkraft bekommt vor allem die Mittel- und Unterschicht zu spüren. Man sollte darüber nachdenken, ob die Europäische Währungsunion überhaupt eine gute Idee war.

Target-Salden

Wenn ein Wirt täglich hohe Umsätze macht – aber alle Gäste ihre Schulden nur anschreiben lassen, anstatt zu bezahlen – wie schlau ist dann der Wirt? Der Wirt ist in diesem Fall das Exportland Deutschland und die Kunden, die anschreiben lassen, sind die anderen Euroländer. Wie das funktioniert, bzw. für Deutschland nicht funktioniert, erkläre ich in diesem Abschnitt. TARGET steht für Trans-European Automated Real-time Gross Settlement Express Transfer System. Am besten kann man dieses System mit einem Beispiel erläutern:

Deutsche Unternehmen exportieren z. B. nach Italien. Die italienische Käuferin, z. B. eines deutschen Autos, begleicht die Rechnung durch eine Überweisung. Der Käuferin wird der Betrag vom Konto abgezogen, der Verkäufer in Deutschland erhält eine Gutschrift auf seinem Konto. Soweit zum Offensichtlichen. Im Hintergrund arbeitet die Bürokratie: Das europäische Zentralbankensystem erstellt dem deutschen Bankensystem eine Forderung zu Lasten des italienischen Bankensystems. Der deutsche Verkäufer hat also Guthaben auf seiner deutschen Bank – dieses Guthaben ist juristisch gesehen eine Forderung des Bankkunden gegenüber seiner Bank. Diese Bank hat ihrerseits Guthaben beim deutschen Ableger der Europäischen Zentralbank. Dieses Guthaben stellt ebenfalls eine Forderung dar – und der deutsche Ableger der EZB hat wiederum Guthaben, also eine Forderung, gegenüber dem italienischen Ableger der EZB. Das sind die sogenannten Targetforderungen. Weil dies alles sehr theoretisch ist, werde ich es mit dem Wirt verdeutlichen:

Ein Wirt hat einen Vertrag mit einem Reiseanbieter. Dieser bringt Gäste zum Wirt. Die Gäste haben das Essen davor schon beim Reiseanbieter bezahlt. Der Wirt tischt auf, die Gäste essen. Die Gäste haben gegessen, die Bedienung hat ihren Lohn bekommen, der Reiseanbieter hat sein Geld von den Gästen erhalten – aber der Wirt schaut in die Röhre, weil er selbst gearbeitet hat und sein Personal bezahlen musste, aber kein Geld sieht, weil der Reiseanbieter nur anschreiben lässt, aber die Schulden nie begleicht. Der Wirt hat zwar eine Forderung und ist damit auf dem Papier wohlhabend, aber das bringt ihm nichts, weil die Forderung uneinbringlich ist. Solange der Wirt aber nicht probiert, das Geld einzutreiben, wird er nicht einmal merken, dass die Forderungen nichts wert sind. Die Bedienung hingegen hat ihren Lohn bekommen, sie kann man mit der deutschen Exportwirtschaft vergleichen. Die Gäste kann man mit italienischen Käufern deutscher Produkte vergleichen, die Produkte erhalten und dafür Geld an den italienischen Staat gezahlt haben. Der italienische Staat ist wie der Reiseanbieter, der dem Wirt (also dem deutschen Staat) sein Geld nicht zahlt.

Weil nicht alle deutschen Bankkunden gleichzeitig ihr Geld abheben, wird die deutsche Bank beim deutschen Ableger der EZB auch nicht so schnell ihr Geld einfordern – und diese wird deshalb auch nicht so schnell ihre Forderung beim italienischen Ableger der EZB geltend machen. Wann diese Targetsalden ausgeglichen werden? Wahrscheinlich nie – denn Italien und viele andere EU-Staaten sind überschuldet.

Die deutsche Zentralbank hat also für die Exporte der deutschen Unternehmen massenweise Forderungen gegenüber anderen Eurostaaten bzw. deren Zentralbanken, die wahrscheinlich nie eingetrieben werden können. Die Wirtschaft verdient, aber der Staat kann seine Forderungen gegen die Zentralbanken überschuldeter Eurostaaten mit an Sicherheit grenzender Wahrscheinlichkeit nie zu Geld machen – außer im Falle einer Hyperinflation, denn wenn das Geld nichts mehr wert ist weil es einfach erzeugt wird, kann jeder seine Schulden leicht bezahlen. Das Europäische Zentralbankensystem mit seinen Targetsalden ist einerseits eine massive Subvention für die deutsche Exportwirtschaft. Im Prinzip wäre es das gleiche, wenn der deutsche Staat der deutschen Wirtschaft pro Jahr hunderttausende Neuwagen abkauft und diese direkt in die Schrottpresse steckt. Andererseits sorgt das Targetsystem auch für den Abverkauf der deutschen Wirtschaft.

Das kann man wieder am besten mit einem Beispiel erklären:

A verkauft sein Unternehmen an B. Nun hat B ein Unternehmen und A eine Forderung gegen B. Wenn diese Forderung aber nie beglichen wird, hat B trotzdem das Unternehmen und A hat einfach nichts mehr. Wenn dies zwischen natürlichen oder juristischen Personen so laufen sollte, greift das Zivilrecht und A könnte sich von B auf diesem Wege sein Unternehmen zurückholen. Zwischen den Eurostaaten funktioniert das aber nicht. Wenn z. B. italienische Investoren deutsche Unternehmen, Immobilien oder Waren gekauft haben, erhöht sich einfach der Targetsaldo und damit die Forderung des deutschen Ablegers der EZB gegen den italienischen EZB-Ableger. Die deutschen Unternehmen, Immobilien und Güter sind also weg und zurück bleibt eine uneinbringliche Forderung, die der deutsche Staat über die EZB an andere Zentralbanken hat, die diese nie begleichen werden.

Von den ca. 55.000.000.000 Euro (55 Milliarden Euro), die jährlich für Immobilien in Deutschland gezahlt werden, kommt rund die Hälfte von Investoren aus dem Ausland (Hunziker, 2016). Der Ausverkauf Deutschlands findet also in großem Stil statt.

Die Target-Salden Deutschlands innerhalb des Euroraums belaufen sich mittlerweile auf rund 935.000.000.000 Euro (935 Milliarden Euro), also fast eine Billion Euro (Sinn, 2020). Um die Dimension deutlich zu machen: Wenn die Target-Salden beglichen werden würden, könnte Deutschland seine Staatsverschuldung halbieren. Am Ende bezahlt alles der deutsche Steuerzahler, denn Geld, welches nicht eingetrieben werden kann, fehlt natürlich. Die deutschen Unternehmen haben ihren Profit gemacht, die ausländischen Kunden haben ihre Produkte erhalten, die Investoren aus dem

Ausland haben Immobilien und Firmen übernommen, aber zahlen muss dafür der deutsche Steuerzahler, da die Forderungen nie beglichen werden (Siehe dazu auch: Prof. Hans-Werner Sinn).

Die Politik sollte anfangen, vom Target-System Abstand zu nehmen und künftig keine enormen Salden zu Ungunsten Deutschlands entstehen lassen. Die bisherigen Forderungen eintreiben ist praktisch sowieso unmöglich, aber zumindest könnte für die Zukunft der gleiche Fehler vermieden werden.

Geldschöpfung der Geschäftsbanken

Man stelle sich vor, ein Mafiaclan entwickelt eine perfekte Methode, um Geld aus dem nichts zu erschaffen z. B. einen sehr guten Farbkopierer, der Banknoten in Originalqualität ausdrucken kann. Was würde passieren? Alle Mafiaangehörigen würden sich Luxusautos, Designerkleidung, Schmuck, Reisen, Immobilien usw. kaufen. Durch die erhöhte Nachfrage würden die Preise steigen. Wegen der höheren Nachfrage würden z. B. die Verkäufer von Luxusautos und Erbauer von Luxushäusern auch mehr verdienen. Diese würden durch ihr höheres Einkommen auch zu einer höheren Nachfrage beitragen, aber nicht nach hochpreisigen Gütern, sondern z. B. nach Mittelklassewagen und Immobilien in mittleren Preislagen. Durch die höhere Nachfrage aufgrund zusätzlich geschaffener Geldmenge bei gleichbleibendem Angebot würden die Preise nach oben gehen – die Inflation würde also ansteigen.

Zurück zur Realität: Die Mafia hat noch keinen Superkopierer, aber Geld entsteht trotzdem aus dem Nichts, allerdings nicht durch die Mafia, sondern durch Banken. Richtig – Kreditinstitute erschaffen Geld aus dem Nichts. Im Fachjargon wird dieses Geld „Fiatgeld" (fiat, lat. „es werde") genannt und die Erschaffung von Geld aus dem Nichts nennt sich „Geldschöpfung der Geschäftsbanken". Es handelt sich dabei nicht um Münzen oder Scheine, sondern um Buchgeld, wie z. B. Bankguthaben. In Deutschland entsteht ca. 80 % des Geldes durch Geschäftsbanken, der Rest kommt von der Zentralbank (DLF-Feature, 2020). Eine Bank darf nämlich viel mehr Geld in Form von Krediten ausgeben, als Einlagen durch Sparer vorhanden sind (Siedenbiedel, 2012). Wenn mehrere Sparer insgesamt 100.000 Euro bei einer Bank angelegt haben, darf diese nicht nur diese 100.000 Euro, sondern rund das Hundertfache, also 10.000.000 Euro an Krediten vergeben und dafür Zinsen kassieren. Das wirkt sehr abstrakt, denn wer selbst nur 1.000 Euro hat, kann ja auch nicht an 100 Leute je 1.000 Euro verleihen und damit für 100.000 Euro Zinsen kassieren – aber Banken können und dürfen genau das. Dies wurde lange Zeit in Schul- und anderen Lehrbüchern verfälscht dargestellt (Braun, 2018), selbst viele Ökonomen wissen nicht, wie Geld tatsächlich entsteht. Sogar der Wirtschaftsweise Professor Peter Bofinger musste zugeben, dass einige seiner Modelle nicht funktionierten, weil er den Faktor Geldschöpfung der Geschäftsbanken vor der Finanzkrise 2007 nicht berücksichtigte (DLF-Feature, 2020). Da das als Kredit vergebene Kapital meist nachfragewirksam wird, derzeit überproportional im Immobiliensektor, steigen somit die Preise und man hat den gleichen Effekt, als würde die Mafia Geldscheine kopieren. Dass steigende Preise vor allem ärmere Menschen treffen, wird schnell klar, wenn man bedenkt, welche Schichten Immobilien- und Wertpapiervermögen haben und wer eher zur Miete lebt und kaum in Aktien investiert.

Ein Vollgeldsystem, bei dem Banken nur Gelder verleihen können, die sie sich vorher selbst geliehen haben, würde für eine geringere Geldmenge und somit weniger Inflation sorgen. Wenn die Inflationsrate zu stark sink und eine Deflation droht, könnte immer noch die Zentralbank Geld erzeugen und es dem Staat zur Verfügung stellen. Den meisten Menschen ist die Thematik der Geldschöpfung durch Geschäftsbanken zwar immer noch unbekannt, aber mehr und mehr Bürger verstehen die Problematik dahinter, z. B. der ehemalige Chefvolkswirt der Deutschen Bank Thomas Mayer, der die Bank verlassen hat und sich jetzt für ein Ende dieser Praxis einsetzt (DLF-Feature, 2020). In der Schweiz gab es einen durch die Organisation „Monetative" unterstützten Volksentscheid für ein Ende der Geldschöpfung durch private Banken (die sog. Vollgeldsysteminitiative).

Geldschöpfung der Europäischen Zentralbank (EZB)

Rund 20 % der neu erzeugten Geldmenge wird durch Zentralbanken erzeugt. Das so genannte Quantitative Easing (QE) bedeutet kurz gesagt, dass die Zentralbank Geld aus dem Nichts schöpft (Mittermeier, n.d.). Das Geld verleiht die EZB z. B. an Kreditinstitute, die teilweise selbst damit spekulieren und Geld an Investoren verleihen – welche es in Wertpapiere, Immobilien, Rohstoffe usw. investieren – bzw. oft eher damit spekulieren. Teilweise kauft die EZB auch selbst Staatsanleihen oder Aktien. Was bedeutet das alles für den kleinen Mann bzw. die kleine Frau? Wenn die Immobilienpreise durch das billige Zentralbankgeld durch die Decke gehen, merken das viele Leute direkt an steigenden Mieten und erhöhten Kaufpreisen für Wohnimmobilien. Aber auch Nahrungsmittel werden teurer, denn es wird auch mit Agrarland spekuliert. Dazu kommen höhere Preise für Gewerbeimmobilien, wie z. B. Supermärkte, welche das wiederum auf die Lebensmittelpreise umlegen. Wenn sich die Preise für Büros, Lager,

Verkaufsflächen und weitere Immobilien erhöhen, schlagen sich diese Mehrkosten in vielen Produkten und Dienstleistungen des täglichen Bedarfs nieder, denn die meisten Unternehmen brauchen Immobilien irgendeiner Kategorie für ihren Geschäftsbetrieb. Die hohen Immobilienpreise schädigen auch die deutsche Wirtschaft, da sie die Produktion und den Vertrieb von Waren in Deutschland teurer machen und der Verbraucher eher auf günstig im Ausland produzierte und angelieferte Waren zurückgreift (z. B. bei Onlineversandhändlern). Da die Beschäftigten eines Unternehmens auch irgendwo leben müssen, kann es in Gegenden mit hohem Mietniveau zu Personalmangel kommen. Denn kaum jemand ist bereit, einen Großteil des Einkommens für die Miete aufwenden zu müssen, sondern wird dann eher in eine ländliche Gegend mit niedrigen Mietpreisen ziehen, auch wenn dort die Jobs rar und die Einkommen geringer sind. Es müssen also höhere Entgelte bezahlt werden, wenn Unternehmen Mitarbeiter anwerben und halten wollen – was wiederum die Preise für den Endverbraucher erhöht – die typische Inflationsspirale. Die Zentralbanken sollten also die Inflationsrate gut im Blick behalten und gerade Bürger mit mittleren und niedrigen Einkommen sollten zeitnah für eine höhere Inflationsrate kompensiert werden, indem Entgelte, Renten und Sozialleistungen angepasst werden. Kürzlich wurden aufgrund der Coronakrise wieder 750.000.000.000 Euro (750 Milliarden Euro) durch die EZB geschaffen – es sieht also eher nach mehr Gelderzeugung mit einhergehender Inflation aus als nach restriktiverer Geldpolitik.

Staatsverschuldung

Wo kommt das Geld her, welches sich der Staat ständig leiht? Teilweise von Staatsanleihen, welche die Bürger und andere Anleger kaufen – zum größeren Teil aber von privaten Banken die ebenso Staatsanleihen kaufen. Bevor die Zinsen für deutsche Staatsanleihen in den negativen Bereich gerutscht sind, musste Deutschland auch hohe Zinszahlungen leisten – und weil viele der damaligen Anleihen noch laufen, muss der deutsche Steuerzahler immer noch jedes Jahr 47.000.000.000 Euro (47 Milliarden Euro) an Zinszahlungen begleichen (Destatis, 2017).

Klingt auf den ersten Blick ganz normal: Banken leihen ja auch Bürgern und Unternehmen Geld, wieso dann nicht auch dem Staat? Die Perversion dahinter erkennt man aber erst, wenn man fragt, woher Banken das Geld bekommen – sie leihen es nämlich meist von der Zentralbank, im Falle Deutschlands von der EZB. (Anders als bei Unternehmens- oder Privatkrediten dürfen die Geschäftsbanken das Kapital für den Kauf von Staatsanleihen nicht aus dem Nichts schöpfen.) Die Zentralbank verleiht ihr Fiatgeld den Banken aber zu einem geringeren Zinssatz als diese von den Staaten verlangen, an die sie das Geld weiterverleihen (Schreyer, 2016).

Der Mechanismus der Banken wird in einem Beispiel deutlich:

Bank B leiht sich 100.000 Euro von der EZB zum Zinssatz von 0 % und verleiht diese 100.000 Euro zu einem Zinssatz von 2 % an Land X. Durch die Geldschöpfung der Zentralbank steigt die Geldmenge und damit das Inflationsrisiko.

Welchen Unterschied würde es also machen, wenn die EZB den Mitgliedsländern der Europäischen Währungsunion direkt Geld leihen würde, anstatt dies über private Banken zu tun, die daran kräftig mitverdienen ohne nennenswerte Arbeit oder Risiko zu haben? Wer jetzt meint, dass die Bank ja ein Ausfallrisiko trage, irrt. Denn im Falle von Griechenland wurde der Staatsbankrott abgewendet, indem Rettungspakete in Milliardenhöhe zur Schuldentilgung gewährt wurden, vor allem, um die Kredite bei deutschen und französischen Banken zu tilgen. Offiziell sind es meist Darlehen – aber praktisch ist jedem Akteur bewusst, dass diese Kredite nie beglichen werden. Die Schnürung von Rettungspaketen für Privatbanken wird jetzt wegen der Coronakrise wieder geschehen, da es sich die Politik nicht leisten kann, große Banken umfallen zu lassen und damit wieder eine Kettenreaktion wie 2007/2008 auszulösen.

Damit Banken nicht weiterhin Steuergelder in Milliardenhöhe ohne echte Gegenleistung bekommen, wäre eine Staatsfinanzierung mithilfe von Geldschöpfung durch Zentralbanken sinnvoll – allerdings nur in angemessenem Rahmen. Aber dazu mehr im nächsten Abschnitt.

Staatsfinanzierung durch die Zentralbanken

Zum Teil fängt die EZB an, die Eurostaaten mehr oder weniger direkt zu finanzieren, anstatt den teuren Umweg über die Geschäftsbanken zu gehen. Das klingt erst einmal vernünftiger, als den Banken grundlos Steuergelder in den Rachen zu werfen, indem man ihnen Zinsen für Geld bezahlt, welches sie sich meist kostenlos von der Zentralbank besorgt haben. Wie immer steckt der Teufel aber im Detail: nämlich in der Struktur der Europäischen Währungsunion.

Auch schon vor der Coronakrise gab es im Euroraum eine (indirekte) Staatsfinanzierung durch die Zentralbanken (Bücker, 2020). Aktuell wird diese Praktik massiv ausgeweitet. Seit 2015 wurden bereits für 2.000.000.000 Euro (2 Milliarden Euro) Staatsanleihen im Rahmen des Public Sector Purchase Program (PSPP) erworben (Budras, 2020) – ein Betrag, höher als die deutsche Staatsverschuldung. Das Bundesverfassungsgericht hat entschieden, dass die Verhältnismäßigkeit der Staatsanleihekäufe durch die EZB gegeben sein muss (Budras, 2020) – dieses schwammige Urteil bedeutet in der Praxis höchstwahrscheinlich, dass die Staatsfinanzierung durch die Notenpresse der EZB genauso wie bisher weitergehen wird. Das zeigt sich auch darin, dass der Wechselkurs des Euro kaum auf das Urteil reagiert hat.

Sofern es mit der Staatsfinanzierung durch die Druckerpresse nicht übertrieben wird, ist das nicht tragisch, denn solange die Wirtschaft wächst, gibt es eine steigende Nachfrage nach Geld und das Inflationsrisiko ist begrenzt.

In einer Währungsunion ist es aber problematisch, wenn nationale Regierungen sich fast unbegrenzt Geldnachschub holen können, um allerlei politisch motivierte Investitionen und Wahlgeschenke zu finanzieren, während die Gemeinschaft der Mitgliedsstaaten das Risiko der Inflation tragen muss.

Es ist wie bei einem Besäufnis, bei dem die Rechnung durch die Zahl der Köpfe geteilt wird – alle wollen so viel trinken wie möglich, weil die Rechnung ja von allen zusammen gezahlt wird. Das führt dazu, dass es alle übertreiben.

Während andere Euroländer also mithilfe von Schulden in Bildung, Forschung, Gesundheitsvorsorge, Infrastruktur, Sozial programme usw. und damit in die Zukunft investieren, spart Deutschland bei den Zukunftsinvestitionen, damit die Inflation des Euro nicht so sehr ansteigt. Das böse Erwachen ist vorprogrammiert – eine höhere Inflationsrate in der Eurozone, welche natürlich eher die kleinen Leute trifft, auch in Deutschland.

Aber keine Sorge: Natürlich macht die EZB Vorgaben, bevor sie Staatsanleihen eines Staates erwirbt – nur interessiert das niemanden und diese Vorgaben wurden in der Vergangenheit z. B. von Italien häufig ignoriert (Piller, 2012). Man muss keine hellseherischen Fähigkeiten haben, um vorauszusehen, dass die Vorgaben von Italien und auch anderen Staaten wieder ignoriert werden.

Die Geschichte ist voll mit Beispielen von Staatsfinanzierung mithilfe der Druckerpresse. Immer wurde massenweise neues Geld erzeugt, weil sich das aber herumspricht, steigen die Preise immer weiter, bis es zu einer Hyperinflation wie z. B. in Venezuela oder Zimbabwe kommt. Nach einer Weile akzeptiert kein Handelspartner dieses Geld mehr und niemand exportiert mehr etwas in diesen Staat, wenn nicht direkt mit Waren oder einer **harten Währung** (meist US-Dollar) bezahlt wird. Ob es in der Eurozone so weit kommt, wird sich zeigen.

oder Leitwährung

Ein Ausweg wäre die Rückkehr zu den individuellen Währungen. Die könnten dafür sorgen, dass jedes Land nur so viel Geld von der eigenen Zentralbank erzeugt, wie das bezüglich der Inflationsrate nötig ist. Auch wäre eine Abwertung der einzelnen Währungen wieder möglich. Damit erhöhen bestimmte Länder ihre Exportchancen und machen das Land für Touristen z. B. aufgrund der niedrigeren Preise attraktiver.

Aktienkäufe durch EZB

Eine Aktie kann steigen und fallen – wenn sie steigt, hat der Aktionär einen Gewinn, und wenn sie fällt, hat er einen Verlust. Soweit die Theorie. In der Praxis hat der Aktionär zwar einen Gewinn, wenn die Aktie steigt, aber den Verlust von fallenden Börsenkursen trägt in vielen Fällen der Bürger, der nie eine Aktie besessen hat. Wieso?

Die EZB kauft nicht nur Staatsanleihen, sondern auch Unternehmensanleihen und Aktien von Unternehmen, wenn sie der Ansicht ist, Börsenkurse sollten gestützt werden. Das war schon häufig der Fall. In der aktuellen Coronakrise ist so ein Aktienkauf im Rahmen des 750.000.000.000 Euro (750 Milliarden Euro) Programms mit aus dem Nichts erzeugten Zentralbankgeld beschlossen worden (Börsennews, 2020). Dadurch erhöht sich der Aktienkurs und der Aktionär freut sich. Die Aktienindices

DAX (Deutscher Aktienindex) und Dow Jones Industrial Average (Index der bedeutendsten US-Aktiengesellschaften) erreichten unter anderem deshalb zum Ende des Jahres 2020 Rekordhöchststände – obwohl sich die Welt in einer Wirtschaftskrise befindet. Leidtragend sind alle anderen Bürger, denn das Geld für die Ankäufe der EZB wird einfach erzeugt und im Umlauf gebracht, was das Inflationsrisiko erhöht. Der Aktionär hat also sozusagen eine kostenlose Ausfallversicherung für sein Investment, finanziert vom Bürger, denn wenn die Börse fällt, kommt irgendwann der Punkt, an dem die Zentralbank diese stützt.

Die Politik sollte dafür sorgen, dass Banken und andere Unternehmen nicht so groß werden, dass sie bei einer Insolvenz viele andere Wirtschaftssubjekte mit in den Abgrund reißen können. Dazu sollten in guten Zeiten die Gewinne der Großkonzerne versteuert werden, damit der Staat Reserven für Zeiten hat, in denen diese Konzerne mit Steuergeldern gerettet werden müssen. Aktienkäufe durch die EZB sollten untersagt werden. Auch über eine (teilweise) Verstaatlichung von Banken und anderen systemrelevanten Betrieben sollte nachgedacht werden.

Wodurch das System uns manipuliert

Wieso liest man die im Buch angesprochenen Themen kaum in den Massenmedien? Und warum machen Politiker Gesetze, die einen großen Teil der Menschen im Land schaden und nur der Oberschicht nutzen?

Soziale Klasse

Eine mögliche Ursache dafür ist die soziale Klasse der meisten Politiker und Journalisten. Von den Bundestagsabgeordneten haben 86,9 % einen Hochschulabschluss, in der Gesamtbevölkerung sind das nur 18,5 %. Nur 1,3 % der Abgeordneten haben lediglich einen Haupt- oder keinen Schulabschluss, in der Bevölkerung sind das 39,8 % (Brunner et al. n.d.). Einflussreiche Politiker haben natürlich ein entsprechend hohes Einkommen und stammen auch überdurchschnittlich oft aus höheren sozialen Schichten. Das deutet darauf hin, dass die Realität der Volksvertreter von der Lebenswirklichkeit eines Großteils der Bevölkerung abweicht. Dies führt schnell dazu, dass die Interessen der Menschen der mittleren und unteren Schicht bei politischen Entscheidungen nicht ausreichend berücksichtigt werden.

Bei Journalisten sieht es ähnlich aus: Die meisten sind männlich und stammen zu zwei Dritteln aus den oberen vier Prozent der Bevölkerung. Auch Menschen mit Migrationshintergrund und aus den neuen Bundesländern sind selten in höheren Medienpositionen. Das Problem dabei ist, dass soziale Ungleichheit, je nach sozialer Herkunft, oft unterschiedlich beurteilt wird (Hartmann, 2019). Das schlägt sich häufig in der Themenauswahl und der Berichterstattung nieder.

Bei der gesellschaftlichen Elite – auch in links-intellektuellen Kreisen – ist ein gewisses Ressentiment gegen niedrigere soziale Schichten weit verbreitet (Moldenhauer, 2016). Inwieweit dies auch auf Politiker und Journalisten zutrifft, lässt sich nicht sagen. Wenn einflussreiche Politiker Menschen, die niedrigeren sozialen Klassen angehören und politisch anders denken, „Pack“ (Sigmar Gabriel), „erbärmlich“ (Hillary Clinton), oder die „Zahnlosen“ (François Hollande) nennen (Manow, 2019), lässt das aber auf ein gewisses Maß an Verachtung gegenüber diesen Menschen schließen. Gruppenbezogene Ressentiments von Politikern und Journalisten würde einige politischen Entscheidungen, bzw. die Ignoranz der Medien gegenüber diesen Ungerechtigkeiten, erklären.

Medienkonzentration

Ein weiteres Problem sind die Eigentumsverhältnisse der Massenmedien, denn in

Deutschland gibt es einen hohen Grad an Medienkonzentration (Noam, 2016). Es gibt also relativ wenige große Medienhäuser die über viele Zeitungen, Zeitschriften, Fernsehkanäle oder Onlineportale verfügen

Ein Beispiel ist Bertelsmann, das aus unterschiedlichen Sparten besteht. Es ist ein komplexes Geflecht aus Unternehmensbeteiligungen, deshalb ist es schwierig, genau zu beschreiben, welche Zeitschrift, welcher Fernsehsender oder welche Zeitung genau zu Bertelsmann gehören. Ich werde einige deutschsprachige Medien aufzählen, an denen Bertelsmann beteiligt ist: RTL, RTL 2, Super RTL, VOX, NTV, TV-now, Nitro, Toggo plus und Geo TV. Indirekt produziert RTL auch Inhalte für Netflix und Amazon Prime. Penguin Random House ist der größte Publikumsverlag der Welt für Bücher und gehört ebenso zu Bertelsmann. Der Verlag besteht aus 250 Einzelverlagen. Gruner und Jahn gehört ebenso zu Bertelsmann, und ist u. a. an Zeitschriften wie Capital, Stern, Spiegel, Geo, und dem P.M. Magazin beteiligt. Außerdem besitzt Bertelsmann den Musikverlag BMG und die Bertelsmann Education Group.

Nicht weniger präsent am Medienmarkt ist der Springer Verlag, zu dem die Zeitungen Bild, Bild am Sonntag, die Welt, Business Insider und Fakt sowie der Fernsehsender Welt gehört. Der Springer Verlag gehört mittlerweile größtenteils zu KKR – eine Investmentgesellschaft, die unter anderem an Rüstungskonzernen wie Hensoldt beteiligt ist. KKR ist auch in Unternehmen investiert, die Windfarmen und andere erneuerbare Energiequellen betreiben. So umweltfreundlich investiert das Unternehmen aber nicht immer, denn sie sind auch bei Chinas größten Hühnerproduzenten eingestiegen. Der Investor KKR hat also durchaus noch andere Betätigungsfelder als Medien.

Dass Bertelsmann und Springer nicht einfach nur Konkurrenten sind, zeigt sich unter anderem daran, dass bis vor kurzem die Eigentümer des Springer Verlags (KKR) mit Bertelsmann zusammen je rund die Hälfte der Anteile des Musikverlags BMG hielten.

Und nochmal stoßen wir auf den Investor KKR – dieser hielt nämlich große Anteile an ProSiebenSat.1 – welches zusammen mit der RTL-Gruppe (welche zu Bertelsmann gehört) den Privatfernsehmarkt in Deutschland beherrscht. Beim Hörfunk sieht es nicht anders aus: Hier haben die RTL-Gruppe und die Axel Springer AG die meisten Anteile an den Radioprogrammen.

Fassen wir zusammen: Die Unternehmen, welche die privaten Medien in Deutschland beherrschen, haben bzw. hatten diverse Beteiligungen voneinander bzw. anderweitige Geschäftsbeziehungen.

Ob oder inwieweit die Eigentümer der einzelnen Medien die Inhalte auch beeinflussen, ist nicht deutlich zu erkennen.

Dass einige Medien sehr wohl die Ansichten des Eigentümers vertreten zeigt das

Beispiel von Rupert Murdoch, der viele Medien, von Fox-News in den USA bis zu britischen Boulevardzeitungen besitzt. All seine 175 Chefredakteure vertraten in ihren Medien eine positive Ansicht bezüglich des Angriffskrieges gegen den Irak (Greenslade, 2003). Zufall?

Mechanismen zur Wählerbeeinflussung

Dass Medien einen Einfluss auf das Wahlverhalten der Bürger haben, zeigt sich unter anderem in einer Studie von Balmas und Sheafer aus dem Jahr 2010. Diese zeigte, dass Politiker bei positiver Mediendarstellung populärer wurden und unpopulärer bei negativer Darstellung.

Nicht jeder, der in der Medienbranche arbeitet, hat großen Einfluss. Es gibt nur einige wenige einflussreiche Schlüsselpositionen. Das wären die Herausgeber und

Chefredakteure großer Printmedien, die Intendanten, Chefredakteure und Programmdirektoren – und das sind in Deutschland nur ca. 150 bis 200 Personen (Hartmann, 2019).

Auch die Themenauswahl von Journalisten hat einen Einfluss auf die Wahlentscheidung. Wähler treffen ihre Wahlentscheidung aufgrund von Themen, die vor der Wahl in aller Munde waren, statt Aspekte zu berücksichtigen, die weniger Aufmerksamkeit bekommen hatten (Druckmann, 2004).

Welche Mechanismen es zur Beeinflussung von Menschen gibt, lässt sich im Rahmen dieses Kapitels natürlich nicht komplett erläutern, aber ein paar davon werde ich kurz anschneiden.

Menschen sind soziale Wesen, sie wollen dazu gehören. Wenn Medien Menschen beeinflussen wollen, müssen sie also eine

Mehrheitsmeinung vorgaukeln. Der Medienkonsument, der eine andere Ansicht hat, wird diese evtl. überdenken oder zumindest für sich behalten, da er nicht aus der Gesellschaft ausgeschlossen werden möchte. Menschen, die eine andere Ansicht zum fraglichen Thema haben, werden gerne unattraktiv gemacht, z. B. indem sie von Medien als dumm, lächerlich, verrückt, asozial oder auf eine andere Art nicht zur Gesellschaft gehörend dargestellt werden. Dass die Ansicht der Mehrheit großen Einfluss auf das Individuum hat, zeigt z. B. das Asch-Experiment: Probanden müssen beurteilen, welcher Strich auf einem Blatt eine abweichende Länge hat. In der Versuchsgruppe ist nur eine Person der echte Proband. Die anderen kooperieren mit dem Wissenschaftler und sagen übereinstimmend aus, dass ein Strich kürzer sei, obwohl er die gleiche Länge wie die restlichen Striche hat – 76 % der Probanden passten ihre Aussage über den kürzesten Strich den anderen an, obwohl deren Aussage offensichtlich falsch war. Das zeigte deutlich, dass Menschen entweder ihrer eigenen Wahrnehmung nicht trauen oder sich nicht trauen, ihre Wahrnehmung zu äußern und sich deshalb lieber den Ansichten Anderer anpassen (BPB, 2010).

Erinnert sich noch jemand an die Verschwörungstheorie darüber, dass die USA über ihre Geheimdienste einen Großteil der Menschheit überwachen? Seit den Enthüllungen von Edward Snowden ist es keine Verschwörungstheorie mehr, sondern gehört zum Allgemeinwissen. Natürlich zeugen die meisten Verschwörungstheorien eher von einer blühenden Fantasie als von Insiderwissen – aber woher haben wir eigentlich von diesen wirren Verschwörungstheorien erfahren? Wer nicht in diversen Verschwörungsforen unterwegs ist, wird davon in den Medien gelesen haben. Und was wollen Medien? Klicks, Quote, Abonnenten. Wie bekommt man diese? Durch Meldungen, die Aufmerksamkeit und Neugierde wecken oder einfach lustig klingen, z. B. von Aluhutträgern, der flachen Erde oder der Nichtexistenz von Bielefeld. Ansichten anderer ins Lächerliche zu ziehen, ist eine populäre Diskreditierungsmaßnahme. Auch **Framing** dient dazu. Z. B. indem Menschen, die an der Regierungsversion einer Geschichte zweifeln, mit Aluhutträgern in einem Satz genannt werden und man sie damit beide automatisch gemeinsam als Verschwörungstheoretiker klassifiziert. Man spricht ihnen jegliche Logik und Vernunft ab.

= unterschiedliche Formulierungen einer Botschaft – bei gleichem Inhalt – beeinflussen das Verhalten des Empfängers unterschiedlich, je nachdem, welchen „Frame" (Kontextrahmen) die Formulierungen aktivieren.

Auch wenn Bürger protestieren, berichten in der Regel die (regionalen) Medien darüber (zumindest manchmal, denn einige Medien wollen das Anliegen der Demonstrierenden bewusst nicht an die Öffentlichkeit bringen). Was ist aber, wenn der Chefredakteur eines Mediums nicht mit der Forderung der Demonstranten einver-

Dass die Diskreditierung von Verschwörungstheorien nicht immer funktioniert, zeigt eine Umfrage in Deutschland. Demnach glauben 90 % der Deutschen, dass die USA nicht die ganze Wahrheit über die Anschläge vom 11. September 2001 berichteten (Emnid, 2010). In den USA sind es 54 % der Bürger, die nicht an die offizielle Version der Regierung zu den Anschlägen glaubt (Ghose, 2016).

standen ist? Die demokratisch legitime Art damit umzugehen wäre, die Forderung und Argumente der Demonstranten wahrheitsgemäß abzubilden und einen kritischen Kommentar darunter zu verfassen – richtig demokratisch wäre es, wenn ein Vertreter der Demonstranten darauf reagieren dürfte und dies auch noch abgedruckt werden würde. Aber was wird gemacht? Es werden Interviews mit verschiedenen Demoteilnehmern gemacht – und dann wird vor der Berichterstattung selektiert. Es wird nur das Interview gezeigt, in welchem ein Demonstrant wirres Zeug redet. Die Interviewten, die ihr Anliegen nachvollziehbar dargelegt haben, hören und sehen wir selten. Das nächste Medium fragt genau bei dieser Person wieder ein Interview an und so entsteht der Eindruck, dass diese wirre Person für die ganze Bewegung spräche – selbst wenn diese nicht hierarchisch organisiert ist und es keinen Anführer oder Sprecher gibt.

Die Macht der Medien wird besonders deutlich, wenn man sich Korrelationen zwischen medialer Aufmerksamkeit für ein Thema und die Reaktionen der Bevölkerung ansieht. Wie eine Studie zeigt, gibt es eine positive Korrelation zwischen negativer Medienberichterstattung über Geflüchteten und rassistischen Angriffen gegen Geflüchtete (Krempl, 2017).

In einer Demokratie mit Pressefreiheit ist es nicht so, dass der Chefredakteur der Journalistin Anweisungen darüber gibt, über was sie berichten soll und welche politische Tendenz der Artikel haben sollte – aber eine Journalistin wird nicht als Journalistin geboren, sie muss sich ihre Position erarbeiten. Bis dahin müssen viele (meist unbezahlte) Praktika durchlaufen werden – d. h. der Chefredakteur hat durch zahlreiche bisher veröffentlichte Artikel einer Bewerberin einen guten Überblick darüber, in welche politische Richtung deren Artikel bisher tendiert haben. Dass politische Artikel oft tendenziös sind, erkennt meist nur der gut informierte Medienkonsument, die anderen merken eher nicht, wenn z. B. relevante Informationen oder Argumente weggelassen oder kleingeredet werden. Chefredakteure sind gut informiert und merken schnell, wenn Artikel tendenziös verfasst sind – und da die Chefredakteure, die sich ständig mit Politik befassen, meist auch eine politische Ansicht haben, ist es wahrscheinlich, dass sie eher Journalisten einstellen, die ihre eigene Meinung teilen.

Die Konzentration von Journalisten bestimmter politischer Richtungen in bestimmten Medienhäusern zeigt sich z. B. darin, dass Journalisten oft andere Parteipräferenzen haben als die Bevölkerung. 36 % der Journalisten haben eine Präferenz für die Grünen, 25 % für die SPD, 6 % für die FDP und 11 % für die CDU/CSU – besonders die niedrige Zustimmung für die Unionsparteien und die häufig genannte Präferenz für die Grünen weichen stark von der Bevölkerungsansicht ab, denn die Unionsparteien erhielten bei der letzten Bundestagswahl rund 33 % der Stimmen und die Grünen nur knapp 9 %. Parteien wie Linkspartei oder AfD wurden von Journalisten kaum als präferierte Partei genannt – obwohl diese von 9 bzw. 12,5 % der Wähler gewählt wurden (Döpfner, 2018).

Dass sich diese Parteipräferenz in der Berichterstattung widerspiegelt, zeigt sich z. B. bei Themen, zu denen die Grünen eine positive Einstellung haben, z. B. die Flüchtlingskrise im Jahr 2015. In diesem Jahr hatten 90 % der einflussreichsten Zeitungsartikel eine positive Tendenz bezüglich der Aufnahme von Geflüchteten, einem Programmschwerpunkt der Grünen (Hurz, 2016).

Dass Medienhäuser nach bestimmten Grundsätzen handeln, ist übrigens kein Geheimnis: Es steht offen auf deren Internetseiten z. B. vom Axel Springer Verlag (zu welchem Zeitungen wie „Bild" und „Die Welt" sowie der Nachrichtensender „Welt" gehört). Dort heißt es:

> „Medienunternehmen tragen in einer Demokratie gesellschaftliche Verantwortung, weil sie die Meinungsbildung ihrer Leser, Hörer, Zuschauer, ihrer Nutzer prägen. Als einziger, unabhängiger Verlag besitzt Axel Springer deshalb seit 1967 mit den Essentials eine Unternehmensverfassung, um dieser Verantwortung auf transparente Weise Rechnung zu tragen."

Die „Essentials" werden weiter unten aufgeführt und haben es in sich:

> „Wir treten ein für Freiheit, Rechtsstaat, Demokratie und ein vereinigtes Europa; Wir unterstützen das jüdische Volk und das Existenzrecht des Staates Israel; Wir zeigen unsere Solidarität in der freiheitlichen Wertegemeinschaft mit den Vereinigten Staaten von Amerika; Wir setzen uns für eine freie und soziale Marktwirtschaft ein; Wir lehnen politischen und religiösen Extremismus ab." (Axel Springer, 2021).

Ob diese Ziele nun gut oder schlecht sind, ist Ansichtssache – aber Fakt ist, dass Journalisten ihre Arbeit einer Unternehmensverfassung unterstellen müssen, die sehr konkret ist und nicht nur die typischen Grundsätze einer zivilisierten Organisation enthält, wie z. B. für Demokratie, Freiheit und gegen Antisemitismus, Homophobie, Rassismus, Sexismus, Extremismus ...

Wenig überraschend kommen auch Studien zu dem Ergebnis, dass Massenmedien nicht die Realität widerspiegeln und Medienberichte oft einseitig, ungenau, verzerrt und manchmal tendenziös berichten (Schulz, 2011). Das ist auch logisch, denn wenn Journalisten entscheiden, wer ihr Interviewpartner ist, wer in politische Gesprächsrunden eingeladen wird und welche Themen überhaupt besprochen werden, ist klar, dass gesellschaftliche Debatten in bestimmten Korridoren geführt werden. Z. B. darüber, wie die EU sich weiterentwickeln sollte – aber kaum jemand kommt zu Wort, der Deutschlands Mitgliedschaft in der EU überhaupt infrage stellt. Genauso wenig wie die Mitgliedschaft in der NATO, die kapitalistische Wirtschaftsordnung oder die parlamentarische Form der Demokratie.

Dazu kommt, dass es kaum Massenmedien gibt, die nicht von Werbeschaltungen abhängig sind – und Werbung wird meist von Unternehmen geschaltet. Ein Medium, welches kritisch über diverse Unternehmen berichtet, wird wohl wenig Werbekunden haben ...

Angesichts dieser Fakten ist es nicht verwunderlich, dass 60 % der Deutschen angeben, wenig oder gar kein Vertrauen in die Medien zu haben. Fehlinformation bzw. Manipulation wurden von 27 % als Hauptgrund angegeben, von 20 % einseitige Berichterstattung (Zeit, 2015).

Verbindungen zwischen Politik und Medien

Lange Zeit galt sie als Verschwörungstheorie: Die Bilderberg-Konferenz. Mittlerweile berichten auch einige Medien vom jährlichen Treffen zwischen den Eliten aus Politik, Medien und Wirtschaft – die meisten Massenmedien verschweigen diese Konferenz aber weiterhin.

Bei der Bilderberg-Konferenz 2019 waren aus Deutschland u. a. Ursula von der

Leyen, der Chef des Axel Springer Verlags Döpfner und der ehemalige Vorstandsvorsitzende von Daimler Zetsche, die u. a. auf NATO-Generalsekretär Stoltenberg, Emanuel Barosso (ehemaliger EU-Kommissionspräsident und heute Berater von Goldman Sachs) und viele andere internationale Größen aus Politik und Wirtschaft trafen. Annegret Kramp-Karrenbauer stand auch auf der Gästeliste – aber sagte kurzfristig ab, nachdem eine überregionale Zeitung ihr eine Anfrage zu jener Einladung geschickt hatte (Hink, 2019). Schon immer waren alle Bundeskanzler Deutschlands von Ludwig Erhard bis Angela Merkel auf mindestens einer Bilderberg-Konferenz anwesend. Was dort getan oder besprochen wurde weiß, außer den Teilnehmern wohl niemand, Spekulationen gibt es darüber im Internet genug. Offizielle Themen von 2019 waren jedenfalls die „Zukunft des Kapitalismus“ und „Soziale Medien als Waffe“ (HAZ, 2019).

Aber nicht nur auf Konferenzen, sondern auch ganz normal im Berliner Regierungsalltag treffen Politiker und Journalisten häufig in freundschaftlicher Weise aufeinander, z. B. im sog. „Wohnzimmerkreis“, bei welchem sich hohe Politiker und wichtige Journalisten im Wohnzimmer eines Journalisten treffen und sich informell unterhalten (Weichert & Kramp, 2010).

Dass das Verhältnis zwischen einigen Journalisten und Politikern in Deutschland freundschaftlich ist, zeigt sich auch in der gängigen Praxis, dass Interviews nicht direkt veröffentlicht werden – das fertige Interview wird erst nochmals dem betreffenden Politiker zugeschickt. Dieser kann es dann nochmal überarbeiten und Passagen streichen. In vielen anderen demokratischen Ländern ist dies nicht der Fall. Manchmal werden große Teile des Interviews im Nachhinein von der Pressestelle eines Politikers gestrichen oder verändert. (Decker, n. d.)

Was könnte aber Journalisten passieren, die genau das machen, was ihr Beruf fordert, nämlich bei Politikern kritische Fragen stellen, kritische Artikel schreiben und Themen öffentlich diskutieren? Die laufen Gefahr, wenig Informationen zu bekommen. Weniger bekannte Medien haben z. B. oft Probleme überhaupt ein Interview mit einem bekannten Politiker zu bekommen und müssen zudem dafür bestimmte Bedingungen oder Kriterien erfüllen, die der Politiker vorgibt (Decker, n.d.).

Was es bedeutet, wenn sich die einflussreichsten Menschen aus Politik, Wirtschaft und den Medien regelmäßig treffen und evtl. ein persönliches Verhältnis aufbauen, sei dahingestellt. Ich vermute jedenfalls, dass es der Rolle der Medien als Kontrollinstanz der Politik, und damit als Garant der Demokratie, keinen guten Dienst erweist.

Dass diese pessimistische Konklusion gerechtfertigt ist, zeigen auch Umfragen bei Journalisten:

> „Die Aufgabe des Journalismus, Kritik und Kontrolle zu üben, verliert an Bedeutung."

Diese Antwort gaben viele Journalisten in einer Studie auf die Frage, wie sie die Zukunft ihres Berufsstandes sehen. In der gleichen Studie gaben viele Journalisten an, dass die Abhängigkeit von Werbung zunehmen und dies negative Konsequenzen auf die Inhalte haben werde. Viele gaben auch an, dass sie mit mehr einseitiger Information zu tun haben würden. Jeder zweite Journalist gab an, dass die Recherchen oberflächlicher würden (Bigel & Sattler, 2005).

Schlechte Bezahlung von Journalisten

Ein Journalist berichtet, dass er 200 Euro verdient habe – aber nicht für eine Stunde Arbeit, sondern für eine ganze Woche. Das sind übrigens 200 Euro mehr, als einer der vielen unbezahlten Praktikanten für diese Arbeit bekommen hätte. Gewissenhaftes Recherchieren, was für Qualitätsjournalismus notwendig ist, kostet Zeit – und diese wird von vielen Redaktionen nicht ausreichend bezahlt (Baetz, 2009). Es wird also einfach von Pressemeldungen abgeschrieben, weil es zu viel Zeit kostet lange Berichte oder gar Sachbücher zum Thema zu lesen.

Angst und Wut als Erfolgsrezept

Wie oben schon erwähnt kostet es weniger Zeit eine Sensationsmeldung herauszubringen, als das Thema gewissenhaft zu recherchieren und auch Lösungsmodelle zu erwähnen. Beispiele sind z. B. Geoengineering, also technologische Maßnahmen gegen die globale Erwärmung. Weil es viel Fachwissen benötigt und Zeit kostet einen Artikel darüber zu schreiben, wird das Thema kaum in den Massenmedien aufgegriffen. Aber ist das der einzige Grund, wieso man zu „Global Warming" bei einer großen Suchmaschine über 70.000.000 Treffer, zu „Geoengineering" aber nur 2.000.000 Suchergebnisse bekommt? Ein weiterer Grund könnte sein, dass Geoengineering gegen die globale Erwärmung als Tabuthema unter Klimawissenschaftlern gilt (Gent, 2021), was evtl. einige Medien davon abhält, überhaupt Lösungsvorschläge zur globalen Erwärmung zu beschreiben, die über die Reduktion der Treibhausgase hinausgehen. Nur die Folgen der globalen Erderwärmung zu beschreiben, ohne Lösungsvorschläge zu präsentieren, führt bei den Lesern zu Angst und Wut – und genau diese zwei Emotionen führen dazu, dass ein Artikel am häufigsten geteilt wird (Jones, Libert, & Tinsky, 2016)

Offizielle Verbindungen zwischen Medien, Großkonzernen und der Politik

Eine Studie brachte heraus, dass Leitmedien die aktuellen Debatten der Elite aus Wirtschaft und Politik reflektieren, aber in dem von der Elite gesteckten Rahmen bleiben. Und somit werden die Interessen der Mehrheit in den medialen Diskursen unzureichend berücksichtigt (Krüger, 2013).

Krüger hat die Berichterstattung über den Bundeswehreinsatz in Afghanistan untersucht. Es zeigte sich, dass die Journalisten, die enge Kontakte zu NATO und US-Politikern hatten, besonders positiv über den Einsatz berichteten und ihre Artikel auch ansonsten eher positiv gegenüber der US-Politik waren.

Aber wieso ist das so?

Neben den vielen informellen Verbindungen zwischen Politik, Medien und der Wirtschaft existieren auch ganz formelle Beziehungen. Z. B. Chefredakteure großer deutscher Zeitungen wie „Focus", „Spiegel" oder „Die Zeit", die Banken und andere DAX-Konzerne beraten (Krüger, 2013). Wie sollen diese Medien kritisch über ein Unternehmen berichten, wenn der eigene Chefredakteur dieses berät?

Protagonisten der „Frankfurter Allgemeinen Zeitung", der „Süddeutschen Zeitung" und des „Zweiten Deutschen Fernsehens" beraten die Bundesakademie für Sicherheitspolitik und Think Tanks (Beraterstäbe) des Bundesverteidigungsministeriums, welche wiederum die Bundeskanzlerin, den Innenminister, die Verteidigungsministerin, den Außenminister, den Finanzminister, den Justizminister, den Wirtschaftsminister und den Entwicklungshilfeminister beraten. Medienmacher müssen auch hier als vierte Gewalt die Politiker kritisieren, welche sie in ihrer Nebentätigkeit beraten (Krüger, 2013).

Friedrich Merz sagte vor kurzem über Journalisten: „Wir brauchen die nicht mehr.“ und verwies auf die sozialen Medien, mit denen Politiker selbstständig ihre Informationen verbreiten könnten (Tagesspiegel.de, 2020). Nach meiner Ansicht entsteht dadurch keine große Veränderung, denn ob Politiker selbst ihre Informationen verbreiten oder dies über unkritische Journalisten geschieht, die ihnen in vielen Aspekten wohlgesonnen sind, macht kaum einen Unterschied. Juristisch ist es Politikern untersagt selbst journalistisch tätig zu sein, aber wie die vielen Nachrichtenveröffentlichungen von Politikern in sozialen Medien zeigen, hat dies keine juristischen Konsequenzen. Ob Medienberichte von wohlgesonnenen Journalisten oder von Politikern selbst verbreitet werden – in beiden Fällen wird die Kontrollfunktion der Medien untergraben und die Demokratie geschädigt.

Grosskonzerne bestimmen welche Informationen wir sehen

Wenn jemand nach einer bestimmten Information sucht, wird meist gegoogelt – denn die Suchmaschine Google des multinationalen Konzerns Alphabet (zu dem auch Youtube gehört) wird für rund 90 % der Internetsuchen genutzt. 99 % der Nutzer klicken auf die Suchergebnisse auf der ersten Seite (Raaf, 2020). Wie Google festlegt, was vorne bei den Suchergebnissen auftaucht, hält der Konzern geheim. Das Unternehmensmotto von Alphabet lautet **„Do the right thing“**. Leider hält sich das Unternehmen nicht wirklich daran, denn Google hat schon mehrfach nachweislich seine Marktmacht missbraucht, indem eigene Angebote in den Suchergebnissen höher platziert waren als die der Konkurrenten. Dafür wurde das Unternehmen auch zu einer Geldstrafe verurteilt. Darüber hinaus hat Google durch Vertragsklauseln mit Websites verhindert, dass Konkurrenzunternehmen von Google dort Werbung platzieren konnten (Tagesschau, 2019).

„Mach das Richtige“

Diese Fälle zeigen, dass der Suchalgorithmus von Google nicht einfach nach objektiven Kriterien funktioniert, sondern von Google manipuliert werden kann und auch wurde. Es könnte genauso passieren, dass bei einer Googlesuche zu einem politischen Ereignis Suchergebnisse so gelistet werden, wie es Google will und nicht nach objektiven Kriterien. Genau das gab es schon: Als Google anfing in China aktiv zu werden, wurden regierungskritische Inhalte aus den Suchergebnissen herausgefiltert. Nachdem Google sich trotzdem nicht gegen den chinesischen Konkurrenten Baido durchsetzen konnte, stellte es seine Aktivitäten in China ein – bis zum Projekt Dragonfly. Diese Suchmaschine für China sollte nicht nur Suchtreffer zensieren, sondern mutmaßlich auch der Überwachung der Bevölkerung dienen. Nach Protesten von Amnesty International und vielen Mitarbeitern von Alphabet wurde das Projekt eingestellt.

Aber wer sagt, dass dieser Weltkonzern seine marktbeherrschende Stellung nicht für politische Zwecke missbraucht? Wäre es wirklich unvorstellbar, dass die ersten Treffer bei Suchen nach bestimmten Politikern eher negative Medienberichte sind, wenn sich diese gegen die Marktmacht von Google bzw. Alphabet aussprechen?

Unternehmen beeinflussen die öffentliche Meinung

Die arbeitgebernahe „Initiative Neue Soziale Marktwirtschaft" (INSM) hat Schleichwerbung in der Telenovela „Marienhof" der ARD geschaltet, um z. B. das Image von Zeitarbeit aufzubessern, um dafür zu werben, dass Schulunterricht stärker auf die Bedürfnisse von Unternehmen ausgerichtet werden sollte, und um hohe Steuern zu kritisieren (Lobbycontrol, 2005). Ein Beispiel von vielen, denn dass Fernsehproduktionen für die Verbreitung bestimmter Ansichten genutzt werden, kommt häufiger vor – meist aber unbemerkt von der Öffentlichkeit.

Kinder und Jugendliche sind auch eine wichtige Zielgruppe für Manipulationsmaßnahmen von Unternehmen bzw. Unternehmensverbänden. Z. B. wird häufig Unterrichtsmaterial bereitgestellt. Wenn man bedenkt, dass ein Lehrer für die Erstellung eines komplexen Arbeitsblattes rund 4–5 Stunden braucht, kann man sich denken, wie gerne die kostenlose Hilfe von Unternehmen und wirtschaftsnahen Verbänden angenommen wird.

Im Jahr 2012 gab es in Deutschland 882.540 verschiedene Unterrichtsmaterialien, die Lehrkräfte kostenlos nutzen konnten und die von Unternehmen bzw. Verbänden bereitgestellt wurden. Von den 20 umsatzstärksten Unternehmen in Deutschland haben nur 4 keine Unterrichtsmaterialien bereitgestellt. Teilweise kommen auch Experten aus Unternehmen direkt in den Unterricht. Die Bundesverbraucherzentrale zweifelt an der Neutralität dieser externen „Experten“. Oft gehen die Unternehmen psychologisch geschickt vor, z. B. indem sie Pro- und Kontraargumente in den Arbeitsblättern aufführen, damit diese neutral wirken. Wenn die Lehrkraft keine fundierten Fachkenntnisse des Themas hat, wird ihr nicht auffallen, wenn die Argumente der

Kontraseite viel schwächer sind, weil relevante Gegenargumente weggelassen wurden (Lobbycontrol, 2017).

Ein Unternehmen will ein Projekt durchführen – es gibt Protestbewegungen dagegen. Aber immer öfter gibt es auch Gegenprotestbewegungen, die für das Vorhaben des Unternehmens demonstrieren, wie z. B. „Pro Lausitzer Braunkohle e.V.", „Unser Revier – unsere Zukunft – an Ruhr und Erft", „Ja zu FRA" am Flughafen Frankfurt und „I love S21" in Stuttgart. Man könnte den Eindruck bekommen, dass einige Bürger gegen und andere für die geplante Maßnahme sind. Der Eindruck entsteht, dass die Vorhaben bestimmt nicht so negativ seien, weil es ja auch Menschen gibt, die dafür demonstrieren. Bis man erfährt, dass die oben genannten und viele andere „Bürgerinitiativen" von Konzernen finanziert und gelenkt werden. Als es um die Privatisierung der Deutschen Bahn ging, kam heraus, dass diese für 1.300.000 Euro eine Kampagne durchführen ließ, um in Medien und Onlinediskussionsforen Beiträge zu posten, die sich für die Privatisierung ausgesprochen haben.

Wenn Bürger Abgeordnete mit einem bestimmten Anliegen anschreiben, könnte man denken, dass dieses Anliegen den Bürgern besonders wichtig ist – aber in einigen Fällen sind es Mitarbeiter von Unternehmen, die von ihren Vorgesetzten durch informellen Druck dazu angehalten werden, sich schriftlich an Politiker zu wenden. Es kommt auch vor, dass Unternehmen Spione in Bürgerinitiativen einschleusen, um von deren Plänen zu erfahren (Müller, 2015).

Auch kommt es vor, dass Unternehmen eigene Leute in Bürgerinitiativen einschleusen, um diese entweder in eine andere Richtung zu lenken oder Konflikte innerhalb der Gruppe zu kreieren (Kirkpatrick, 2015).

Umfragen

Wieso hat der FC Bayern mehr Fans als der Berliner Fußballclub Hertha BSC? Weil der FCB häufiger gewinnt. Ich will nicht über Fußball diskutieren, sondern deutlich machen, dass Menschen gerne auf Gewinner setzen und sich mit diesen identifizieren. In der Politik ist das nicht anders: Es ist menschlich, sich mit dem Gewinnern einer Wahl identifizieren zu wollen, anstatt mit den Verlierern. Wer hat schon Lust zu schmollen, während andere sich über den Sieg ihrer Partei freuen? Einige Menschen ohne feste politische Parteienpräferenz, die sogenannten Wechselwähler, lassen ihre Wahlentscheidung evtl. auch davon beeinflussen, ob eine Partei Chancen auf einen Wahlsieg hat. Wer denkt, dass seine Stimme sowieso keinen Einfluss haben wird, weil ein Volksentscheid oder eine Wahl sowieso schon entschieden scheint, ist auch eher geneigt von seinem demokratischen Wahlrecht keinen Gebrauch zu machen. Aber woher weiß der Wähler im Vorhinein, welche Partei bzw. welcher Kandidat gewinnen wird bzw. wie ein Referendum ausgehen wird? Von Umfrageergebnissen, die vor jeder Wahl in zahlreichen Medien veröffentlicht werden – und regelmäßig daneben liegen. Schöppner vom Meinungsforschungsinstitut Emnid gibt zu, dass Umfragen auch zur politischen Manipulation dienen können (Fleischmann et al. 2008).

Die international bekanntesten falschen Prognosen, die auf Umfrageergebnisse basierten, waren die Prognosen zum Brexit und die Wahlprognosen für Trump 2016 und 2020. Es gibt für diese falschen Prognosen zwei mögliche Gründe: Der erste wäre mangelnde Kompetenz der beteiligten Umfrageinstitute. Aber gerade nachdem die Prognosen vor der Wahl von Trump 2016 so falsch lagen, hätte man doch davon ausgehen können, dass die Institute für die nächsten Wahlprognosen dazugelernt hätten. Aber auch bei der US-Wahl 2020 wurde dem Präsidentschaftsanwärter Biden ein haushoher Sieg prognostiziert, obwohl er nur knapp gewann. Konnten die Meinungsforscher es wieder nicht besser oder wollten sie die öffentliche Meinung nicht abbilden, sondern formen? Gut, dass es in Deutschland besser läuft – denkste ... Umfragen des Meinungsforschungsinstituts Forsa sind mit äußerster Vorsicht zu genießen, da diese gerade bei der SPD häufig von den Umfrageergebnissen anderer Institute negativ abweichen (Aisch, 2013). SPD-Politiker werfen Forsa deshalb auch vor, Politik zu betreiben, statt Meinungsforschung. Die Forschungsgruppe Wahlen stellte fest, dass die SPD seit längerem bei Forsa-Umfragen deutlich niedrigere Werte erzielt, als bei anderen Instituten (Fleischmann et al., 2008).

Bei der AfD sind ähnliche Abweichungen zwischen den verschiedenen Meinungsforschungsinstituten zu beobachten, z. B. bei Forsa schneidet die AfD durchschnittlich schlechter ab als bei anderen Instituten (Loos, 2017).

Spezifische Wahlwerbung

Einige große E-Mailanbieter haben Systeme, die automatisch den Inhalt der dort geschriebenen Mails analysieren – das klingt nach einer Verschwörungstheorie, ist es aber nicht, es steht in deren Allgemeinen Geschäftsbedingungen (AGB) z. B. von Yahoo oder Google (Policies.Yahoo.com, n.d.; Gibbs, 2014), die aber wahrscheinlich kaum jemand gelesen hat. Dort steht auch, dass diese Informationen genutzt werden, um z. B. zielgruppengerechte Werbung zu schalten.

Wer ein Profil auf Facebook hat und öfter mal die „Gefällt mir"-Schaltfläche (Like-Button) drückt, kann sich sicher sein, dass der Konzern sehr viele Informationen bekommt, denn eine Studie zeigt, dass man anhand der Nutzung des Like-Buttons sehr genau auf Dinge wie sexuelle Orientierung, religiöse und politische Ansichten, Persönlichkeitsmerkmale, Intelligenz, Zufriedenheit, Drogenkonsum, Alter und Geschlecht und sogar eine Scheidung der Eltern schließen kann (Kosinski et al., 2013).

Facebook hat natürlich keine Informationen über Menschen, die nicht bei Facebook eingeloggt sind oder überhaupt kein Facebook-Konto haben – könnte man meinen ... In Wirklichkeit werden auch Menschen von der Datensammelwut von Facebook erfasst, die noch nie etwas mit Facebook zu tun hatten, und zwar über die Like-Buttons auf diversen Webseiten, selbst wenn diese nicht angeklickt werden (McCullagh, 2010). Facebook speichert also welche Seiten eine bestimmte Person besucht hat, was auch Rückschlüsse auf andere Personen zulässt.

Dass auch Google fleißig Nutzerdaten sammelt, dürfte bekannt sein. Über den googleeigenen Browser Chrome kann man aber in den Inkognitomodus wechseln. Auf der Webseite von Google heißt es dazu:

> **Privates Surfen**:
> Wenn Sie nicht möchten, dass Google Chrome Ihre Aktivitäten speichert, können Sie im Inkognitomodus surfen.
> (Support-Google, n. d.)

Ein US-Gericht hat kürzlich festgestellt, dass Google seine Nutzer nicht darüber informiert hat, dass durch Google-Dienste Informationen gespeichert werden, obwohl man sich im Inkognitomodus befindet (Nayak & Rosenblatt, 2021).

Wissen ist Macht – und am Beispiel der spezifischen Wahlwerbung lässt sich dies am besten verdeutlichen. Wenn multinationale Konzerne wie Suchmaschinen, E-Mailanbieter, soziale Onlinenetzwerke, Onlineversandhändler usw. über fast alle Menschen viel wissen, lässt sich maßgeschneiderte (Wahl)werbung schalten. Wenn z. B. bekannt ist, dass jemand einen bestimmten Beruf bei einem bestimmten Unternehmen ausübt und dort ein Arbeitsplatzabbau ansteht, kann eine politische Partei das nutzen, indem sie für diese Person im Internet Werbeanzeigen schaltet und sich z. B. gegen die Schließung eines Werkes positioniert. Auch wenn sich auch andere Parteien gegen den Arbeitsplatzabbau engagieren – die Partei, welche die Information von dem spezifischen Nutzer hat und die speziell zugeschnittene Onlinewerbung schaltet, verdeutlicht dies der betroffenen Person. Angst ist für Parteien sowieso eine gute Wahlkampfstrategie, z. B. verängstigende Meldungen über gewalttätige Minderheiten, die besonders ängstlichen Menschen gezeigt werden. Es wurden für Wahlkampfzwecke auch schon psychographische Profile von Facebook-Nutzern erstellt – was natürlich noch viel wirkungsvollere Beeinflussung zulässt (siehe Cambridge-Analytica-Skandal).

Aber welcher Partei stellen diese multinationalen Konzerne diese Daten zur Verfügung? Wahrscheinlich den Parteien, die genug dafür zahlen können oder auch denen, welche diesen Internetkonzernen wohlgesonnen sind. Da die Eigentümer der digitalen Großkonzerne auch nicht völlig unpolitisch sind, dürfte deren persönliche Präferenz auch einen Einfluss darauf haben, welche Partei mit den wichtigen Nutzerdaten unterstützt wird. Wenn aber Großkonzerne bzw. deren milliardenschwere Eigentümer bestimmen, wer die Daten bekommt, um effektive Wahlwerbung zu betreiben – inwieweit bestimmen diese dann wer eine Wahl gewinnt? Wie demokratisch ist die Demokratie dann noch?

Organisationen und Parteien

Wer macht Karriere? Wer kompetent ist oder wer ein gutes Verhältnis zu den Vorgesetzten hat? Letzteres bringt Menschen auf der Karriereleiter viel weiter als Kompetenz. Und wie werden sich Mitarbeiter und Vorgesetzte sympathisch? Hauptsächlich durch Ähnlichkeit und häufigen Kontakt (Christiansen, 2013). Wenn der Mitarbeiter und der Vorgesetzte nun in der gleichen politischen Partei sind, haben sie jedenfalls ähnliche politische Ansichten, womit jemand schon mal Pluspunkte aufgrund der Similarität bekommt. Dazu hat man immer ein gutes Gesprächsthema, denn wenn man auf der gleichen Wellenlänge liegt, kann man sich ohne Angst vor Fettnäpfchen über Politik unterhalten. Weil man sich im gleichen

Ortsverband einer Partei auch oft über den Weg läuft und evtl. noch die gleichen Parteifreunde hat, kommt noch die gesteigerte Sympathie durch häufigen Kontakt dazu.

Obwohl das Thema mit dem Kölner Klüngelskandal medial aufgegriffen wurde, gibt es erstaunlicherweise keine systematische wissenschaftliche Untersuchung über Parteipolitisierungen öffentlicher Unternehmen (Röber, 2002). Dass in zahlreichen Ministerien, auch in den unteren Rängen, Posten nach Parteibuch vergeben werden (Schäfers, 2012), lässt darauf schließen, dass andere private und öffentliche Organisationen ähnlich verfahren. Wenn Menschen durch Parteimitgliedschaften in hohe Positionen kommen und ihrerseits auch wieder Posten an Parteigenossen vergeben, bildet sich eine Elite, die bestimmte Parteien unterstützt. Damit werden auch bestimmte Denkmuster (z. B. eine positive Haltung gegenüber der EU) in Organisationen eingepflanzt, die sich schwerlich ändern lassen.

Wer wird (und bleibt) Politiker?

Wie wird man Politiker? Man muss – am besten schon in jungen Jahren – einer Partei beitreten, bei Wahlkämpfen helfen und dabei in zahlreichen Bürgergesprächen die Politik der Partei verteidigen. Die ständige Wiederholung bestimmter Ansichten sowie die Verteidigung der Parteilinie gegenüber Andersdenkender führt auch zu einer Art

Gehirnwäsche. Das Wort Gehirnwäsche suggeriert komplexe psychologische Methoden, aber im Prinzip geschieht dies einfach durch Wiederholung und argumentativer Verteidigung des Parteibuches. Um das zu können, gibt es ideologische Schulungen, bei denen die Parteifunktionäre auch genau merken, wer sich der Parteilinie unterordnet und wer rebelliert. Was passiert aber mit den jungen Rebellen innerhalb einer Partei? Die werden schlicht nicht für höhere Ämter vorgeschlagen und falls doch, dann nicht gewählt, denn meist steht die Mehrheit der Partei für die Politik der Partei – und wer diese ändern will, erntet wahrscheinlich nur wenig Zustimmung. Wenn die Rebellen in der Partei bleiben, bleiben sie ein unbedeutendes Parteimitglied, welches seine monatlichen Beiträge bezahlt und beim Wahlplakate kleben hilft. Ein junger Mensch kann noch so motiviert sein – die besten Reden auf Parteitagen bringen nichts, wenn kein etablierter Politiker ihre Kandidatur unterstützt. Wer kommt dann in hohe Parteiämter? Menschen, die entweder genau die gleiche Meinung wie die Führungselite der Partei haben, oder aber Opportunisten, die aus Gleichgültigkeit die von oben vorgegebenen Ansichten nachplappern, um selbst Karriere zu machen. Einigen Politikern würde ich sogar ein Defizit an kritischen Denkvermögen unterstellen – das ist für die Politikerkarriere nicht schlecht, denn wer nie an der Richtigkeit der Parteiposition zweifelt, hat auch kein Problem damit, die Hand bei allem zu heben, was die Parteiführung für richtig hält. (Das ist der sogenannte Fraktionszwang – der im Prinzip gesetzeswidrig ist, denn offiziell sind politische Mandatsträger bei ihren Entscheidungen nur ihrem Gewissen unterworfen.)

Natürlich kommt es vor, dass Politiker, wenn sie in höheren Positionen angekommen sind, nicht so funktionieren, wie man es von ihnen erwartet.

Der ehemalige Bundespräsident Horst Köhler, der aus einfachen Verhältnissen stammt, war ein Querulant – er sprach sich für eine Regulierung des Finanzkapitalismus, für faire Handelsregeln mit Afrika und ein Ende der Ungerechtigkeit bezüglich der Handels- und Agrarpolitik Europas zu Lasten des afrikanischen Kontinents aus. Köhler tat dazu etwas, was in der Geschichte der BRD nur selten vorkam – er unterschrieb beschlossene Gesetze der Regierung nicht und verhinderte damit deren Inkrafttreten. Er tat dies sogar mehrmals in seiner Amtszeit. Auch den EU-Grundlagenvertrag von Lissabon unterzeichnete Köhler nicht gleich. Zudem stellte er sich gegen die schwarz-gelbe Regierung, indem er geplante Steuersenkungen kritisierte, er hielt auch globalisierungskritische Reden. Das waren alles Dinge, die ihn bei gewissen Eliten unbeliebt machten, aber für die man ihn nicht öffentlich angreifen konnte. Die mediale Schlammschlacht fing an, nachdem Köhler die Wahrheit über ein emotionales und strittiges Thema ausgesprochen hatte: Bundeswehreinsätze zum Schutz der wirtschaftlichen Interessen Deutschlands. Wer der mehrheitlichen medialen Berichterstattung darüber folgte, musste den Eindruck haben, dass Köhler dies gefordert hätte. Dem war aber nicht so, er hat lediglich eine Debatte darüber gefordert, weil Bundeswehreinsätze für die wirtschaftlichen Interessen Deutschlands seit langem durchgeführt werden, aber nie öffentlich diskutiert wurden. Bundeswehreinsätze für Wirtschaftsinteressen wurden schon lange davor in der europäischen Sicherheitsstrategie und dem von der Bundesregierung veröffentlichten Weißbuch der Bundeswehr, genau wie auch schon in der Sicherheitsstrategie für Deutschland der Unionsfraktionen, veröffentlicht. Aber erst als Köhler dies wiederholte, hagelte es Kritik – gegen ihn persönlich, nicht gegen die Regierung und die EU, welche eine solche Strategie lange davor verkündet hatten. Inmitten dieses medialen Shitstorms gegen den Bundespräsidenten kam er in eine Situation, in der er ein Gesetz unterzeichnen sollte, welches er davor stets abgelehnt hatte: Das Gesetz zum Europäische Stabilisierungsmechanismus (ESM), welches die rechtliche Rahmenbedingung für die Milliardenzahlungen an Griechenland schaffte, damit das Land vor allem seine Kredite bei deutschen und französischen Privatbanken bedienen konnte. Bundespräsident Köhler unterzeichnete es nicht und trat zurück. Sein Nachfolger unterzeichnete das Gesetz (Wikipedia, n. d.).

Bekämpfung politischer Gegner

Wenn eine Partei andere Parteien bekämpft, ist das legitim – solange dies mit Argumenten geschieht.

Als der Bundestag, der Bundesrat und die Bundesregierung die Nationaldemokratische Partei Deutschland (NPD) verbieten wollten, wurde dies vom Bundesverfassungsgericht verworfen, weil es in der Parteiführung viele verdeckte Ermittler (V-Leute) gab, welche die Partei maßgeblich beeinflusst hatten (Geuther, 2015).

Ob die V-Leute die Partei wirklich radikalisierten oder ob diese auch ohne V-Leute genauso oder noch radikaler gewesen wäre, lässt sich nicht sagen. Interessant an dem Verfahren ist aber, dass von staatlicher Seite Personen in eine Partei geschleust wurden, die dort nicht nur Information gesammelt, sondern die Partei maßgeblich geprägt hatten. Da auch einige Unternehmen eigene verdeckt arbeitende Agenten in Bürgerinitiativen einschleusen, um diese zu unterwandern, ist es nicht komplett abwegig, wenn der Staat (oder andere Organisationen) dies nicht nur bei der NPD, sondern auch bei anderen Parteien unternimmt.

Von einer Partei, die sich kritisch gegenüber der EU aussprach und die Europäische Währungsunion verlassen wollte, die u. a. von Prof. Bernd Lucke gegründete Alternative für Deutschland (AfD), ist programmatisch nicht mehr viel übrig. Jetzt ist die AfD eine Partei, in der Politiker in den höchsten Positionen sind, die diskriminierende Aussagen von sich geben (wie bereits im Abschnitt „Teile und herrsche“ mit Beispielen belegt). Ressentiment gegen bestimmte Minderheiten scheint eines der Hauptmerkmale der AfD geworden zu sein, weshalb sich die Partei für viele unwählbar macht.

Auch in der Linkspartei gibt es radikale Aussagen und Personen, die sehr viel mediale Aufmerksamkeit bekommen. Eine Hoffnungsträgerin der Partei wie Sahra Wagenknecht, die für einen realpolitischen Kurs stand, ist u. a. aufgrund von Anfeindungen vom Fraktionsvorsitz zurückgetreten. Damit ist zu erwarten, dass sich auch hier die Realpolitiker nicht durchsetzen werden, was zu einer Radikalisierung und damit für viele zur Unwählbarkeit führt.

Eine komplett gegensätzliche Entwicklung gab es bei Bündnis 90/Die Grünen. Wenn man an den Wandel der Grünen denkt, die von einer pazifistischen, linken Partei zu einer Partei wurde, welche die Hartz-IV-Reformen verabschiedete und den ersten Angriffskrieg der BRD im Bundestag beschloss, fragt man sich auch, was von der Partei übrig geblieben ist – und wieso sich die Partei so verändert hat.

Nein, ich will nicht behaupten, dass von staatlichen oder nichtstaatlichen Akteuren Personen in all diese Parteien eingeschleust wurden, um diese zu unterwandern, zu spalten, zu radikalisieren oder sonst wie zu verändern – aber dies komplett auszuschließen, wäre doch ein wenig naiv.

Auch politische Gruppen oder einzelne Aktivisten sind für staatliche Organe nicht immer uninteressant.

Messengerdienste dürfen laut einer Gesetzesänderung nun auch von staatlichen Organen zur Spionage genutzt werden – auch ohne konkreten Verdacht. In der Praxis dürften damit alle Menschen überwacht werden, welche die Geheimdienste überwachen wollen (Computerwoche, 2020).

Dass man allgemein im Internet selten anonym agieren kann, dürfte bekannt sein – weniger bekannt ist, dass auch angeblich anonyme Browser wie Tor keine wirkliche Anonymität gewährleisten (Payne, 2021).

In der analogen Welt ist die Überwachung nicht weniger vorangeschritten:

Durch eine **Gesetzesänderung des Postgeheimnisses** ist es jetzt sogar Postzustellern erlaubt, in Briefen und Paketen nachzusehen, wenn diese illegale Inhalte vermuten. Diese müssen sie dann den Strafverfolgungsbehörden melden. Wie konkret diese Vermutung sein muss, wird im Gesetz nicht definiert (Perspektive-online.de, 2021).

im Art. 10 des Grundgesetzes

Aber auch wer z. B. Flyer verteilt, bleibt nicht unter dem Radar: Zu Zeiten der DDR hat das **Ministerium für Staatssicherheit** bei anonym verfassten politischen Schriftstücken anhand der Buchstaben analysiert, von welchem Schreibmaschinenmodell diese geschrieben wurden. Oft konnte man herausfinden, wer so eine Schreibmaschine besaß. Heutzutage geht das leichter: Viele Farblaserdrucker bzw. Kopierer hinterlassen auf jeder gedruckten Seite einen indivi-

„Stasi“

nicht nur das Druckermodell, sondern das spezifische Gerät!

duellen Code aus winzigen gelben Punkten, mit denen der **Drucker** identifiziert werden kann. Damit kann in vielen Fällen auch der Besitzer ausfindig gemacht werden. Klingt nach abstruser Verschwörungstheorie – aber 2019 hat eine deutsche Behörde, das Unabhängige Landeszentrum für Datenschutz, Schleswig Holstein, diese seit 2004 bestehende Praxis offiziell bestätigt (Datenschutzzentrum.de, 2019).

Wenn politische Aktivisten Plakate oder Flyer drucken, müssen sie also damit rechnen, dass man sie identifizieren kann. Gegen Geldfälschung wurde dieses Erkennungsmerkmal nicht eingeführt, denn viele Kopierer, bzw. Kombinationsgeräte aus Scanner und Drucker, erkennen eingelegte Banknoten und verweigern die Kopie, stattdessen wird eine geschwärzte Version des Scheines ausgedruckt.

Der Rechtsstaat

Deutschland ist ein funktionierender Rechtsstaat! Einige Leute würden hinter diesem Satz aber eher ein Fragezeichen machen, z. B. die vier Steuerfahnder des Frankfurter Finanzamts, welche ihren Job ernst nahmen:

Sie untersuchten mit ihrem Team z. B. die Commerzbank und sorgten damit dafür, dass dem Staat rund 1.000.000.000 Euro (1 Milliarde Euro) an entzogenen Steuern doch noch gezahlt wurden. Einige Steuerfahnder des Teams wurden zwangsversetzt, durch eine Amtsverfügung wurden den verbliebenen die Hände gebunden, vier der Steuerfahnder wurden für verrückt erklärt (Wikipedia, n. d.). Jahre später wurde der gerichtliche Gutachter wegen vorsätzlicher Falschbegutachtung zu einer geringen Geldstrafe von nur 12.000 Euro verurteilt – und ist immer noch als Gutachter für Gerichte tätig. Die Steuerfahnder, von denen einer nach seiner Zwangspensionierung als Dozent an einer Hochschule unterrichtete, gelten offiziell immer noch als „unheilbar psychisch krank, geistig umnachtet und deshalb dauerhaft dienstunfähig" und wurden nicht rehabilitiert. Bundesrichter bezeichneten den Vorfall als „staatlich organisierte Auslöschung von vier Beamten" sowie „illegale Zwangspsychiatrisierung unbequemer Staatsdiener wie in einem Unrechtsregime" (Thieme, 2013). Ein Einzelfall? In Nürnberg wurde Gustl Mollath zwangsweise in die Psychiatrie eingewiesen, u. a. weil ihm ein paranoides Gedankensystem attestiert wurde. Damit waren seine Anschuldigungen gegen eine große Bank wegen Schwarzgeldgeschäften gemeint – später kam heraus, dass diese Anschuldigungen der Wahrheit entsprachen. Derselbe Richter, der Mollath in die Psychiatrie einweisen ließ, sorgte übrigens dafür, dass die Strafanzeigen, die Mollath wegen der Schwarzgeldgeschäfte der Bank gestellt hatte, vom Finanzamt nicht bearbeitet wurden (Kasperowitch, 2012).

Auch in anderen Bereichen scheint mit zweierlei Maß gemessen zu werden. So kommen viele Steuerhinterzieher, welche die Gesellschaft teilweise um Millionenbeträge betrügen, ohne Haftstrafen davon (Financescout24.de, n. d.) – im Gegenzug werden pro Jahr allein in Berlin rund 900 Menschen wegen Schwarzfahrens zu teilweise mehrmonatigen Gefängnisstrafen verurteilt (Tagesspiegel, 2020).

Parteispenden

Alle im Bundestag vertretenen Parteien bekommen Spenden in Millionenhöhe aus der Wirtschaft oder von Privatpersonen. Wobei gerade die Spenden aus der Wirtschaft nach politischer Ausrichtung der Parteien stark schwanken, von 9.600.000 Euro für CDU und CSU bis zur Linkspartei, die im Jahr 2019 nur 2.000 Euro von der Wirtschaft bekommen hat. Bei den Privatspenden liegen ebenso die CDU/CSU mit zusammen 17.800.000 Euro vorne, die Linkspartei ist mit 2.000.000 Euro auch hierbei Schlusslicht (Abgeordnetenwatch, 2020).

Wieso Unternehmen, Verbände und Privatpersonen an Parteien spenden, ist nicht immer genau nachvollziehbar. Es kann aber spekuliert werden, dass die Spendengelder für bestimmte Parteien oder Politiker nicht mehr fließen, wenn diese Partei oder dieser Politiker einen Kurs fahren würden, der den Spendern schadet bzw. nicht zusagt. Ein Politiker muss sich also ziemlich genau überlegen, was er von sich gibt und welche Politik er unterstützt, weil sonst evtl. die Spendengelder an die Konkurrenzpartei und die Konkurrenzkandidatin fließen.

Bei der Automobilindustrie hat es sich die Politik scheinbar schon verscherzt, denn Volkswagen (wozu u. a. Audi, Seat, Škoda, Porsche, Bentley, Bugatti, Lamborghini, Ducati, MAN, Scania usw. gehört), Daimler und BMW, die bisher große Spender waren, haben ihre Spendenzahlungen an Parteien komplett gestoppt (Scholz, 2019).

Politiker in Wirtschaftspositionen

Dass Politiker während ihrer politischen Tätigkeit oder danach gut bezahlte Positionen in der Wirtschaft annehmen, kommt häufig vor. Sigmar Gabriel (SPD) wechselte zur Deutschen Bank, Altkanzler Gerhard Schröder (SPD) zu Nord Stream (ein Unternehmen welches Gasimporte aus Russland fördert), Rezzo Schlauch (Grüne) beriet Atomkraftwerksbetreiber EnBW, Dirk Niebel (FDP) wurde Waffenlobbyist, Daniel Bahr (FDP) war Gesundheitsminister und für die Regulation der PKV zuständig – danach arbeitete er für eine PKV. Ronald Pofalla (CDU) wechselte zur Deutschen Bahn, genau wie der der ehemalige bayerische Verkehrsminister Wiesheu (CSU). Verbraucherschützer Berninger (Grüne), der sich vor allem gegen Übergewicht bei Kindern einsetzte, wechselte nach seiner politischen Karriere zum Mars-Konzern (Spiegel.de, 2020).

Lobbyismus

Was machen die rund 6.000 Lobbyisten der verschiedenen Interessenverbände in Berlin und die 25.000 Lobbyisten in Brüssel? Die Brüsseler Lobbyisten geben für ihre Tätigkeit jährlich 1.500.000.000 (1,5 Milliarden) Euro aus (Lobbycontrol, 2020), für Berlin gibt es keine Zahlen. Für den deutschen Bundestag haben 778 Lobbyisten einen Hausausweis, d. h. sie dürfen einfach die Regierungsgebäude betreten, ohne sich davor anmelden zu müssen. Bis 2015 wurde die Anzahl der Hausausweise für den Bundestag geheim gehalten, erst nach einer Klage musste diese veröffentlicht werden (Abgeordnetenwatch, 2019). Seit Jahrzehnten wird die Einführung eines Lobbyregisters gefordert, damit wenigstens ersichtlich ist, welcher Lobbyist mit welchem Politiker Kontakt hat. Die meisten Parteien wollen davon aber nichts wissen.

Was tun die ganzen Lobbyisten also? Mit guten Argumenten Politiker überzeugen, um zu Gunsten des Interessenverbandes zu handeln? In der Theorie ist es genau das – aber dafür könnte man auch einfach einen Brief schreiben, vor allem, weil nicht ständig Entscheidungen anstehen, die einen bestimmten Wirtschaftszweig oder anderen Interessenverband betreffen. Dafür wäre auch nur eine Briefmarke nötig, die (noch) keine 1,5 Milliarden Euro kostet. Es liegt die Vermutung nahe, dass Politiker nicht nur mit Argumenten überzeugt werden ... Wenn Unternehmen und Interessenverbände viel Geld für Lobbyismus ausgeben, muss sich das bestimmt lohnen – und das tut es auch. In einem Fall, in dem Lobbyisten für Unternehmen Steuererleichterungen erreicht haben, hatten sie für ihre Lobbyaufwendungen einen Return on Investment von 22.000 % (Blumenthal, 2009). Lobbytätigkeiten können also für den Interessensverband sehr lohnend sein.

Die Tatsache, dass die Politik das Thema am liebsten von der Öffentlichkeit geheim halten will, spricht Bände.

Korruption

Stimmenkauf war in Deutschland illegal – bis 1954. Dann wurde dieser Straftatbestand gestrichen und erst 1994 wiedereingeführt und 2014 aufgrund von Druck der Vereinten Nationen weiter verschärft. Wobei man eher sagen müsste, dass der Witz weitererzählt wurde, denn fast alles was mit Bestechung von Abgeordneten zu tun hat, bleibt legal: Bestechungsversuche bleiben legal und Abgeordnete dürfen teure Geschenke annehmen. Illegal ist Bestechung nur, wenn etwas „im Auftrag und auf Weisung“ geschieht. Praktisch müsste der Abgeordnete unterschreiben, dass er eine gewisse politische Entscheidung unterstützt, weil er dafür etwas bekommen hat (Edelhoff, 2014).

Wahlentscheidungen nicht rationell

Die Manipulation des Wählers funktioniert deshalb so gut, weil, entgegen der allgemeinen Annahme, Wähler ihre Wahlentscheidung in der Regel nicht nur davon abhängig machen, inwieweit das Parteiprogramm und die Aussagen der Spitzenkandidaten mit den persönlichen politischen Ansichten übereinstimmt. Es gibt sehr viele Faktoren, welche die Wahlentscheidung eines Menschen unbewusst beeinflussen, die rein gar nichts mit Logik zu tun haben.

Die religiöse Zugehörigkeit und die soziale Klasse eines Menschen haben einen großen Einfluss auf das Wahlverhalten (Laurence & Kotler-Berkowitz, 2001). Auch Lebenspartner beeinflussen die Wahlentscheidung einer Person (De Graaf & Heath, 1992). Sogar Reziprozität, also das Gefühl, dass man einen Politiker mit seiner Wahlstimme danken will, weil er davor etwas für die Gesellschaft getan hat (wie z. B. in einem Krieg gekämpft), hat einen Effekt (Hahn, 2004). Sogar die ethnische Zugehörigkeit eines Kandidaten hat einen Einfluss darauf, ob er von jemanden gewählt wird (Graves & Jongho, 2000) – diesen Effekt konnte man bei der Wahl von Barack Obama erleben, für den weniger als die Hälfte der weißen Amerikaner stimmten, aber 95 % der schwarzen Wähler (Edison & Mitofsky, 2008) – obwohl das ethnisch betrachtet nicht logisch ist, denn Barack Obama ist der Sohn einer weißen Mutter und eines schwarzen Vaters, also gleichermaßen ein Abkömmling dieser beiden Gruppen. Das Geschlecht eines Kandidaten spielt auch eine Rolle, denn einige Wähler haben eine Präferenz für Politiker ihres eigenen Geschlechts (Boehm et al., 2010). Ebenfalls kann das Alter eines Kandidaten für die Wahl entscheidend sein, denn bei vielen Menschen gibt es eine Präferenz für Politiker, die in einer ähnlichen Altersklasse wie sie selbst sind (Piliavin, 1987).

Äußere Umstände können die Wahlentscheidung beeinflussen, z. B. bekommt der Amtsinhaber im Durchschnitt 1,61 % mehr Stimmen, wenn ein lokales Sportteam kurz vor der Wahl einen Wettstreit gewonnen hat (Healy et al., 2010). Hingegen hat es keinen Einfluss, ob jemand an psychischen Erkrankungen leidet, denn unter diese Patienten weichen die Wahlentscheidungen nicht von der restlichen Bevölkerung ab (Klein & Grosmann, 1971).

Wähler gegnerischer Parteien als „verrückt" zu bezeichnen, entbehrt also jeglicher Grundlage.

Die Bildung einer Person scheint zumindest eine Korrelation mit der präferierten Partei zu haben, denn Wähler von CDU/CSU und SPD verfügen über einen niedrigeren durchschnittlichen Bildungsgrad als die Wähler anderer im Bundestag vertretener Parteien (Rößner & Tannenberg, 2019).

Auch andere unbewusste Aspekte spielen eine Rolle, z. B. das Aussehen eines Kandidaten (Todorove et al., 2005) und die Körperbewegungen eines Politikers (Kramer et al., 2010). Wenn jemand vor der Wahl seine Landesflagge sieht, ist er oder sie sogar mehr geneigt, eine rechts stehende Partei zu wählen (Carter et al., 2011).

In einer Studie wurde kalkuliert, dass unpolitische Unterschiede zwischen den Kandidaten auf eine politische Wahlentscheidung ebenso starken Einfluss haben wie politische Unterschiede (Campbell & Meier, 2005).

Es wird also oft nicht die Person gewählt, welche die politischen Ansichten der Mehrheit widerspiegelt, weil irrationale Faktoren einen enormen Einfluss auf das Verhalten der Wähler haben. Dazu kommt oft ein Informationsdefizit der Wähler über die politischen Positionen der Parteien und Personen. Psychologisch geschickt agierende Massenmedien haben also leicht die Möglichkeit, die Wähler zu beeinflussen, da die meisten Menschen Politiker und Parteien nur über die Medien kennen bzw. nur das von diesen wissen, was die Medien ihnen servieren.

Systemevolution

Es gab keine große Revolution durch die Oberschicht, um das System so zu gestalten, dass es für die oberen 1 % der Bevölkerung in Deutschland vorteilhaft ist. Wenn man sich ansieht, wie die aktuelle Situation die Mittel- und Unterschicht benachteiligt, sehe ich den Ursprung eher in einer Art Evolution. Das gestaltet sich meines Erachtens so, dass z. B. ein neues Gesetz diskutiert wird, welches der Oberschicht nicht gefällt – sofort laufen einige Lobbyisten, Medien und Politiker dagegen Sturm und das Gesetz kommt nicht bzw. wird abgemildert. Wenn jedoch ein Gesetzesvorhaben diskutiert wird, welches eher der Mittel- und Unterschicht schadet, regt sich meist kein großer Widerstand, weil die meisten Menschen in Deutschland keine Eigentümer eines Medienhauses sind, keine großen Parteispenden an Politiker überweisen und auch keine direkte Verbindung zu einflussreichen Politikern haben. Die Möglichkeiten des Lobbyismus des kleinen Mannes bzw. der kleinen Frau beschränken sich auch meist auf das Schreiben eines Briefes oder dergleichen. Dazu kommt, dass Menschen in ihrem Alltag oft so eingebunden sind, dass sie sich kaum aktiv mit Politik befassen können oder einfach resignieren, weil sie schon zu oft mit ansehen mussten, dass Gesetze zu ihren Ungunsten einfach beschlossen wurden. Dass dies nicht einfach der Eindruck eines Pessimisten ist, zeigt eine Studie aus den USA, die aufzeigt, dass der Wille der Masse der Bevölkerung bei der Gesetzgebung kaum Beachtung findet, sondern bei fast allen politischen Entscheidungen fast ausschließlich die Präferenzen der Oberschicht berücksichtigt werden (Gilens, 2012).

Meines Erachtens gibt es keine frustrierendere Freizeitbeschäftigung, als sich mit Politik zu befassen. Um Ihre Laune zu heben, werde ich Ihnen im letzten Kapitel aufzeigen, wie sich die Situation verbessern könnte.

Womit Deutschland demokratischer und sozialer wird

Man braucht den Kopf nicht in den Sand stecken, es gibt potentielle Alternativen – nur haben die Personen, die sich im aktuellen System zur Vermögens- und Machtelite zählen, natürlich wenig Interesse daran ihren Status aufzugeben. Da wir in einer Demokratie leben und die Bürger über das Internet zunehmend besser informiert und vernetzt sind, kann sich aber früher oder später etwas verändern. Auch wenn es das perfekte System nicht gibt – die Demokratie ist das beste System von allen – und mein Vorschlag zielt darauf ab, mehr Demokratie zuzulassen. Dies ist auch nötig, denn die Missstände, die ich in diesem Buch bespreche, sind nicht neu, die Politiker wissen sehr gut, dass in Deutschland vieles besser laufen könnte. Um etwas verändern zu können, dürfen wir nicht weiter darauf warten, bis sich ein hoher Politiker erbarmt. Wir müssen selbst aktiv werden und unsere demokratischen Rechte nutzen. Eine Möglichkeit dafür werde ich im nächsten Abschnitt vorstellen.

Wissensbasierte direkte Demokratie

Viele der beschriebenen Punkte zeigen, dass politische Entscheidungen getroffen wurden, die vor allem den unteren Schichten aber in vielen Fällen auch der Mehrheit der Gesellschaft mehr schaden als nutzen. Wie kann das in einer Demokratie sein? Um das zu ändern möchte ich eine öffentliche Debatte anstoßen, wie unsere Demokratie noch demokratischer werden kann.

Eine mögliche Lösung wäre nicht weniger, sondern mehr Demokratie. Bei einer direkten Demokratie nach Schweizer Vorbild gibt es allerdings immer noch einen Makel, nämlich dass Massenmedien und reiche Lobbygruppen den Meinungsbildungsprozess überproportional beeinflussen können und deshalb gelegentlich trotzdem Wahlentscheidungen gefällt werden, die sich eigentlich gegen die Interessen der Bevölkerung richten. Die kleine Bürgerinitiative hat nämlich meist weniger finanzielle Ressourcen und politische Netzwerke als ein Großkonzern und kann deshalb weniger Leute informieren oder gar beeinflussen.

Deshalb müsste das System der direkten Demokratie idealerweise noch um einen Aspekt erweitert werden:

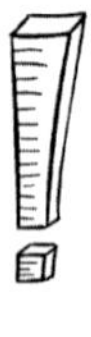

Die wissensbasierte direkte Demokratie.

Das bedeutet, dass sich der Wähler über ein Thema informieren muss, bevor er in einem Volksentscheid darüber abstimmt. Es geht nicht um fundierte Fachkenntnisse, sondern einfach darum, dass jemand abschätzen kann, welche Konsequenzen seine Entscheidung haben wird.

Die Informationen, die dem Wähler in der Wahlkabine zur Verfügung gestellt werden, sollten wissenschaftlich fundiert, aber dennoch in einfacher Sprache formuliert sein. Dass komplexe Dinge leicht verständlich herübergebracht werden können zeigt z. B. die Sendung „Nachrichten in leichter Sprache" des Deutschlandfunks.

Befürworter wie Gegner einer politischen Entscheidung dürfen z. B. je eine Seite mit Fakten und Argumenten erstellen, die nachweislich richtig sein müssen.

Dann muss der Wähler in einem einfachen Test zum Ankreuzen zeigen, dass er die Folgen der verschiedenen Wahloptionen kennt und kann sofort im Anschluss beim Referendum teilnehmen.

Die Hürden für einen Volksentscheid sollten niedrig sein, damit auch Themen auf die Agenda kommen können die nur wenige Menschen betreffen.

Das Parlament wäre nur noch für nebensächliche Entscheidungen zuständig. Politikverdruss wäre ein Begriff der Vergangenheit, weil die Wähler sehen, dass ihre Wahl einen direkten Einfluss auf die politischen Entscheidungen hat. Eine Manipulation durch Medien und andere Interessensgruppen wäre nicht mehr so leicht möglich, da die Wähler spätestens in der Wahlkabine auch mit den Argumenten der anderen Seite konfrontiert werden und diese auch zur Kenntnis nehmen müssen, um den Test zu bestehen.

Damit wäre Demokratie endlich das, was es ursprünglich bedeutete, nämlich Herrschaft des Staatsvolkes.

Quellenverzeichnis

Wie wir um unseren Lohn betrogen werden

DLF (2020, 10. November). EU-Kommission wirft Amazon Verstoß gegen Kartellrecht vor. Abgerufen 27.04.2021 von https://dlf.de/x.2932.de.html?drn:news_id=1192996

Garms-Homolová, Roth & Engel (2004). Vorkommen, Ursachen und Vermeidung von Pflegemängel: Forschungsbericht. Abgerufen 19.03.2021, von https://www.wernerschell.de/Medizin-Infos/Pflege/Pflegemaengel_NRW.pdf

Haas, S., Hörz, M.; Meyer, R.; Zajonz M.; (2021, 22. März). Diese Länder liegen vorne: Wie viele wurden bisher gegen Corona geimpft? Abgerufen 22.03.2021, von https://www.zdf.de/nachrichten/politik/corona-impfung-daten-100.html

Kröger, M. (2019, 22. Februar). Großerben zahlen kaum Steuern. Abgerufen 19.03.2021, von https://www.spiegel.de/wirtschaft/soziales/vermoegen-reiche-erben-zahlen-kaum-steuern-a-1299218.html

NDR online (2020, 19. Februar). Was kostet ein Platz im Pflegeheim? Abgerufen 19.03.2021, von https://web.archive.org/web/20210120045533/https://www.ndr.de/ratgeber/gesundheit/Pflegeheim-Wie-teuer-ist-ein-Platz,pflegeheimkosten100.html

Nettolohn.de (2020). Gehaltsrechner. Abgerufen 19.03.2021, von https://www.nettolohn.de/brutto-netto-ergebnis

Perspektive Online (2021, 19. Februar). BioNTech/Pfizer wollte 27 Milliarden Euro für seinen Impfstoff – der auch mit Steuergeld entwickelt wurde. Abgerufen 22.03.2021; von https://perspektive-online.net/2021/02/biontech-pfizer-wollte-27-milliarden-euro-fuer-impfstoff-der-auch-mit-steuergeld-entwickelt-wurde/

Schimmeck, T. (2018, 30. September). Warum multinationale Konzerne wenig Steuern zahlen. Abgerufen 19.03.2021, von https://dlf.de/x.724.de.html?dram:article_id=429393

Schwaldt, N. (2015, 16. April). Mit Pflegeheimen lässt sich reichlich Profit machen. Abgerufen 19.03.2021, von https://welt.de/article139642076

Schwarz-Kocher, M. (Hrsg.) et al. (2019, Februar). Standortperspektiven in der Automobilzuliefererindustrie. Die Situation in Deutschland und Mittelosteuropa unter dem Druck veränderter globaler Wertschöpfungsstrukturen. Abgerufen 19.03.2021, von http://hdl.handle.net/10419/194580

Spiegel.de (2019, 2. Dezember). Großerben zahlen kaum Steuern. Abgerufen 27.03.2021, von https://www.spiegel.de/wirtschaft/soziales/vermoegen-reiche-erben-zahlen-kaum-steuern-a-1299218.html

Statista (2020). Household electricity prices worldwide in 2020, by select country. Abgerufen 27.03.2021, von https://www.statista.com/statistics/263492/electricity-prices-in-selected-countries/

Steuerklassen.com (n. d.). Sachspenden – ist die Mehrwertsteuer absetzbar? Abgerufen 22.03.2021, von https://www.steuerklassen.com/steuern/mehrwertsteuer/sachspenden/

Stocker, F. (2016, 06. Juni). Warum die Reichen immer reich bleiben werden. Abgerufen 19.03.2021, von https://welt.de/article156001603

Szymanski, P. (2020, 15. Oktober). Amazon: EU-Abgeordnete befürchten Bespitzelung. Abgerufen 27.04.2021 von https://www.computerbild.de/artikel/cb-News-Internet-Amazon-EU-Abgeordnete-Bespitzelung-27884953.html

Wirth, H., (2021, 11. März). Aktuelle Fakten zur Photovoltaik in Deutschland. Abgerufen 21.03.2021, von https://www.ise.fraunhofer.de/content/dam/ise/de/documents/publications/studies/aktuelle-fakten-zur-photovoltaik-in-deutschland.pdf

WiWo (n. d.) Kuriose Mehrwertsteuer-Ausnahmen. Abgerufen 19.03.2021, von https://wiwo.de/4715054.html

Zeit (2016, 19. Oktober). Hohe Vermögen sind vor allem vererbt. Abgerufen 22.03.2021, von https://www.zeit.de/wirtschaft/2016-10/reichtum-deutschland-hochvermoegen-arbeit-schenkungen-erbschaften

Weshalb wir früher sterben

Aerzteblatt.de (2020, 3. July). Tabakwerbeverbot beginnt schrittweise ab 2021. Abgerufen 27.03.2021, von https://www.aerzteblatt.de/nachrichten/114235

AOK (2019). Der Fehlzeiten Report. Abgerufen 27.03.2021, von https://www.aok.de/fk/betriebliche-gesundheit/grundlagen/fehlzeiten/ueberblick-fehlzeiten/

Deutsches Krebsforschungszentrum (2001). Factsheet Tabakwerbeverbot. Abgerufen 27.03.2021, von https://www.dkfz.de/de/tabakkontrolle/download/Publikationen/Fakten/Factsheet_Tabakwerbeverbot.pdf

DGB (2016). DGB-Index Gute Arbeit. Abgerufen 27.03.2021, von https://index-gute-arbeit.dgb.de/

DGB (2017). DGB-Index Gute Arbeit.Abgerufen 27.03.2021, von https://index-gute-arbeit.dgb.de/

DGB (2018). DGB-Index Gute Arbeit. Abgerufen 27.03.2021, von https://index-gute-arbeit.dgb.de/

DGB (2019). DGB-Index Gute Arbeit. Abgerufen 27.03.2021, von https://index-gute-arbeit.dgb.de/

Doll, R.; Peto, R.; Wheatley, K. et al. (1994). Mortality in relation to smoking: 40 years' observations on male British doctors. British Medical Journal 309: 901 – 911. Abgerufen 27.03.2021, von https://doi.org/10.1136/bmj.309.6959.901

Elder, K. (2013). Vaccine prices: a painful shot for Africa. OECD Observer (No. 296). Abgerufen 27.03.2021, von https://doi.org/10.1787/observer-v2013-3-en

Focus.de (2017). Deutsche zahlen Milliarden für Zahnersatz. Abgerufen 27.03.2021, von https://focus.de/6466186

Gebrekidan, S.; Apuzzo, M.; Novak, B. (2019, 3. November). The Money Farmers: How Oligarchs and Populists Milk the E.U. for Millions. Abgerufen 27.03.2021, von https://www.nytimes.com/2019/11/03/world/europe/eu-farm-subsidy-hungary.html

Gehalt.de (n.d.). Was verdient eigentlich ein...?. Abgerufen 27.03.2021, von https://www.gehalt.de/beruf/hausarzt-allgemeinmediziner

Gubby, H. (2019, 06. September). Is the Patent System a Barrier to Inclusive Prosperity? The Biomedical Perspective. Abgerufen 27.03.2021, von https://doi.org/10.1111/1758-5899.12730

Hahnewinkel, R. (2019, 09. Februar). „Jede Zigarette ist schädlich, deshalb brauchen wir ein Tabakwerbeverbot". Abgerufen 27.03.2021, von https://stern.de/8570564

Handelsblatt (2014). Privat schlägt gesetzlich. Abgerufen 27.03.2021, von https://handelsblatt.com/9577272.html

Helmert, U.; Maschewsky-Schneider, U.; (1998). Zur Prävalenz des Tabakrauchens bei Arbeitslosen und Armen. In: Henkel, D.; Vogt, I. (Hrsg.): Sucht und Armut. Alkohol, Tabak, Medikamente, illegale Drogen. Opladen, Leske + Budrich, S. 153 – 165. Abgerufen 27.03.2021, von doi.org/10.1007/978-3-322-95828-0

McCall, R. (2020, 3. April). Big Pharma Companies Earn More Profits Than Most Other Industries, Study Suggests. Abgerufen 27.03.2021, von https://newsweek.com/1490407

Monte-Carlo.mc (n. d.). Fiskalität. Abgerufen 27.03.2021, von https://www.monte-carlo.mc/de/geschaft-kongress/fiskalitat/

Müller (2021). Private Krankenversicherung. Ratgeber und Vergleich. Abgerufen 27.03.2021, von https://www.private-krankenversicherungen.net/#Kosten-der-PKV

NDR (2017, 30. Oktober). Werden Privatpatienten besser behandelt?. Abgerufen 27.03.2021, von https://www.ndr.de/ratgeber/gesundheit/Werden-Privatpatienten-besser-behandelt,krankenversicherung146.html

Reiblein, J. (2014, 10. Oktober). Gute Ernährung ist eine Frage des Geldes. Abgerufen 27.03.2021, von https://wiwo.de/10813772.html

Reiermann, C. (2019, 17. Mai). Raucher sollen Haushaltslücke stopfen. Abgerufen 27.03.2021, von https://www.spiegel.de/wirtschaft/soziales/tabaksteuer-olaf-scholz-will-zigaretten-stufenweise-verteuern-a-1267946.html

RKI (2014). Soziale Unterschiede in Mortalität und Lebenserwartung. Abgerufen 27.03.2021, von https://www.rki.de/DE/Content/Gesundheitsmonitoring/Gesundheitsberichterstattung/GBEDownloadsK/2014_2_soziale_unterschiede.pdf?__blob=publicationFile

Saffer, H. (2000). Tobacco advertising and promotion. Abgerufen 27.03.2021, von https://www.dkfz.de/de/tabakkontrolle/download/Publikationen/Fakten/Factsheet_Tabakwerbeverbot.pdf

Schlautmann, C.; Thelen, P. (2016). Bittere Pille für Apotheker. Abgerufen 27.03.2021, von https://www.zeit.de/wirtschaft/2016-10/preisbindung-medikamente-apotheken-verbraucherschutz-eugh

Schmutz, C. (2019, 23. September). Novartis gerät in Belgien in eine emotionale Debatte um ein teures Medikament für ein todkrankes Baby. Abgerufen 27.03.2021, von https://nzz.ch/ld.1509791

Schnabel, I. (2020, 17. November). Ungleiche Narben – Verteilungseffekte der Pandemie. ECONtribute Public Talk mit Isabel Schnabel. Abgerufen 27.03.2021, von https://youtu.be/wn-2ZL4QTOI

Schön, B.B. (2021, 12. Januar). Aktuelle Beitragsbemessungs- und Versicherungspflichtgrenze. Abgerufen 27.03.2021, von https://www.finanztip.de/beitragsbemessungsgrenze/

Test.de (2021). Alle Infos zum Thema Krankenkassen. Abgerufen 27.03.2021, von https://test.de/1151006-5177894

VdK (n. d.). Gesetzliche Krankenkassen müssen Hörgeräte bezahlen: VdK hilft bei der Antragstellung. Abgerufen 27.03.2021, von https://www.vdk.de/ov-kerstenhausen/ID92163

VdK (2018, 1. Februar). Langer Atem zahlt sich aus: Kasse muss volle Kosten für Hörgerät übernehmen. Abgerufen 27.03.2021, von https://www.vdk.de/permalink/74429

Wachtler, B. et al. (2020, September). Soziale Ungleichheit und Covid-19. Abgerufen 27.03.2021, von https://www.rki.de/DE/Content/Gesundheitsmonitoring/Gesundheitsberichterstattung/GBEDownloadsJ/JoHM_S7_2020_Soziale_Ungleichheit_COVID_19.pdf?__blob=publicationFile

Welches-hoergeraet.de (n. d.). Preise von Hörgeräten: Warum sind manche Hörgeräte so teuer?Abgerufen 27.03.2021, von https://www.welches-hoergeraet.de/preise-von-horgeraten-warum-sind-manche-horgerate-so-teuer-85.html

Woratschka, R. (2019, 22. Dezember). Wahlfreiheit für Beamte in vier weiteren Bundesländern. Abgerufen 27.03.2021, von https://tagesspiegel.de/25348274.html

Warum für uns alles teurer ist als für Reiche

Altmeier, L. & Fetz, S. (2014, 25. September). „Früher war hier in jeder Ecke ein Junkie" – Was passiert heute in Bremen Tenever? Abgerufen 27.03.2021, von https://crowdspondent.de/2014/09/25/fruher-war-hier-in-jeder-ecke-ein-junkie-was-passiert-heute-in-bremen-tenever/

Anneser, C. (2018, 26. März). Zwei Frauen, 13 Kinder: Mehrfach-Ehe darf fortgesetzt werden. Abgerufen 27.03.2021, von https://nordbayern.de/1.7369834

Anwalt.de (2020, 10. März). Prozesskostenhilfe – wenn das Geld für Gericht und Anwalt fehlt. Abgerufen 27.03.2021, von https://www.anwalt.de/rechtstipps/prozesskostenhilfe-wenn-das-geld-fuer-gericht-und-anwalt-fehlt_006058.html

Arag.de (n. d.). Prozesskostenrechner. Abgerufen 27.03.2021, von https://www.arag.de/service/rechner-und-apps/prozesskostenrechner

Biallo, H. (2021, 18. Februar). 38 kostenlose Girokonten im Vergleich. Abgerufen 27.03.2021, von https://www.biallo.de/girokonto/ratgeber/kostenloses-girokonto/

Binder, R. (2018, 10. September). Anwaltsgebühren: Was kostet eine Erstberatung beim Rechtsanwalt? Abgerufen 27.03.2021, von https://web.archive.org/web/20180408171043/http://www.refrago.de/Anwaltsgebuehren_Was_kostet_eine_Erstberatung_beim_Rechtsanwalt.frage326.html

Brandt (2020). Pfändungstabelle 2021 und die Pfändungsfreigrenzen. Abgerufen 27.11.2020, von https://www.schuldnerberatung-diskret.de/pfaendungstabelle

DSL-Web (2020). Sat-TV Senderliste. Abgerufen 27.03.2021, von https://www.dslweb.de/sat-tv-senderliste.php

IWD (2019, 17. Mai). Wohneigentum: Zwischen Wunsch und Wirklichkeit. Abgerufen 27.03.2021, von https://www.iwd.de/artikel/wohneigentum-zwischen-wunsch-und-wirklichkeit-427866/

Jäger, A. (2020). Wenn die Versicherung nicht zahlt. Abgerufen 27.03.2021, von https://merkur.de/-1297469.html

Krenn, K. (2019, 20. September). Bauernsterben: Warum immer mehr Landwirte aufgeben. Abgerufen 27.03.2021, von https://www.agrarheute.com/share/4558698

Kröger, M. (2021, 21. März). Bürokratie vermeiden. Abgerufen 14.04.2021, von https://www.spiegel.de/wirtschaft/soziales/buerokratie-bei-corona-soforthilfen-deutschland-faellt-durch-a-dcc4cd41-870c-4a35-907e-0fff4ace8329

Maurin, J. (2018, 12. März). Kleine Felder sind naturfreundlicher. Abgerufen 27.03.2021, von https://taz.de/!5488270

Schridde, S. & Kreiß, C. (2013). Geplante Obsoleszenz. Abgerufen 27.03.2021, von https://www.schridde.org/download/Studie-Obsoleszenz-aktualisiert.pdf

Schütt, B. & Meul, J. (n. d.). Kita-Gebühren: Was kostet ein Kindergartenplatz? Abgerufen 27.03.2021, von https://www.eltern.de/kleinkind/kinderbetreuung/kindergarten/kindergartenbeitrag

SWR (2021, 24. Februar). Gastwirt aus Neustadt bekommt keine Corona-Entschädigung. Abgerufen 27.03.2021, von https://www.swr.de/swraktuell/rheinland-pfalz/ludwigshafen/versicherung-zahlt-nicht-wegen-corona-100.html

Statista (2021). Verteilung deutscher TV- Haushalte nach Empfangsart seit 2005. Abgerufen 27.03.2021, von https://de.statista.com/statistik/daten/studie/180584/

Test.de (2018, 1. November). Wann sich eine Reparatur lohnt. Abgerufen 27.03.2021, von https://test.de/5157064-5157089

Test.de (2020, 1. Oktober). So tricksen die Versicherer. Abgerufen 27.03.2021, von https://test.de/5364092-0

Trentmann, N. (2011, 24. April,). Wer am falschen Ort wohnt bekommt keinen Kredit. Abgerufen 29.04.2021 von https://welt.de/article13255357

Topel, H. (2017, 8. Februar). „Heiratet, was euch an Frauen gut scheint, zwei, drei oder vier". Abgerufen 27.03.2021, von https://dlf.de/x.2540.de.html?dram:article_id=378361

Unterhalt.net (2021). Düsseldorfer Tabelle 2021 - Unterhaltstabelle ab 01.01.2021. Abgerufen 27.03.2021, von https://www.unterhalt.net/duesseldorfer-tabelle.html

Urbach, M. (2019, 8. November). Schon Wohngeld beantragt? Zehn Dinge, die Sie über Ihr Recht auf Hilfe wissen sollten Abgerufen 27.03.2021, von https://www.finanztip.de/blog/schon-wohngeld-beantragt-zehn-dinge-die-sie-ueber-ihr-recht-auf-hilfe-wissen-sollten/

Verbraucherzentrale (2019, 28. Oktober). Kein Handyvertrag wegen schlechter Wohngegend? Abgerufen 27.03.2021, von https://www.verbraucherzentrale-niedersachsen.de/themen/internet-telefon/kein-handyvertrag-wegen-schlechter-wohngegend

Waschmaschinen-Test.eu (2016). Wie hoch ist die Lebensdauer einer Waschmaschine? Abgerufen 27.03.2021, von https://www.waschmaschinen-test.eu/wie-hoch-ist-die-lebenserwartung-einer-waschmaschine

Wikipedia (n. d.). Telekommunikationsunternehmen. Abgerufen 27.03.2021, von https://de.wikipedia.org/wiki/Telekommunikationsunternehmen#Kritik

Zerahn, M. (2010, 19. Mai). Stundensätze bis zu 500 Euro. Abgerufen 27.03.2021, von https://sz.de/1.900815

Wen die Politik beschenkt

Balser, M. (2011, 4. März). „Bayern wird zur Steueroase". Abgerufen 27.03.2021, von https://sz.de/1.1067694

Bloch, A. (2020, 15. Juli). Zuhause laden & E-Auto-Prämie: Die 7 größten Irrtümer - Bloch erklärt #105 Auto-Motor-Sport. Abgerufen 27.03.2021, von https://youtu.be/77Tfk6q_qJ8

Focus.de (2018, 16. Februar). Unternehmen erhalten massig Fördergelder vom Staat – besonders Siemens profitiert. Abgerufen 27.03.2021, von https://focus.de/8477025

Kamann, U. (2019, 8. Februar). Eine halbe Milliarde für die Kirchen – vom Steuerzahler. Abgerufen 27.03.2021, von https://welt.de/article188436565

Kloft, M. (2020, 26. Mai). Warum die Lufthansa-Rettung für Kritik sorgt. Abgerufen 27.03.2021, von https://www.t-online.de/finanzen/id_87943300

Mazzucato, M. (2013, 21. August). State of innovation: Busting the private-sector myth. Abgerufen 27.03.2021, von https://newscientist.com/mg21929310-200

Szent-Ivaniy, T. (2019, 25. Januar). Studie - In Deutschland werden 125 Milliarden Euro Steuern hinterzogen. Abgerufen 27.03.2021, von https://www.goettinger-tageblatt.de/Nachrichten/Politik/Deutschland-Welt/Studie-In-Deutschland-werden-125-Milliarden-Euro-Steuern-hinterzogen

Ulrich, C. (2020). Corona und der Fußball: Ein Fall für den Steuerzahler? Abgerufen 27.03.2021, von https://www1.wdr.de/nachrichten/landespolitik/buergschaften-fussball-nrw-bundesliga-100.html

Vetter, P. (2019, 18. Juli). An privaten Wohnhäusern bekommt das Elektroauto selten Strom. Abgerufen 27.03.2021, von https://welt.de/article197095485

Zeit.de (2019, 26. März). „Es kann nicht sein, dass der Steuerzahler alle Kosten trägt". Abgerufen 27.03.2021, von https://www.zeit.de/sport/2019-03/fussball-bundesliga-polizeieinsatz-ulrich-maeurer-dfl

Wer von Immigration profitiert

Ahlberg (1996). Invandrares och invandrares barns brottslighet. BRA-rapport 1996. Abgerufen 27.03.2021, von https://web.archive.org/web/20160304101409/http://www.pdf-archive.com/2011/05/08/br-1996-2-invandrares-och-invandrares-barns-brottslighet-1/br-1996-2-invandrares-och-invandrares-barns-brottslighet-1.pdf ursprünglich: http://www.pdf-archive.com/2011/05/08/br-1996-2-invandrares-och-invandrares-barns-brottslighet-1/br-1996-2-invandrares-och-invandrares-barns-brottslighet-1.pdf

Aidforafrica.org (n. d.). How much does school cost. Abgerufen 27.03.2021, von https://web.archive.org/web/20200815071024/https://www.aidforafrica.org/girls/how-much-does-school-cost/ ursprünglich https://www.aidforafrica.org/girls/how-much-does-school-cost/

Arbeitsagentur (n. d.). Zulassung zum Arbeitsmarkt. Abgerufen 27.03.2021, von https://www.arbeitsagentur.de/fuer-menschen-aus-dem-ausland/voraussetzungen-arbeiten-in-deutschland

ARD-Deutschland-Trend (2020, 23. Januar) Deutschlandtrend im ARD-Morgenmagazin: Aufnahme von Flüchtlingen in Deutschland weiterhin umstritten. Abgerufen 24.03.2021, von https://presse.wdr.de/plounge/tv/das_erste/2020/01/20200123_deutschlandtrend_morgenmagazin.html

Ausschreibungen-Deutschland.de (2019). BaföG-Software für MfSGFF Referenznummer der Bekanntmachung: EU32/2019. Abgerufen 27.03.2021, von https://ausschreibungen-deutschland.de/556071_BafoeG-Software_fuer_MfSGFFReferenznummer_der_Bekanntmachung_EU322019_2019_Saarbruecken

BBC (2020). Briefing immigration. Abgerufen 27.03.2021, von http://news.files.bbci.co.uk/include/newsspec/pdfs/bbc-briefing-immigration-newsspec-26148-v1.pdf

Blume, G. (2020, 23. September). Mehr Abschiebungen für mehr Kooperation. Abgerufen 27.03.2021, von https://www.zeit.de/politik/ausland/2020-09/migrationspakt-eu-kommission-abschiebungen-fluechtlinge-europa

BPB (2019). Abgerufen 20.06.2019, von https://bpb.de/265765

Brankovic, M., (2018, 30. August). Was macht die Einwanderung mit unserer Wirtschaft? Abgerufen 27.03.2021, von https://faz.net/-gqe-9duyi

Bundesagentur für Arbeit (2018). Arbeitsmarkt Kompakt. Fluchtmigration. Abgerufen 27.03.2021, von https://statistik.arbeitsagentur.de/Statistikdaten/Detail/201807/fluchtmigration/fluchtmigration/fluchtmigration-d-0-201807-pdf.pdf

Bundeszentrale für politische Bildung (2020, 12. März). Demografie von Asylsuchenden in Deutschland. Abgerufen 27.03.2021, von https://bpb.de/265710

Decker, F. (2020, 1. September). Wahlergebnisse und Wählerschaft der Grünen. Abgerufen 27.03.2021, von https://bpb.de/42159

Destatis (2018). Alleinstehende nach Alter, Geschlecht und Gebietsstand. Abgerufen 27.03.2021, von https://www.destatis.de/DE/Themen/Gesellschaft-Umwelt/Bevoelkerung/Haushalte-Familien/Tabellen/4-1-alleinstehende.html

Destatis (2020). Migration und Integration. Abgerufen 27.03.2021, von https://www.destatis.de/DE/Themen/Gesellschaft-Umwelt/Bevoelkerung/Migration-Integration/_inhalt.html

Destatis (2020). Ausländerstatistik: 11,2 Millionen Ausländerinnen und Ausländer zum Jahresende 2019. Abgerufen 27.03.2021, von https://www.destatis.de/DE/Themen/Gesellschaft-Umwelt/Bevoelkerung/Migration-Integration/auslaenderstatistik-stichtag.html

Deutsche Welle (2019). „Wir lassen uns deutsche Einwanderungsgeschichte nicht kaputt reden". Abgerufen 27.03.2021, von https://p.dw.com/p/3RliS

Deutschlandfunk Nova (2021, 29. März). Wissensnachrichten. Abgerufen 02.04.2021, von https://www.deutschlandfunknova.de/beitrag/oumuamua-zahnschmerzen-adlersterben

Diamond-Smith, N. & Rudolph, K. (2018). The association between uneven sex ratios and violence: Evidence from 6 Asian countries. Abgerufen 27.03.2021, von https://doi.org/10.1371/journal.pone.0197516

Diehl, J. (2016, 12. Januar). Eine schwierige Klientel. Abgerufen 27.03.2021, von https://www.spiegel.de/panorama/justiz/kriminelle-migranten-taeter-aus-nordafrika-bereiten-polizei-sorgen-a-1071674.html

Dittrich, B. (2021, 22. Februar). Rassismus hinterm Werkstor – woher er kommt, was dagegen hilft. Abgerufen 27.03.2021, von https://www.vorwaerts.de/artikel/rassismus-hinterm-werkstor-kommt-dagegen-hilft

Drobinski, M. (2017, 18. September). Was die Zahl der Sexualdelikte verrät - und was nicht. Abgerufen 27.03.2021, von https://sz.de/1.3671964

Ergin, Y. (2016, 10. Februar). Warum viele Migranten in Deutschland gegen Flüchtlinge sind. Abgerufen 27.03.2021, von https://faz.net/-i98-8dc5x

FAZ (2018, 23. Juli). Gewalt an Schulen nimmt zu. Abgerufen 27.03.2021, von https://faz.net/-gyl-9cl9y

FAZ (2018, 15. Mai). „Lieber ‚Kopftuchmädel' als ‚Bund Deutscher Mädel'"
Abgerufen 27.03.2021, von https://faz.net/-gpg-9a7uz

Feld, P.; Hirsch, P.; Pfeil, K. (2019). Kriminalität – Migration und Straftaten. Abgerufen 27.03.2021, von https://www.malteser.de/fileadmin/Files_sites/malteser_de_Relaunch/Presse_Medien/Publikationen/Migrationsbericht/Kriminalitaet.pdf

Glaubitz, C.; Bliesener, T. (2018): Analyse der Entwicklung der Kriminalität von Zuwanderern in Schleswig-Holstein. KFN-Forschungsberichte No. 137. Hannover: KFN Abgerufen 27.03.2021, von https://nbn-resolving.de/urn:nbn:de:kobv:109-1-14675873

Goldmann, F. (2019, 24. Juni). Von Behörden und Öffentlichkeit alleingelassen. Abgerufen 27.03.2021, von https://deutschlandfunkkultur.de/x.1005.de.html?dram:article_id=451980

Goodkind, D. (2015). Sex Selective Abortion. Abgerufen 27.03.2021, von https://doi.org/10.1016/B978-0-08-097086-8.31038-8

Gueguen, N. (2012). Men's Social Status and Attractiveness: Women's Receptivity to Men's Date Requests. Abgerufen 27.03.2021, von https://doi.org/10.1024/1421-0185/a000083

Guterres, A. (2018, 12. Januar). Vorteile von Migration erkennen. Abgerufen 27.03.2021, von https://fr.de/-11089291.html

Hausweddel, C. (2017, 12. July). Homosexuelle Flüchtlinge treffen auf feindliches Umfeld. Abgerufen 27.03.2021, von https://p.dw.com/p/2gP1T

Heinrichs, J. (2018, 27. Oktober). Gute Gegend, schlechte Gegend: Wie die Nachbarschaft unser Leben prägt. Abgerufen 27.03.2021, von https://www.goettinger-tageblatt.de/Nachrichten/Politik/Deutschland-Welt/Gute-Gegend-schlechte-Gegend-Wie-die-Nachbarschaft-unser-Leben-praegt

Hessini, L. (2007). Abortion and Islam: Policies and Practices in the Middle East and North Africa. Abgerufen 27.03.2021, von https://doi.org/10.1016/s0968-8080(06)29279-6

Hoffman, B. & Ware, J. (2020, 12. Januar). Incels: America's Newest Domestic Terrorism Threat. Abgerufen 27.03.2021, von https://www.lawfareblog.com/incels-americas-newest-domestic-terrorism-threat

Hoffmann, B. & Echtermann, A. (2020, 5. Februar). Die meisten dieser Zitate stammen von AfD-Politikern – einige sind aber unbelegt. Abgerufen 27.03.2021, von https://correctiv.org/faktencheck/politik/2020/02/05/die-meisten-dieser-zitate-stammen-von-afd-politikern-einige-sind-aber-unbelegt

Holzapfel, J. (2017). Förderungen für Unternehmen, die Flüchtlinge einstellen. Abgerufen 27.03.2021, von https://faktor-a.arbeitsagentur.de/mitarbeiter-finden/foerderungen-fuer-unternehmen-die-fluechtlinge-einstellen/

Karrierebibel (2021). Einstiegsgehalt 2021: Das verdienen Berufseinsteiger. Abgerufen 27.03.2021, von https://karrierebibel.de/einstiegsgehalt/#Durchschnittliches-Einstiegsgehalt-in-Deutschland

Kim, J. (2016). Female education and its impact on fertility. Abgerufen 27.03.2021, von http://doi.org/10.15185/izawol.228

Kober, U. (2017). Willkommenskultur im Stresstest. Bertelsmann Stiftung. Abgerufen 27.03.2021, von http://doi.org/10.11586/2020009

Leubecher M. (2018, 18. September). Bemerkenswert ist allein der verschwindend geringe Erfolg. Abgerufen 27.03.2021, von https://welt.de/article181578114

Louis, B. (2006). Das Anzeigeverhalten von Kriminalitätsopfern. Abgerufen 27.03.2021, von http://hdl.handle.net/10900/79807

Mansel J. Albrecht, G. (2003). Die Ethnie des Täters als Prädiktor für das Anzeigenverhalten bei Opfern und Zeugen. Abgerufen 27.03.2021, von https://www.jstor.org/stable/40878419

Migazin (2020, 8. Januar). Einwanderung vor allem in arme Stadtviertel. Abgerufen 27.03.2021, von https://www.migazin.de/2019/06/21/wzb-studie-einwanderung-vor-allem-in-arme-stadtviertel/

Mughisha, I. & Kagire, E. (2017, 9. Dezember). Rwanda, Uganda to receive Israel deportees 'in a matter of weeks'. Abgerufen 27.03.2021, von https://www.theeastafrican.co.ke/news/4552908-4221814-apvti1z/index.html

Müller, Y. (2014, 28. November). Schwule Nazis?! (Männliche) Homosexualität und Homosexuellenfeindlichkeit in der extremen Rechten. Abgerufen 27.03.2021, von https://bpb.de/197044

Mut gegen rechte Gewalt (2020). Chronik flüchtlingsfeindlicher Vorfälle. Abgerufen 27.03.2021, von https://www.mut-gegen-rechte-gewalt.de/service/chronik-vorfaelle

NTV (2018, 15. Juni). Sozialer Aufstieg dauert sechs Generationen. Abgerufen 27.03.2021, von https://n-tv.de/20482345

Personio (n. d.). Arbeitserlaubnis: Voraussetzungen, Ausnahmen, Prozess. Abgerufen 27.03.2021, von https://www.personio.de/hr-lexikon/arbeitserlaubnis/

Reimann, A. (2016, 25. Februar). Wer geht, kriegt Geld. Abgerufen 27.03.2021, von https://www.spiegel.de/politik/deutschland/rueckkehrhilfe-fuer-fluechtlinge-wer-kriegt-wie-viel-geld-a-1079175.html

Ripperger, S. (2012). Eine Frage mangelnder Integration und Bildung. Abgerufen 27.03.2021, von https://de.qantara.de/node/6667

Rosenfelder, L. (2017, 21. November). Begehen Flüchtlinge mehr Sexualstraftaten? Abgerufen 27.03.2021, von https://faz.net/-gpg-93x16

Sardoschau, S. (2019, 13. Mai). Warum Migration gut für die Herkunftsländer ist. Abgerufen 27.03.2021, von https://tagesspiegel.de/24328398.html

Sampson, R. et al. (2002). Assessing "Neighborhood Effects": Social Processes and New Directions in Research. Abgerufen 27.03.2021, von https://doi.org/10.1146/annurev.soc.28.110601.141114

Schattauer, G. (2020, 9. März). Kriminalität durch Clans, Flüchtlinge und Neonazis: Davor haben die Menschen Angst. Abgerufen 27.03.2021, von https://focus.de/11658613

Schenk, A. (2020, 26. Februar). Schaffen sie das? Abgerufen 27.03.2021, von https://www.zeit.de/2020/09/integration-fluechtlinge-ausbildung-job-arbeitsmarkt

Schuler, T.; Groll, K. (2019, 25. Juni). Was schon geschafft ist – und was nicht. Abgerufen 27.03.2021, von https://www.zeit.de/politik/deutschland/2019-06/fluechtlinge-integration-arbeitsmarkt-sprachkurse-wohnungen-daten

Schulte von Drach, M. (2019, 2. August). Wie verbreitet ist Antisemitismus und von wem geht er aus? Abgerufen 27.03.2021, von https://sz.de/1.3921657

Seitz, K. (2004). Education and conflict. Abgerufen 27.03.2021, von https://reliefweb.int/report/world/education-and-conflict-role-education-creation-prevention-and-resolution-societal

Simon, C. (2017, 29. Dezember). Umfrage deckt „Wissenschaftsskandal" auf. Abgerufen 27.03.2021, von https://n-tv.de/20205533

Staib, J. (2016, 21. November). Eine einfache Fahrt kostet 7000 Euro. Abgerufen 27.03.2021, von https://faz.net/-i98-8nkqt

Statista (2020). Verteilung der Asylbewerber in Deutschland nach Geschlecht innerhalb verschiedener Altersgruppen. Abgerufen 27.03.2021, von https://de.statista.com/statistik/daten/studie/452165

Statista (2020, 13. August). Anzahl der polizeilich erfassten Fälle von Vergewaltigung und sexueller Nötigung pro 100.000 Einwohner in Deutschland von 2008 bis 2019. Abgerufen 27.03.2021, von https://de.statista.com/statistik/daten/studie/1587/

Stern.de (2015, 14. Oktober). Warum Eigenbedarf nicht als Kündigungsgrund funktioniert. Abgerufen 27.03.2021, von https://stern.de/6500184

Stoppel, K. (2015, 26. November). Die Stadtbevölkerung spaltet sich. Abgerufen 27.03.2021, von https://n-tv.de/16333356

Syamala, T. (2001). Relationship between infant and child mortality and fertility — An enquiry into goan women. Abgerufen 27.03.2021, von https://doi.org/10.1007/BF02722920

Tagesschau (2018, 5. September). Auf dem Rücken der Lehrer. Abgerufen 27.03.2021, von https://www.tagesschau.de/inland/integration-schule-101.html

Tam, S. (2020, 27. Januar). How Immigrants Drive Entrepreneurship and Innovation. Abgerufen 27.03.2021, von https://behavioralscientist.org/how-immigrants-drive-entrepreneurship-invention-innovation/

Uneca (2015). The demografic profile of African countries. Abgerufen 27.03.2021, von https://archive.uneca.org/file/demographicprofilerevapril25pdf

Unesco (2007) Regional overview: sub-Saharan Africa. Abgerufen 27.03.2021, von https://unesdoc.unesco.org/ark:/48223/pf0000157229

Virdee S. (2000) Racism and Resistance in British Trade Unions, 1948–79. In: Alexander P., Halpern R. (eds) Racializing Class,Classifying Race. St Antony's Series. Palgrave Macmillan, London Abgerufen 27.03.2021, von https://doi.org/10.1057/9780230500969_6

Wagner, G. (2019, 17. July). Wo Flüchtlinge auf Hilfsarbeiter treffen. Abgerufen 27.03.2021, von https://faz.net/-gwz-9ors4

Walburg, C. (2020, 25. September). Migration und Kriminalität – Erfahrungen und neuere Entwicklungen. Abgerufen 27.03.2021, von https://bpb.de/301624

Wikipedia (n. d.). Flüchtling. Abgerufen 27.03.2021, von https://de.wikipedia.org/wiki/Flüchtling

Worldbank (2018). Mortality rate under 5. Abgerufen 27.03.2021, von https://data.worldbank.org/indicator/SH.DYN.MORT?end=2018&locations=ZG-1W&start=1990

Worlddata (n. d.) IQ compared by countries. Abgerufen 27.03.2021, von https://www.worlddata.info/iq-by-country.php

Wößmann (2017, 21. Januar). „Wir müssen aufhören, uns das Bildungsniveau der Flüchtlinge schönzureden". Abgerufen 27.03.2021, von https://manager-magazin.de/a-1127913.html

Zeit.de (2019, 26. September). Mehr homophobe Gewalttaten. Abgerufen 27.03.2021, von https://www.zeit.de/gesellschaft/zeitgeschehen/2019-09/homophobie-gewalttaten-anstieg-kriminalitaet-homosexualitaet

Wieso wir durch Mieten arm bleiben

BR-Fernsehen (2021, 11. April). Denkmalschutz oder Wohnraum. Passau diskutiert Stadtbildsatzung. Abgerufen 27.03.2021, von https://www.br.de/mediathek/video/denkmalschutz-oder-wohnraum-passau-diskutiert-stadtbildsatzung-av:6072aca808f38b001a30d0f9

Buntenbach, A. (2010). Der Mörder ist... Abgerufen 27.03.2021, von http://www.igmetall-augsburg.de/downloads/artikel/attachments/ARTID_37841_avAaCo?name=A_Info_136.pdf

Destatis (2019, 1. Oktober). Wohnen 2018: Mieten und Mietbelastung in Metropolen besonders hoch. Abgerufen 27.03.2021, von https://www.destatis.de/DE/Presse/Pressemitteilungen/2019/10/PD19_N001_129.html

Faz (2019, 14. August). Deutschland hat weniger Sozialwohnungen. Abgerufen 28.03.2021, von https://faz.net/-ib3-9q28j

Fischer, K. (2019, 3. September). Richtig viel Geld verdienen in Deutschland (fast) nur Selbstständige. Abgerufen 27.03.2021, von https://wiwo.de/24976050.html

Fittkau, L. (2019, 19. Februar). Günstig Wohnen auch in Großstädten. Abgerufen 27.03.2021, von https://deutschlandfunkkultur.de/x.976.de.html?dram:article_id=441453

Fuchsbauer, N. (2019, 26. April). Sparda-Studie: Kaufen lohnt mehr als mieten in Nürnberg. Abgerufen 27.03.2021, von https://www.marktspiegel.de/nuernberg/c-ratgeber/sparda-studie-kaufen-lohnt-mehr-als-mieten-in-nuernberg_a47196

Gerads, M. (2018, 6. April). Für wen sich eine Genossenschaftswohnung lohnt. Abgerufen 27.03.2021, von https://sz.de/1.3928078

Hankmann, M. (2019, 30. Juni). Politik will Kabelgebühren aus Nebenkosten streichen. Abgerufen 27.03.2021, von https://www.teltarif.de/news/77135

Landgericht Berlin 80 (2017). AZ: 80 OH 155/16, ECLI:DE:LGBE:2017:1129.80OH155.16.00. Abgerufen 27.03.2021, von https://gesetze.berlin.de/perma?d=KORE209802018

Landgericht Schwerin (2017). Notarkosten -Verkehrswertermittlung eines Grundstücks. Abgerufen 27.03.2021, von https://www.ra-kotz.de/notarkosten-verkehrswertermittlung-eines-grundstuecks.htm

Lil, T. (2019, 24. Mai). Und raus bist du! Abgerufen 27.03.2021, von https://www.bayerische-staatszeitung.de/staatszeitung/kommunales/detailansicht-kommunales/artikel/und-raus-bist-du-1.html

LIZ (2019, 18. Oktober). Die zehn reichsten Prozent besitzen über die Hälfte des Vermögens in Deutschland. Abgerufen 27.03.2021, von https://l-iz.de/?p=298983

Meyer, C. (2019, 24. Juli). Das Immobilien-Paradox: Darum mieten in Deutschland viel mehr Menschen als in anderen Ländern. Abgerufen 27.03.2021, von https://www.businessinsider.de/wirtschaft/immobilien-paradox-warum-deutschland-ein-land-der-mieter-ist-2019-7/

Müller, K. (2019, 11. September). Bis zu 153 Prozent: Immobilienpreise steigen dramatischer als gedacht. Abgerufen 27.03.2021, von https://focus.de/11089098

Neubau-München.com (2017, 18. August). Marktbericht München: Preise in mittleren Wohnlagen steigen am schnellsten. Abgerufen 27.03.2021, von https://neubau-muenchen.com/2017/08/18/marktbericht-muenchen-preise-in-mittleren-wohnlagen-steigen-am-schnellsten/

Schier, M.; Voigtländer, M. (2016). Soziale Wohnraumförderung auf dem Prüfstand. IW-Trends 43 (1), S. 21–35. Köln Abgerufen 27.03.2021, von https://www.iwkoeln.de/studien/iw-trends/beitrag/michael-schier-michael-voigtlaender-soziale-wohnraumfoerderung-auf-dem-pruefstand-266056.html

Schön, B. (2019). Deine Rechte, wenn der Vermieter die Wohnung modernisiert. Abgerufen 27.03.2021, von https://www.finanztip.de/mietwohnung-modernisierung/

Stolz, M. (2018, 10. Oktober). Was nimmt wie viel Platz ein? Abgerufen 27.03.2021, von https://www.zeit.de/zeit-magazin/2018/42/flaechennutzung-struktur-verteilung-deutschlandkarte

SZ.de (2012, 16. Oktober). Deutsche haben Vorurteile gegen Hartz-IV-Empfänger. Abgerufen 27.03.2021, von https://sz.de/1.1497179

Tz (2017, 13. Oktober). Sieben Millionen Liter: Mann lässt ein Jahr pausenlos das Wasser laufen. Abgerufen 27.03.2021, von https://tz.de/-8769704.html

Volland, V. (2013, 29. März). Stadt will Vermietern Ängste nehmen. Abgerufen 27.03.2021, von https://www.stuttgarter-zeitung.de/inhalt.wohnungsmarkt-in-stuttgart-stadt-will-vermietern-aengste-nehmen.f4e73d80-f7bb-4b94-a18a-de85d19d78b0.html

Was unsere Mobilität so teuer macht

ADAC, (2019, 19. Juni). ADAC Preisvergleich: Tickets im ÖPNV. Abgerufen 28.03.2021, von https://www.adac.de/reise-freizeit/ratgeber/tests/oepnv-preise-vergleich/

Autobild (2019). Schlechtere Einstufung für viele Autos – Kfz-Versicherung wird teurer! Abgerufen 28.03.2020, von https://autobild.de/1288049

Berg, T. (2019, 31. Januar). Wieso es keine Kerosinsteuer gibt. Abgerufen 28.03.2021, von https://www.beobachter.ch/umwelt/umweltpolitik/klimakiller-flugzeug-wieso-es-keine-kerosinsteuer-gibt

Bruns, C. (2016, 30. März). Wie lange bekomme ich Ersatzteile? Abgerufen 28.03.2021, von https://autobild.de/8848555

Cosmo Direkt (2007, 26. April). Autoversicherung: Studenten und Akademiker sparen mit neuem Kfz-Tarif. Abgerufen 28.03.2021, von https://www.presseportal.de/pm/63229/976430

Explore France (2018). Umweltzonen in Frankreich. Abgerufen 28.03.2021, von https://de.france.fr/de/nuetzliche-tipps/umweltzonen-frankreich

Focus (2017, 11. September). Kein Diesel, kein Benzin: Alternative produziert weniger Stickoxide. Abgerufen 28.03.2021, von https://focus.de/6517515

GDV (n. d.). Die neuen Typklassen: So ist ihr Auto eingestuft. Abgerufen 28.03.2021, von https://www.dieversicherer.de/versicherer/auto---reise/typklassenabfrage#activeOffset=370&orderBy=kh&orderDirection=ASC

Gleich, C. (2018, 28. Juni). Was ist eine Abschalteinrichtung? Abgerufen 28.03.2021, von https://heise.de/-4093501

Harloff, T. (2019, 30. August). Erdgasautos haben beste Umweltbilanz. Abgerufen 28.03.2021, von https://www.auto-motor-und-sport.de/tech-zukunft/alternative-antriebe/aktuelle-adac-auswertung-erdgasautos-haben-beste-umweltbilanz/

Huk24 (2020), E-Mailkorrespontenz

Kraftfahrtbundesamt (2020). Jahresbilanz des Fahrzeugbestandes am 1. Januar 2019. Abgerufen 28.03.2021, von https://www.kba.de/DE/Statistik/Fahrzeuge/Bestand/b_jahresbilanz.html

Leiterer, U. (2019, 18. Mai). Palmöl in Diesel: Gut für die Umwelt? Abgerufen 28.03.2021, von https://www.ndr.de/ratgeber/verbraucher/Palmoel-in-Diesel-Gut-fuer-die-Umwelt,palmoel114.html

Mayer, H.W. (2005, 7. Oktober). Neuer Zahnriemen für ein ganzes Autoleben. Abgerufen 28.03.2021, von https://faz.net/-gya-rq8d

Mayer, H.W. (2010, 19. Januar). Wenn der Zahnriemen altert. Abgerufen 28.03.2021, von faz.net/-gya-14upp

Niederlich, R. (2009, 2. April). Oldies für den Klimaschutz. Abgerufen 28.03.2021, von https://autobild.de/883771

Schwarzer, C. M; Jes, C. (2019, 28. Juni). Öffentlicher Ladestrom teurer als Benzin. Abgerufen 28.03.2021, von https://autobild.de/11360715

Statista (2020). Zusammensetzung des Benzinpreises (Super E10) in Deutschland bei einem Preis von 1,469 Euro pro Liter. Abgerufen 28.03.2020, von https://de.statista.com/statistik/daten/studie/29999

Steffens, B. (2010, 13. Oktober). Was bringt E10-Sprit der Umwelt? Abgerufen 28.03.2021, von https://www.greenpeace.de/themen/landwirtschaft/was-bringt-e10-sprit-der-umwelt

Stern.de (2019, 6. Juni). Umweltsünder Kreuzfahrschiffe: Das sind die dreckigsten Hafenstädte und Reedereien. Abgerufen 28.03.2021, von https://stern.de/8741982

Tagesschau.de (2020). Nah parken – viel zahlen? Abgerufen 28.03.2020, von https://web.archive.org/web/20210118152740/https://www.tagesschau.de/inland/anwohnerparken-scheuer-101.html ursprünglich https://www.tagesschau.de/inland/anwohnerparken-scheuer-101.html

Test.de (2020, 9. März). Damit müssen Dieselfahrer rechnen. Abgerufen 28.03.2021, von https://test.de/5289480-0

Wikipedia (2020). Abgasnorm. Abgerufen 28.03.2021, von https://de.wikipedia.org/wiki/Abgasnorm

Welche Bildungs- und Karrierechancen wir nicht bekommen

Bayernportal (2019). Schülerbeförderung; Beantragung der Erstattung von Schulwegkosten. Abgerufen 29.03.2021, von https://www.freistaat.bayern/dokumente/leistung/70441618609

Block, R. (2006). Schulrecht vor Elternrecht? Neue empirische Befunde zur Zuverlässigkeit von Übergangsempfehlungen der Grundschulen. Abgerufen 29.03.2021, von https://eine-schule-fuer-alle-rlp.de/attachments/File/Block_GS_Empfehlung.pdf

Bos et al. (2007). Erste Ergebnisse aus IGLU: Schülerleistungen am Ende der vierten Jahrgangsstufe im internationalen Vergleich. Waxmann, Münster. S. 132.

Dämon, K. (2018, 11. September). Wenn der Name über die Karriere entscheidet. Abgerufen 29.03.2021, von https://karriere.de/23048962.html

Destatis (2019). Jede fünfte Frau zwischen 45 und 49 Jahren war 2018 kinderlos. Abgerufen 29.01.2020, von https://www.destatis.de/DE/Presse/Pressemitteilungen/2019/12/PD19_475_122.html

Dichmann, M. (2018, 23. Oktober). Sozial schwache Schüler „doppelt benachteiligt". Abgerufen 29.03.2021, von https://dlf.de/x.680.de.html?dram:article_id=431260

FAZ (2013, 31. Januar). Der Vitamin-B-Komplex. Abgerufen 29.03.2021, von https://faz.net/-7667j-76658

Franke, M. (n. d.). Diese Vornamen sorgen für mehr Erfolg im Beruf und ein höheres Gehalt: Ist Ihrer auch dabei? Abgerufen 29.03.2021, von https://arbeits-abc.de/vornamen

GEW (n. d.). Bildung weiter denken. Abgerufen 29.03.2021, von https://www.gew.de/ja13/

Herbold, A.; Reichstetter, L.; & Scholz, A. (2017, 23. Mai). Mehr Luft für den Aufstieg. Abegrufen 01.05.2021, von https://www.zeit.de/2017/22/soziale-herkunft-eltern-bildung-studium

Hockling, S. (2015, 7. September). „Jeden Job kann man in Teilzeit ausüben". Abgerufen 29.03.2021, von https://www.zeit.de/karriere/bewerbung/2015-09/fuehrungsposition-teilzeit

Keller, M. & Kahle, I. (2018). Realisierte Erwerbstätigkeit von Müttern von Vätern zur Vereinbarkeit von Familie und Beruf. Abgerufen 29.03.2021, von https://www.destatis.de/DE/Methoden/WISTA-Wirtschaft-und-Statistik/2018/03/realisierte-erwerbstaetigkeit-032018.pdf?__blob=publicationFile

Rennefanz, S. (2019, 5. April). Studie: Ausgrenzung von Ostdeutschen und Migranten. Abgerufen 29.03.2021, von https://www.berliner-zeitung.de/studie-ausgrenzung-von-ostdeutschen-und-migranten-li.67499

Schleicher, A. (2018). Sozial schwache Schüler „doppelt benachteiligt". Abgerufen 29.03.2021, von https://dlf.de/x.680.de.html?dram:article_id=431260

Stukenberg, T. (2015, 24. April). Freindlich samma! Aber deppert? Abgerufen 29.03.2021, von https://www.spiegel.de/wissenschaft/mensch/image-von-dialekten-mia-san-nett-aber-deppert-a-1030038.html

VGN (2020). Tarifinfo. Abgerufen 29.03.2021, von https://www.vgn.de/tickets/ ursprünglich https://www.vgn.de/media/tarifinfo_gesamtraum_2020.pdf/

Wagner, G. (2018, 03. Oktober). Späte Auslese. Abgerufen 29.04.2021 von https://www.faz.net/-gyl-9ez5j

Westpol (2017). Privatschulen: Wie freiwillig sind Elternbeiträge wirklich? Abgerufen 29.03.2021, von http://web.archive.org/web/20180612232620/https://www1.wdr.de/nachrichten/westpol-privatschulen-gebuehren-102.html

WG-Suche.de (2019). Studentenwohnung: Das kostet eine kleine Wohnung mit 30m². Abgerufen 29.03.2021, von https://www.wg-suche.de/studentenwohnung

Wo wir im großen Stil abgezockt werden

Bach, S., Beznoska, M., Steiner, V. (2011). A wealth tax on the rich to bring down public debt? Abgerufen 30.03.2021, von http://hdl.handle.net/10419/55296

Börsennews (2020, 19. März). Einmaliges Rettungspaket: EZB kauft Aktien für 750 Milliarden. Abgerufen 30.03.2021, von https://www.boersennews.de/nachrichten/artikel/einmaliges-rettungspaket-ezb-kauft-aktien-f-r-750-milliarden/2136627

BPB (2019). Nettozahler und Nettoempfänger in der EU. Abgerufen 30.03.2021, von https://bpb.de/70580

Braun (2018, 9. Oktober). Wie kommt das Geld in die Welt? Abgerufen 30.03.2021, von https://faz.net/-iju-9f6os

Brzeziński, Z. (1997). The Grand Chessboard: American Primacy and its Geostrategic Imperatives. ISBN: 9781541698406.

Bücker, T. (2020). EZB-Anleihenkäufe. Abgerufen 30.03.2021, von https://web.archive.org/web/20210102165836/https://www.tagesschau.de/wirtschaft/boerse/ezb-anleihekaeufe-101.html ursprünglich https://www.tagesschau.de/wirtschaft/boerse/ezb-anleihekaeufe-101.html

Budras, C. (2020, 5. Mai). EZB-Anleihekäufe verstoßen teilweise gegen Grundgesetz. Abgerufen 30.03.2021, von https://faz.net/-gqe-9z45h

Destatis (2017). Öffentliche Finanzen auf einen Blick. Abgerufen 30.03.2021, von https://www.destatis.de/DE/Themen/Staat/Oeffentliche-Finanzen/Publikationen/Querschnitt/finanzen-auf-einen-blick-0140012179004.pdf?__blob=publicationFile

Destatis (2020). Verbraucherpreisindizes. Abgerufen 30.03.2021, von https://www.destatis.de/DE/Themen/Wirtschaft/Preise/Verbraucherpreisindex/Methoden/Erlaeuterungen/verbraucherpreisindex.html

DLF-Feature (2020, 8. September). Das Feature: Wie unser Geld wirklich entsteht – Money from nothing.

Hoffmann, D., (2016). ANFA ermöglicht Finanzierung von Bankenabwicklung durch nationale Zentralbanken. Abgerufen 30.03.2021, von https://www.ifo.de/DocDL/sd-2016-13-hoffman-anfa-irland%20-2016-07-14.pdf

Hulverscheidt, C. (2018, 13. September). Die Politik muss bei der Bankenrettung ehrlich sein. Abgerufen 30.03.2021, von https://sz.de/1.4128350

Hunziker (2016). Das lieben ausländische Investoren an Immobilien in Deutschland. Abgerufen 30.03.2021, von https://www.immobilienmanager.de/auslaendische-investoren-und-immobilien-in-deutschland/150/40646/

McDowell, H. (2020, 27. Januar). FCA study estimates HFT 'sniping' costs investors globally $5 billion a year. Abgerufen 30.03.2021, von https://www.thetradenews.com/fca-study-estimates-hft-sniping-costs-investors-globally-5-billion-year/

Mittermeier, A. (n. d.). Geldschöpfung durch die EZB – wie das Geld in Umlauf kommt. Abgerufen 30.03.2021, von https://www.gevestor.de/details/geldschoepfung-durch-die-ezb-wie-das-geld-in-umlauf-kommt-754547.html

Niehues, J. (2017). Einkommensentwicklung, Ungleichheit und Armut. Abgerufen 30.03.2021, von https://www.iwkoeln.de/fileadmin/publikationen/2017/364450/IW-Trends_2017-03_Niehues.pdf

Oberpriller et al. (2020, 26. August). Corona-Hilfen der EU: Bahnbrechender Schulden-Plan - Steuerzahler haben klare Meinung. Abgerufen 30.03.2021, von https://merkur.de/-13837830.html

Piller, T. (2012, 6. September). Italien hat die EZB-Vorgaben ignoriert. Abgerufen 30.03.2021, von https://faz.net/-gqg-72nyt

Schreyer (2016, 26. Februar). Das Geschäft mit den Staatsschulden. Abgerufen 30.03.2021, von https://heise.de/-3378594

Siedenbiedel, C. (2012, 5. Februar). Wie kommt Geld in die Welt? Abgerufen 30.03.2021, von https://faz.net/-gqq-6xfsx

Sinn, H.W. (2020). Target-Salden. Abgerufen 30.03.2021, von https://www.hanswernersinn.de/de/themen/TargetSalden

Tagesschau (2019). Lebensqualität Länderindex. Abgerufen 30.03.2021, von https://web.archive.org/web/20191224012829/https://www.tagesschau.de/ausland/lebensqualitaet-un-laenderindex-101.html

Trading Economics (2020). Germany Exports. Abgerufen 30.03.2021, von https://tradingeconomics.com/germany/exports

US-News (2020). Quality of life. Abgerufen 30.03.2021, von https://www.usnews.com/news/best-countries/quality-of-life-rankings

Wodurch das System uns manipuliert

Abgeordnetenwatch (2019, 14. Januar). Neue Hausausweisliste: Diese Lobbyisten können jederzeit in den Bundestag. Abgerufen 30.03.2021, von https://www.abgeordnetenwatch.de/blog/lobbyismus/neue-hausausweisliste-diese-lobbyisten-koennen-jederzeit-den-bundestag

Abgeordnetenwatch (2020, 6. März). Neue Liste: Von diesen Konzernen und Verbänden bekamen Parteien das meiste Geld. Abgerufen 30.03.2021, von https://www.abgeordnetenwatch.de/blog/parteispenden/neue-liste-von-diesen-konzernen-und-verbaenden-bekamen-parteien-das-meiste-geld

Aisch, G. (2013, 22. September). Wie tendenziös sind Meinungsumfragen? Abgerufen 29.04.2021 von https://www.zeit.de/politik/deutschland/2013-09/wahlumfragen-parteilichkeit-bundestagswahl

Anastasiadis, G. (2020, 6. März). Thüringen: Linke-Skandal vor der Wahl – die letzte Maske ist gefallen. Abgerufen 30.03.2021, von https://merkur.de/-13572997.html

Axel Springer SE (2021). Abgerufen 30.03.2021, von https://www.axelspringer.com/de/unternehmen/grundsaetze-und-werte

Baetz, B. (2009, 14. November). Kein Geld, keine Zeit, kein Platz. Abgerufen 30.03.2021, von https://dlf.de/x.761.de.html?dram:article_id=114254

Balmas, M. & Sheafer, T. (2010). Candidate Image in Election Campaigns: Attribute Agenda Setting, Affective Priming, and Voting Intentions. International Journal of Public Opinion Research. 22(2). Abgerufen 30.03.2021, von https://doi.org/10.1093/ijpor/edq009

Bigl & Sattler (2005). Die Qual der Wahl und die Wahl der Qual Studierendenauswahl Oktober 2005 Heft 5/2005 ISSN. Abgerufen 30.03.2021, von https://nbn-resolving.org/urn:nbn:de:bsz:15-qucosa-120602

Boehm, R.; Funke, F.; Harth, N. S. (2010). Same-Race and Same-Gender Voting Preferences and the Role of Perceived Realistic Threat in the Democratic Primaries and Caucuses 2008. Analyses of Social Issues and Public Policy. 10 (1) . http://doi.org/10.1111/j.1530-2415.2010.01208.x

BPB (2010, 30. Juni). Info 02.02 Konformitätsexperiment nach Asch (1951). Abgerufen 30.03.2021, von https://bpb.de/46346

Brunner et al. (n. d.). Volk und Vertreter. Abgerufen 30.03.2021, von https://projekte.sueddeutsche.de/artikel/politik/bundestag-diese-abgeordneten-fehlen-e291979/

Campbell, J. E. & Meier, K. J. (2005). Style Issues and Vote Choice. Political Behavior. 1(3). http://doi.org/10.1007/BF00990588

Carter, T. J.; Ferguson, M. J. & Hassin, R. R. (2011). A Single Exposure to the American Flag Shifts Support Toward Republicanism up to 8 Months Later. Psychological Science. 22(8). http://doi.org/10.1177/0956797611414726

Christiansen, B. (2013, 16. März). Ohne Sympathie keine Karriere. Abgerufen 30.03.2021, von https://tagesspiegel.de/8354576.html

Computerwoche (2020, 21. Oktober). Geheimdienste dürfen Messenger überwachen. Abgerufen 02.04.2021, von https://www.computerwoche.de/a/geheimdienste-duerfen-messenger-ueberwachen,3549988

Datenschutzzentrum.de (2019). Vorsicht: Yellow dots! Versteckte Informationen in Farbkopien. Abgerufen 30.03.2021, von https://www.datenschutzzentrum.de/uploads/it/2019_ULD_Report-Yellow-Dots.pdf

De Graaf, N.D. & Heath, A. (1992). Husbands' and Wives' Voting Behaviour in Britain: Class-dependent Mutual Influence of Spouses. Acta sociologica. 35. .http://doi.org/10.1177/000169939203500404

Druckman, J. N.,(2004). Priming the Vote: Campaign Effects in a U.S. Senate Election. Political Psychology. 25(4). http://doi.org/10.1111/j.1467-9221.2004.00388.x

Döpfner, (2018, 22. Februar). Journalisten sind eher links. Aber sorgen sie für linken Journalismus? Abgerufen 30.03.2021, von https://uebermedien.de/35884/

Edelhoff, J. (2014, 26. Juni). Dieses Gesetz ist ein Witz! Abgerufen 30.03.2021, von https://www.zeit.de/2014/27/abgeordnetenbestechung-gesetz

Edison/Mitofsky (2008, 5. November). Election Results 2008. New York Times. Abgerufen 30.03.2021, von http://elections.nytimes.com/2008/results/president/exit-polls.html

Emnid (2010) Exklusiv-Umfrage des Wissensmagazins Welt der Wunder: Wem glauben die Deutschen noch. Abgerufen 30.03.2021, von https://web.archive.org/web/20180911225129/https://www.bauermedia.com/

de/presse/archiv/artikel/exklusiv-umfrage-des-wissensmagazins-welt-der-wunder-wem-glauben-die-deutschen-noch/controller/2010/12/22/ ursprünglich https://www.bauermedia.com/de/presse/archiv/artikel/exklusiv-umfrage-des-wissensmagazins-welt-der-wunder-wem-glauben-die-deutschen-noch/controller/2010/12/22/

Financescout24.de (n. d.). Die 13 größten Steuerhinterziehungen. Abgerufen 30.03.2021, von https://www.financescout24.de/magazin/die-dreizehn-groessten-steuerhinterziehungen

Ghose, T. (2016, 27. Dezember). Half Of Americans Believe 9/11 Conspiracy Theories. Abgerufen 30.03.2021, von https://www.huffpost.com/entry/half-of-americans-believe-911-conspiracy-theories_n_5804ec04e4b0e8c198a92df3

Fleischmann, T. et al. (2008). Umfragen – SPD wirft Meinungsforschern Meinungsmache vor. Abgerufen 30.03.2021, von https://tagesspiegel.de/1197446.html

Gent, E. (2021, 1. Februar). Elon Musk's $100 Million Carbon Capture Push. Abgerufen 30.03.2021, von https://singularityhub.com/2021/02/01/elon-musks-100-million-push-for-carbon-capture/

Geuther, J. (2015, 13. Mai). V-Leute-Problematik im NPD-Verbotsverfahren. Abgerufen 30.03.2021, von https://dlf.de/x.724.de.html?dram:article_id=319769

Gibbs, S. (2014, 15. April). Gmail does scan all emails, new Google terms clarify. Abgerufen 30.03.2021, von https://theguardian.com/p/3ze87

Gilens, M. (2012). Affluence and Influence: Economic Inequality and Political Power in America. Abgerufen 30.03.2021, von https://press.princeton.edu/books/paperback/9780691162423/affluence-and-influence

Graves, S. & Jongho, L. (2000). Ethnic underpinnings of voting preference: Latinos and the 1996 U.S. senate election in Texas. Social science quarterly. 81. https://www.jstor.org/stable/42864378

Hahn, V. (2004). Reciprocity and voting. (Dissertation). Abgerufen 30.03.2021, von https://doi.org/10.1016/j.geb.2009.03.003

Hartmann, M. (2019, 17. August). Entfremdete Medienelite - „Soziale Herkunft prägt Berichterstattung". Abgerufen 30.03.2021, von https://www.zdf.de/nachrichten/heute/entfremdete-medienelite-soziale-herkunft-praegt-die-berichterstattung-100.html

HAZ (2019, 28. Mai). Geheimes Treffen: Kramp-Karrenbauer und Trump-Schwiegersohn bei Bilderberg-Konferenz. Abgerufen 30.03.2021, von https://www.haz.de/Nachrichten/Politik/Deutschland-Welt/Geheimnisvolle-Mission-Kramp-Karrenbauer-dieses-Jahr-bei-Bilderberg-Konferenz

Healy, A.J.; Malhotra, N. & Mo, C.H., (2010). Irrelevant events affect voters' evaluations of government performance. Stanford University. Abgerufen 30.03.2021, von https://doi.org/10.1073/pnas.1007420107

Herrmann, B. (2020, 6. März). Hätte so schön sein können. Abgerufen 30.03.2021, von https://sz.de/1.4834650

Hink, G. (2019, 10. September). Zwischen Politik und Presse ist vieles Vertrauenssache. Abgerufen 30.03.2021, von https://www.politik-kommunikation.de/ressorts/artikel/zwischen-politik-und-presse-ist-vieles-vertrauenssache-1483440985

Hurz, S. (2016). Wie sich die deutsche Willkommenskultur in Ablehnung verwandelte. Abgerufen 30.03.2021, von https://sz.de/1.2890925

Jones, K; Libert, K. & Tinsky, K. (2016, 23. Mai). The Emotional Combinations That Make Stories Go Viral. Abgerufen 30.03.2021, von https://hbr.org/2016/05/research-the-link-between-feeling-in-control-and-viral-content

Kasperowitch, M. (2012, 30. November). Ein Anruf bei Finanzbehörden stoppte brisanten Vorgang. Abgerufen 30.03.2021, von https://nordbayern.de/1.2511018

Kirkpatrick, J. (2015). Wenn Konzerne den Protest managen... Abgerufen 30.03.2021, von https://www.lobbycontrol.de/wp-content/uploads/Konzernprotest-Broschuere-WEB.pdf

Klein, M. M. & Grossman, S. A. (1971). Voting competence and mental illness. The American Journal of Psychiatry, 127(11).

Kramer, R. S. S.; Arend, I. & Ward, R. (2010). Perceived health from biological motion predicts voting behaviour. The Quarterly Journal of Experimental Psychology. 63(4). http://doi.org/10.1080/17470210903490977

Krempl, S. D. (2017). Racist attacks against ethnic minorities during the refugee wave in 2015 in Germany.

Kosinski, M. (2013, 11. März). Private traits and attributes are predictable from digital records of human behavior. Abgerufen 30.03.2021, von http://doi.org/10.1073/pnas.1218772110

Krüger, U. (2013). Meinungsmacht. Der Einfluss von Eliten auf Leitmedien und Alpha-Journalisten – eine kritische Netzwerkanalyse. Reihe des Instituts für Praktische Journalismus- und Kommunikationsforschung. Abgerufen 29.04.2021, von https://www.j-k-fischer-verlag.de/Gesellschaft/Meinungsmacht--10492.html

Laurence, A. & Kotler-Berkowitz (2001). Religion and Voting Behaviour in Great Britain: A Reassessment. British Journal of Political Science, 31. http://doi.org/10.1017/S0007123401000205

Lobbycontrol.de (2020). Lobbyismus in der EU. Abgerufen 30.03.2021, von https://www.lobbycontrol.de/schwerpunkt/lobbyismus-in-der-eu/

Lobbycontrol (2005). INSM und Marienhof – eine kritische Bewertung. Abgerufen 30.03.2021, von https://www.lobbycontrol.de/wp-content/uploads/insm-marienhof-bewertung.pdf

Lobbycontrol (2017). Lobbyismus an Schulen. Abgerufen 30.03.2021, von https://www.lobbycontrol.de/wp-content/uploads/Lobbyismus_an_Schulen.pdf

Loos, A. (2017, 25. September). Wie tendenziös waren die Umfragen? Abgerufen 28.04.2021, von https://www.zeit.de/politik/2017-09/meinungsforschung-bundestagswahl-umfragen-treffsicherheit

Luenenborg, M (2010). Politikjournalistinnen und -Journalisten. Deutscher Fachjournalistenverband. Abgerufen 30.03.2021, von https://www.dfjv.de/wp-content/uploads/DFJV-Studie-Politikjournalismus.pdf

Manow, P. (2019, 22. Februar). Politischer Populismus als Ausdruck von Identitätspolitik? Über einen ökonomischen Ursachenkomplex. Abgerufen 30.03.2021, von https://bpb.de/286510

McCullagh, M. (2010, 2. Juni). Facebook 'Like' button draws privacy scrutiny. Abgerufen 30.03.2021, von https://www.cnet.com/news/facebook-like-button-draws-privacy-scrutiny/

Moldenhauer, B. (2016, 8. Dezember). Ungebildet, faul und selbst schuld? Abgerufen 30.03.2021, von https://www.spiegel.de/kultur/gesellschaft/proleten-poebel-parasiten-von-christian-baron-rezension-a-1124978.html

Müller, U. (2015, 26. September). Wenn Konzerne den Protest managen... Abgerufen 30.03.2021, von https://www.lobbycontrol.de/wp-content/uploads/Konzernprotest-Broschuere-WEB.pdf

Nayak, M. & Rosenblatt, J. (2021, 13. März). Google Must Face Suit Over Snooping on 'Incognito' Browsing. Abgerufen 30.03.2021, von https://www.bloomberg.com/news/articles/2021-03-13/google-must-face-suit-over-snooping-on-incognito-browsing

Noam, E. (2016). Who Owns the World's Media?: Media Concentration and Ownership around the World. Oxford Scholarship Online. ISBN: 978-0-19-998723-8

Payne, E. (2021, 23. März). Is Tor browser safe to use? Abgerufen 30.03.2021, von https://vpnpro.com/data-protection/is-tor-browser-safe/

Perspektive-online.de (2021, 13. Februar). Neues im Postrecht: Bundestag schränkt Postgeheimnis ein. Abgerufen 04.04.2021, von https://perspektive-online.net/2021/02/neues-im-postrecht-bundestag-schraenkt-postgeheimnis-ein/

Piliavin, J. A. (1987). Age, race, and sex similarity to candidates and voting preference. Journal of Applied Social Psychology, 17(4). http://doi.org/10.1111/j.1559-1816.1987.tb00318.x

Raaf, U. (2021). SEO: 99 Prozent klicken auf Seite 1 von Google. Abgerufen 30.03.2021, von https://www.contentconsultants.de/blog/seo-99-prozent-klicken-auf-seite-1-von-google/

Röber, M. (2002, 26. Mai). Das Parteibuch – Schattenwirtschaft der besonderen Art? Abgerufen 30.03.2021, von https://bpb.de/26092

Rößner, J. & Tannenberg, R. (2019, 26. Mai). Union bei 18- bis 29-Jährigen nur noch bei 13 Prozent. Abgerufen 30.03.2021, von https://welt.de/article194198267

Schäfers, M. (2012, 4. Februar). Die Karriere der Partei-Beamten. Abgerufen 30.03.2021, von https://faz.net/-gqe-6xf1t

Scholz, K. (2019, 24. April). Was bedeutet Daimlers Spenden-Aus für die Parteien? Abgerufen 30.03.2021, von https://p.dw.com/p/3HL6m

Schulz W. (2011). Die Medienrealität der Politik. In: Politische Kommunikation. VS Verlag für Sozialwissenschaften. Abgerufen 30.03.2021, von https://doi.org/10.1007/978-3-531-93094-7_4

Spiegel.de (2020, 24. Januar). Staatsdiener mit neuen Herren. Abgerufen 30.03.2021, von https://www.spiegel.de/wirtschaft/sigmar-gabriel-gerhard-schroeder-roland-koch-diese-politiker-sind-in-die-wirtschaft-gegangen-a-a427f207-92d7-4834-b74e-1d520e7b6a31

Support Google (n. d.). Privates Surfen. Abgerufen 30.03.2021, von https://support.google.com/chrome/answer/95464

Tagesschau (2019, 20. März). Neue Milliardenstrafe gegen Google. Abgerufen 30.03.2021, von https://www.tagesschau.de/wirtschaft/google-eu-strafe-103.html

Tagesspiegel.de (2020, 17. Februar). „Wir brauchen die nicht mehr". Abgerufen 30.03.2021, von https://tagesspiegel.de/25554130.html

Tagesspiegel (2020, 6. Februar). Mehr als 900 Menschen wegen nicht bezahlter Strafen in Berliner Gefängnissen. Abgerufen 30.03.2021, von https://tagesspiegel.de/25517014.html

Thieme, M. (2013, 21. September). Wie der Staat unbequeme Steuerfahnder kaltstellt. Abgerufen 30.03.2021, von https://www.capital.de/karriere/wie-der-staat-unbequeme-steuerfahnder-kaltstellt

Todorov, A.; Mandisodza, A. N.; Goren, A. & Hall, C. C. (2005). Inferences of Competence from Faces Predict Election Outcomes. Science, 308 (5728). https://doi.org/10.1126/science.1110589

Weichert, S. & Kramp, L. (2010, 31. Mai). Gefährliche Nähe zwischen Politik und Medien. https://de.ejo-online.eu/ressortjournalismus/gefahrliche-nahe-zwischen-politik-und-medien

Wikipedia (n. d.). Kontroverse über Auslandseinsätze. Abgerufen 30.03.2021, von https://de.wikipedia.org/wiki/Horst_Köhler#Kontroverse_um_Auslandseinsätze

Wikipedia (n. d.). Steuerfahnderaffäre. Abgerufen 30.03.2021, von https://de.wikipedia.org/wiki/Steuerfahnder-Affäre

Yahoo.com (n. d.). Abgerufen 13.01.2020, von https://policies.yahoo.com/xa/en/yahoo/privacy/products/mail/index.htm

Zeit (2015, June, 24). Deutsche haben wenig Vertrauen in die Medien. Abgerufen 30.03.2021, von http://www.zeit.de/gesellschaft/2015-06/medienkritik-journalismus-vertrauen

Bildnachweis

designed by tartila / Freepik

designed by Freepik from Flaticon